JN318094

仏教と西洋の出会い

フレデリック・ルノワール
今枝由郎＋富樫瓔子 訳

Le rencontre
du bouddhisme
et de
l'Occident

トランスビュー

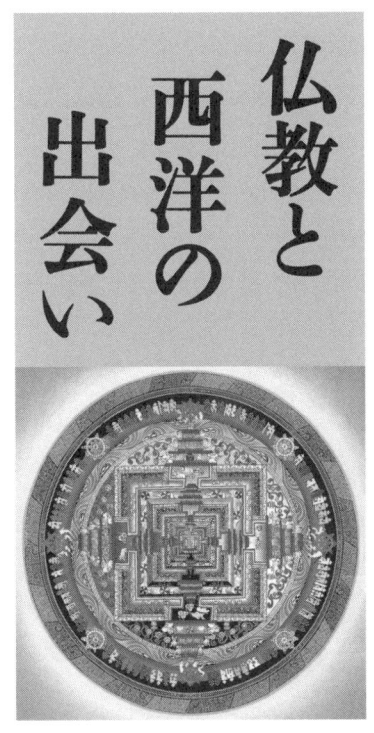

Auteur : Frédéric LENOIR
Titre : LA RENCONTRE DU BOUDDHISME ET DE L'OCCIDENT
©LIBRAIRIE ARTHÈME FAYARD, 1999
This book is published in japan
by arrangement with LIBRAIRIE ARTHÈME FAYARD
through le Bureau des Copyrights Français, Tokyo.

日本語版への序文

日本はダルマ〔仏法〕の伝承に決定的な役割を果たしてきたし、ブッダの教えを独自なものに発展させた。その一つである禅仏教に特有な教えは、数百年のち西洋に広がり、今日では何百万人ものヨーロッパ人、アメリカ人が禅の修行に没頭し、日本人の師たちの著作を通してダルマに入門している。仏教の西洋への浸透――これにはチベットのヴァジュラヤーナ〔金剛乗〕の影響も同じくらい多大であるが――はまだ日が浅いが、その重要性は今後も薄れるどころではなく、洋々たる前途が期待される。とはいえ、そうなるまでには、多くの誤解を踏み越えねばならないであろう。なぜなら、アリストテレスやデカルトの論理学とは別の論理学に属し、ユダヤ・キリスト教世界とはあまりに異なる宗教世界に位置する、ブッダの教えの精妙さをとらえるのは、西洋精神にとっては至難のことであるからである。

本書は十年間にわたる研究と、パリの国立社会科学高等研究院（ＥＨＥＳＳ）に提出した博士論文から生まれた。ここに語られるのは、西洋人による仏教発見の、また、マルコ・ポーロら十三世紀以来の旅行者たち、イエズス会士フランシスコ・ザビエルら十六世紀以降の宣教師たち、ニーチェやショーペンハウアーら十九世紀の哲学者たちによる仏教理解の、そして二十世紀における欧米への仏教伝播の、興味津々たる歴史である。

本書はすでに十カ国語あまりに訳されているが、このたび「日出ずる国」で出版の運びとなったことを、筆者はことのほかうれしく思う。なぜなら、日本は仏教の発展とその西洋への伝播に、決定的な役割を果たした国だからである。しかしそればかりではない。東洋を、けなすにせよ理想化するにせよ、みずからに固有の枠組で再解釈せずにはいられない西洋精神について、またそのような西洋精神が東洋を理解することの困難さについて、西洋との文化的交流に関心を持つ日本の読者の認識に資するところが必ずやあるものと、筆者は確信しているからでもある。

フランス語に堪能なすぐれたチベット学者であり、本書を日本の人々に知らしめることを深く心にかけ、その翻訳のために、時間と学識を惜しみなく注いでくださった今枝由郎教授に、そして有能な共訳者の富樫瓔子さんに、心から敬意を表したい。今枝教授の努力と忍耐なくして本書が日本で出版されることはけっしてなかったのであり、そのことに篤く感謝する。

フレデリック・ルノワール

二〇〇八年三月

まずはじめに、仏教と西洋の出会いの重要性について、現代西洋のもっとも偉大な思想家たちによる寸評を紹介しよう。年代を追って哲学者、科学者、心理学者、神学者、歴史家の順に。

新ヨーロッパ仏教が生まれる蓋然性、……至上の危険である。

フリードリッヒ・ニーチェ

仏教は、近代科学と両立可能な唯一の宗教である。

アルバート・アインシュタイン

ブッダは実際には哲学を提唱しているのではない。彼は人間に挑戦状を突きつけているのだ。

カール＝グスタフ・ユング

ブッダは、キリスト教が対話しなければならない最後の宗教的天才である。

ロマノ・グアルディーニ

仏教と西洋の出会いは、二十世紀のもっとも有意義な出来事である。

アーノルド・トインビー

仏教と西洋の出会い＊目次

第Ⅳ部　さまざまな弟子たち―一九六〇年から一九九〇年まで―

装幀　高麗隆彦

仏教と西洋の出会い

凡例

・原書巻末の語注は取捨選択し本文中の［　］に記した。
・原書の脚注は本文中の［　］に記し、そのうち引用出典に関しては原則として［Hegel, 1965, p. 285］の形で、著者名、刊行年、頁を記し、巻末の「引用・参考文献一覧」に、著者名、刊行年、書名、出版社（あるいは出版地）を示した。
・引用文献のうち邦訳のあるものはできる限り参照したが、原則として著者の引用したフランス語原文から新たに訳出した。また既訳を用いた場合も、一部訂正・変更した箇所がある。
・訳者による注記は本文中の〔　〕に記した。
・人名は「アレクサンドラ・ダヴィッド＝ネール」のように名と姓を「・」でつなぎ、それ以外の要素を「＝」でつないだ。

序　論

いつの日か、ブッダの穏やかなほほえみが、十字架上のキリストの苦悶にみちた表情にとって代わるのであろうか。西洋は、キリスト教信仰を捨てて、仏教のメッセージに乗り換えるのであろうか。ニーチェは、その最晩年に、そうなるであろうと確信していた。彼はこう書いている。「キリスト教は力尽きようとしている。人々は阿片としてのキリスト教で満足している。なぜなら、人々は探し求め、闘い、果敢に挑み、孤立を望む力も、パスカル主義という、このあまりにも理詰めの自己蔑視の思想、人間は下劣なものであるという信条、「ひょっとしたら〔最後の審判で〕有罪を宣告されるのではないか」という不安に対処するために必要な力も、持ち合わせてはいないからだ。しかし、病んだ神経を鎮めることを第一義とする、そういうキリスト教であれば、「十字架上の神」という、恐るべき解決策などいっさい不要である。これが、仏教がヨーロッパのいたるところに静かに広がっている理由である」〔『遺された断想』（一八八五年秋—一八八七年秋）Nietzsche, 1987, XII, p. 140〕。

西洋における仏教の浸透

「神の死」の予言者の、この最後の言葉から一世紀が経過した今、仏教浸透のいくつもの兆しが見られる。最近の三十年間に、それまで一部のエリート階級の知的興味の対象でしかなかった仏教は、西洋のほとんどの国で、何十万という人が夢中になり、その瞑想を実践するようになった。今日ヨーロッパとアメリカには、数千の禅道場とチベット仏教のセンターあるいは僧院があり、これ以外にもさまざまな宗派の瞑想グループがある。最近になって、こうしたセンターの物質的、精神的支柱となる西洋人仏教徒の世代が現われ、僧院生活を営む西洋人仏教徒も出現した。

これは、アジア仏教の本格的浸透を物語る典型的な宗教現象である。しかし、これとは別に、仏教、なかんずく一九八九年にノーベル平和賞を授与されたダライ・ラマ〔十四世〕という象徴的な人物に関する、この十数年来のメディアの熱狂現象がある。ハリウッドは彼なしには夜も日も明けず、アメリカ人お気に入りの俳優リチャード・ギアは、ショービジネス界の大物仏教大使である。一九九三年のベルナルド・ベルトルッチ監督の『リトル・ブッダ』以後、ジャン＝ジャック・アノー(『セブン・イヤーズ・イン・チベット(チベットの七年)』一九九八年)も、マーティン・スコセッシ(『クンドゥン』一九九八年)も、チベットの悲劇とチベット人の政治的、精神的指導者の生涯を題材にした大作映画を制作した。

九〇年代の初めから、仏教を特集したテレビ番組や報道記事が増え、仏教に関する多くの出版物がベストセラーになっている。たとえば、一九九三年に出版されたソギャル・リンポチェの『チベットの生と死の書』〔Sogyal rinpoché, 1993〕は、全世界で百万部以上売れ、二十六カ国語に訳された〔この本は、フランスでは二十五万部以上売れた。ジャン＝クロード・カリエールとダライ・ラマの対話(『仏教の力』〔Carrière et Dalaï-Lama, 1994〕)は十万部を越えており、チベット仏教僧マチウ・リカールと彼の父ジャン＝フランソワ・ルヴェルのそれ(『僧侶と哲学者』〔Ricard et Revel, 1997〕)は、二十万部を越えている。現在、ダライ・ラマの『幸福の技術』〔Dalaï-Lama, 1999a〕はすでに十万部に達した〕。こうした強烈なメディアの影響で、今日では何百万という西洋人がさまざまなかたちで仏教に接している。たとえば、（時には、明らかにキリスト教の枠内にとどまりながら）定期的に瞑想を実践する人たちがおり、ヨーロッパ人の二四パーセントはカルマ〔業《ごう》〕および輪廻を信じており、宗教的寛容、万物相互の依存関係、慈悲、生命の尊重といった典型的な仏教の価値観にいっそう敏感になっている。

この驚くべき現象を前に、疑問が続出する。どうして西洋は、仏教、ことに禅とチベット仏教に急に関心を持ち始めたのか。これは、一時的な流行現象なのか、それとも仏教は本当に西洋に「定着」するのか。かつて中国仏教、日本仏教、チベット仏教が生まれたように、これからフランス仏教、アメリカ仏教が生まれる可能性があるのか。文明史のレベルで、「仏教と西洋の出会い」は、どんな意味を持っているのか。

こうしたいくつかの重要な疑問に答える試みとして、私は一九九二年に、仏教に関心を持つフランス人を対象に社会学的実地調査をした〔この社会学的研究は、本書と同時に『フランスにおける仏教』〔Lenoir, 1999〕と題して、ファイヤール社から出版された〕。そのさい、仏教信者たちは、自分たちが仏教に興味を持つきっかけとなった本を教えてくれた。多くの人が、ロプサン・ランパの『第三の眼』〔Rampa, 1957〕を挙げた。チベット人僧侶の自伝のかたちをとったこの本は、イギリスでは一九五六年に、フランスでは一九五七年に出版され、西洋で熱狂的に迎えられた。エルジェの有名な『タンタン、チベットをゆく』〔Hergé, 1960〕も、たぶんこの本に発想を得ているであろう。実際には、『第三の眼』は純粋なフィクションで、チベットのラマ〔チベット語で「師」を指す〕を、霊気を読んだり魂を肉体から遊離させたりするような、なみはずれた精神能力をもった魔術師として登場させている。この神秘的な「能力」に惹かれてチベット仏教に入った西洋人は多い。

ロプサン・ランパは強力な触媒であるが、この幻想をさらに遡ってみるのは、興味深いことだと思われた。この歴史的探究で、私は、西洋における秘教主義の系譜をたどってゆくと、オルコット大佐とヘレナ・ブラヴアツキーによって一八七五年に創設された神智学協会《しんちがく》へと行き着いた。神智学者たちは彼らの教義を正当化するために、謎めいた「チベット人の師」から授けられた秘密の教えをよりどころにすることで、なみはずれた秘密の能力を具え、人類の本源的な叡智を託されたラマと、魔術のチベットという近代の神話を作り上げた。この神話は、二十世紀を通じて、大衆的、秘教的フィクション文学の源となった。

この探究をさらに続けると、神智学者たち自身、十八世紀から十九世紀の旅行者と宣教師の報告に、大いにインスピレーションを得ていることがわかった。神智学者たちの神話の鍵とも要ともなったのは、これら十八―十九世紀の記録だが、そのさきがけはすでに、マルコ・ポーロやギヨーム・ド＝リュブリュキなどの中世の旅行記に見られる――といっても、こうした記述の大半は散逸してしまったので、歴史的なつながりはあとづけられない――。こうして私は、西洋におけるチベット仏教に関する幻想の形成と発展の源を、次から次へと遡ってゆくことになった。この幻想は現在でも生きており、チベット仏教に惹かれる西洋人たちの意識的、無意識的な期待の深層部を明らかにしてくれる。

チベットに関して言えることは、現在みられる他の仏教の表象についてもあてはまる。たとえば、厭世《えんせい》的、虚無的宗教という表象は、いまだにきわめて根強く生き続けているが、その創成にかかわった人々をたどってゆくと、ニーチェ、ショーペンハウアー、ヘーゲルや、それ以前の数百年来のカトリック宣教師にまで遡る。こうして、私の社会学的実地調査が進むにつれ、最近の仏教熱の源泉がますます深く遠いところに由来していることがわかり、ときとして非常に古い表象を探り当てることになった。これは当初予期していなかったことであるが、このような次第で本書が生まれたのである。

断続的な「出会い」の歴史

私の主要な目的は、本質的な事柄を通じて、一つの幻想の誕生とその漸進的発展を明らかにすることである。最近になって仏教が西洋に浸透するまで、何世紀にもわたって、西洋人は仏教をどう見てきたのだろうか。ブッダのメッセージとその伝道者たちに対する、こうした共感とかくも強い魅力——ときとしてその反対に深い嫌悪——を我々の集合的無意識の中に植えつけたのは、どのような神話、人物、書き手、出来事だったのだろうか。この歴史的研究は、網羅的ではないが、西洋における仏教導入の数々の系譜と、さまざまな幻想の生成と発展をたどることになる。この研究は、現代という時代を解明する契機となるだけでなく、さまざまな場所と時代を通じて一貫する、ある重要な事実を浮き彫りにするものでもある。すなわち、仏教を論じつつ、西洋人は多くの場合自らを語り、自分たち自身の何らかの哲学的、神学的論争にむしろ興味を向け、それを仏教を介して解決しようとしているのである。この自らを映す鏡がたえず機能していることに注目したい。それは、すでに何人かが、ニルヴァーナ〔涅槃《ねはん》〕と虚無の同一視に関して指摘したことである［Welbon, 1968. Droit, 1997］。

数年にわたってこの歴史的研究を進めてゆくうちに、私は仏教と西洋の漸進的出会いを、いくつかの段階に分けて考えるようになった。まずこの出会いを、ギリシャ時代にまで遡らせることができるかどうか、自問した。このような研究を企てた人はごく稀で［これだけ長期間の歴史を論じた人は、アンリ・ド＝リュバック（『仏教と西洋の出会い』一九五二）とステファン・バチェラー（『西洋の目覚め』一九九二）の二人だけである。リュバック神父は、素晴らしい碩学で、その著作は宣教師時代に関しては、これに代わるものはないが、いくつかの重大な欠点もある。まず、十九世紀における仏教の哲学的、秘教的受容に関してほとんど述べておらず、ことさら宗教論争に重点を置いている。また一九六〇年代、七〇年代の一大仏教ブーム以前の著作であるから、当然のこととして現代に関する言及がない。最後に、イエズス会士である著者は、資料の選択をはじめ、視点が自らのキリスト教的確信に捉われ、影響されている。ステファン・バチェラーの本は、現代に関して非常に詳しいが、自身が仏教にのめり込んでいるため、客観性が欠如している。その仏教擁護の視点は、本の表題にまで反映されており、対象を研究するのに必要な距離が保たれていない」、そうした少数の研究者たちも、あたかも仏教の発見が、紆余曲折なく一直線に進み、だんだんに知見が積み重ねられていったかのごとく、アレクサンドロス大王からショーペンハウアー、そしてアレクサンドラ・ダヴィッド＝ネールまでを、一連のものと考えようとした。

たしかに、ブッダのアジア人の弟子とヨーロッパの間には、古代から接触があった。アレクサンドロス大王の東方遠征につき従ったギリシャ人の中には、仏教僧に出会った者もきっといたであろう。紀元前三世紀には、インドの有名なアショーカ王が、地中海地域に仏教使節を遣わしたことが知られている。古代末期のキリスト教思想家は、わずかとはいえブッダに言及している。同様に中世でも、マルコ・ポーロのような商人や宗教使節は、チベットあるいはセイロン〔スリランカの古名〕の僧侶の「高徳」を伝えている。ルネサンス期になると、ますます多くの宣教師がアジアにおける仏教のさまざまな形態に興味を示し、たいていは「無神論で頽廃した忌わしい宗教」と告発している。時代を隔ててまちまちな場所で行なわれた、こうした接触は――この点に関しては本書の第Ⅰ部で詳しく述べる――、はたして本当の「出会い」の第一歩と言えるであろうか。二つの理由から、その答えは否である。

中国、日本、チベット、シンハラ〔現在のスリランカ〕、ビルマ〔現在のミャンマー〕などに伝播し、極度に多様化した仏教の間に何らかの関連があるらしい、ということがようやくわかってきたのは、十七世紀の中頃からである。「仏教」という概念および言葉自体、出現したのは一八一〇年代末になってからである。その時はじめて、いろいろなテクストや開祖の伝記を通じて、地域ごとに異なる形態をもった一つの偉大な伝統として、仏教が「発見」されたのである。たしかにマルコ・ポーロは、かなり正確にブッダの生涯のいくつかの側面を叙述しているし、学識ある宣教師たちは十七世紀には、チベット仏教のテクストをいくつか翻訳している。しかし、こうした貴重な情報は、お蔵にされ、後世の宣教師、学者、旅行者たちに知られることなく忘れ去られ、彼らにとって仏教の地は、未知の土地であった。

言い換えれば、そしてこれが「出会い」という言葉が適切でないという理由の二つ目であるが、この数世紀にわたる個人的発見には継続性がない。中世の旅行者たちは、古代の接触に関して無知であり、ルネサンス期の宣教師たちは、中世の接触を知りもしなかった。

仏教の統一性と教義に関する無知、根本的な歴史的不連続性、この二つの理由から「歴史的出会い」という言葉が使えないのは明らかであろう。「歴史的出会い」には、二つの条件がある。一つは、学術研究に基づいた対象の明確な同定、もう一つは、個人的発見が社会的に伝承されることによる集合的記憶の形成。この二つの条件は、十九世紀以前には満たされていなかった。これらの理由から、厳密な意味での仏教と西洋の出会いは、ほんの最近のことであるといえる。

だから私は、ギリシャ時代から今までのこの出会いを一律に扱うのはまったくの虚構であるという、フィリップ・アーモンド［Almond, 1988, pp. 7-8］とロジェ＝ポル・ドロワの批判に、全面的に賛成である。『虚無の信仰』の著者であるドロワは、こう記している。「要するに、ただ一つの認識が存在し、それが古代から今日に至るまでどうにか進歩してきたようにとらえ、各時期の区切りや指標、あるいは段階といったものを想定することは、事実に反している。もとになるような一つの知識があったけれども、それが著述者により、歴史の偶然により、空《くう》が充実に、無が全に、はたまたゼロが一にと、さまざまに伝えられたのではない。連続体の存在を信じるのではなく、どこに断層があるかを知る必要があるのだ。グノーシス主義者〔霊知（グノーシス）によって神と融合し救われるとする神秘的直観主義〕、中世の旅行者、古典主義時代の探検家や宣教師、啓蒙時代の資料編纂者、産業革命期の固い襟のシャツを着込んだ学識豊かな学者といった、まったく無関係でばらばらな顔ぶれが、なめらかなビーチをつぎつぎに訪れて、整然と並んでいる、というようなイメージは捨て、異なった記録が存在していることを認識する必要がある」[Droit, 1997, p. 23]。

首尾一貫した知識も継続性もないからといって、この歴史的研究をギリシャ時代まで遡らせることを諦めなくてはならないのだろうか。否である。遡らせることは可能であるが、そのためには、学問的、制度的発見を特徴とする近代を、それ以前の本質的に断片的な時代から注意深く区別し、古い時代に関しては、いくつもの断絶があり、それぞれ異なる領域、異なる系列に属していたことを強調する必要がある。しかし、たとえこうして方法論的に慎重を期したにせよ、この研究のそもそもの目的は、仏教の現代的表象を理解することであり、それと何のつながりもないギリシャ時代にまで遡るのは、はたして意味があるのだろうか。十九世紀には、ブッダの教えに関する近代的幻想が生まれ、二十世紀にはアジア人の師たちとの新たな出会いがあり精神的経験が伝えられて、その幻想が発展し、豊かになった。この二世紀を考察すれば、それで充分ではないのか。

それより前の時代にも、ヨーロッパの冒険家、碩学の宗教家、知識人、宣教師たちは仏教のある部分を発見した。それは全体を把握したものではなく、仏教という概念もまったくなかったが、彼らが仏教をいかに表象していたか、そしてこうした表象がいかに近代のそれと通底しているかを考察してみることは、私には興味深く思えた。言い換えれば、仏教はそれぞれの時代にばらばらに発見されたにもかかわらず、ヨーロッパ人は仏教のさまざまな側面を、同じように――往々にして歪めて――解釈し、受け止めていたということがわかり、驚きを覚えた。

一例をあげると、十四世紀のマルコ・ポーロのような商人旅行者においても、十七世紀のカトリック宣教師アンドラーデや、十九世紀末のオカルト主義者シネット、二十世紀の漫画作家エルジェにおいても、魔術の国チベットという神話は、同じように強烈である。エルジェからシネットには、秘教主義の系譜をたどって遡れるであろうが、エルジェとマルコ・ポーロとの表象の間には、歴史的継続性がないにもかかわらず、いくつもの類似があるのはどう説明できるであろうか。現実を解釈する際のこの相似性、この同じように歪んだものの見方、これはどうしてであろうか。世紀を越えて、西洋人の見方にはある種の恒常性があるのであろうか。実際、事情に疎い二十世紀の西洋人は、中世あるいはルネサンス期の西洋人とほぼ同じ文化的眼鏡でものを見て、チベット仏教を表象するであろう。この見方の恒常性が明らかだとすれば、それに光を当てることは、非常に面白いことだと思えた。

というのもそこからは、二つの単純明白な事柄が導き出せるからである。まず、場所と時代はさまざまに異なっていても、共通の文化、同質の幻想と精神構造によって形造られたヨーロッパ人のものの見方には、統一性が存在すること。次に、西洋人には――そしてこれはおそらく東洋人にもあてはまることだが――、未知のものを既知のものに合わせ、異なった文化圏で発見する物事を、自らの精神的、宗教的、文化的範疇によって解釈するという一貫した傾向があること。要するに、仏教との数世紀にわたる接触と仏教の断片的な発見は、鏡のたえざる反映作用であったと言える。仏教は、ヨーロッパ人が自身をもっとよく見つめ、理解するきっかけとして使われた。結局、そうすることで彼らは自らの問題をうまく解決し、自らの運命に一喜一憂してきたのである。たしかに、発見が正確になり、出会いが実現すると、歪曲プリズムと鏡の反映作用は、以前ほどには機能しなくなる。しかし、それらの長い歴史を検証しおえたあかつきには、それらが消え去るどころか、現在なおも機能していることがますますよくわかるだろう。

「解釈された仏教」と「本当の仏教」

本書は、アジアにおける仏教そのものを扱ったものではなく、過去と現在における西洋での仏教の表象を扱ったものである。私は「表象」という言葉で、西洋人の仏教に対する一般的な想像、認知の仕方だけでなく、西洋人がシャーキャ・ムニ〔釈迦牟尼。「シャカ族出身の聖者」〕の教えに対し賛同あるいは拒否を正当化する際の論述を、ことさらに対象にしている。時代によって、また仏教を発見する西洋人の関心やイデオロギーにより、仏教は頽廃したキリスト教、絶望的な虚無主義、東洋のカトリック、合理主義、無神論的神秘主義、迷信的宗教、哲学、秘教的な叡智、近代的ヒューマニズム、宗教色のない叡智などと受け止められた。

今日、学術的研究によって仏教はよく知られるようになったとはいえ、いまだに大半の西洋人は、自分の宗教遍歴、知的素養、政治的信念、精神的欲求などに応じて、各人各様の仏教のイメージを作り続けている。つまり、一人ひとりが自分のブッダを持っている。それゆえ、ここで分析する仏教は「解釈された」仏教である。すなわち、古今の西洋人によって、想像され、理解され、擁護され、攻撃され、同一視され、消化され、変形され、再生された仏教である。

この「解釈された」仏教は、たえず「本当の」仏教に言及し、それに反応し、その一環を成そうとする。しかし、この「本当の」仏教の定義そのものがきわめて問題である。ブッダの生涯および主要な教えは、後代の伝承（私たちに伝わる最古の文献は、ゴータマ・シッダールタ〔覚りを開いてブッダとなる前の俗名〕の没後、数世紀してから成立したものである）によって知られているものだが、仏教が長年にわたり各地に伝わるうちに、その地方の文化に応じてさまざまに解釈されてきた。十九世紀の知識人を悩ませた「本当の」仏教の問題は、おそらく決着がつかないであろう。テーラヴァーダ〔上座部仏教、長老仏教〕の名で知られる、セイロンや東南アジアに伝わる最古の形態の仏教なのか、それとも、ブッダのもっとも深い教え――とりわけ救いの普遍性、解脱を得る方法、慈悲の重要性――を再発見したと確信し、自らを「大乗」（マハーヤーナ）と称して、南方の仏教を「小乗」（ヒーナヤーナ）という蔑称で呼んだ、もっと後代の北アジアの仏教なのか。そして数多くの大乗仏教の中でも、中国の禅、日本の禅、それともインドのタントリズム〔タントラと称される教典に基づくヒンドゥー教・仏教の修行体系〕の系統を汲む、第三の「乗」すなわち「金剛乗」（ヴァジュラヤーナ）と呼ばれるチベット仏教、そのうちどれを優先すべきなのか。

「本当の」仏教に関する論議は、仏教の性格そのものからしていっそう難しい。ユダヤ教、キリスト教、イスラム教のような宗教は、神の啓示を拠りどころとし、教義の正当性を保証する制度を持っているが、仏教は、確かにいくつかの根本的な真理を説きはするが、信仰の有効性のあかしとして個人の経験および理性に訴える。換言すれば、理論的には、ブッダの弟子は一人ひとり、ブッダの教えを自分流に理解し、表明する自由がある。ということは、仏教には本質的な真理はなにもないということなのか。すべての教義は解釈に過ぎず、判別の客観的基準がない以上、結局のところすべての解釈は有効であるということなのか。この意味では、東洋人の目には完全な誤りと映る近代西洋人の解釈も、伝統的アジア社会の解釈と比べて、正統的でないとは言えないということなのか。

この極論には、それなりに首尾一貫性があるとはいえ、私には受け入れ難い。実際それは、宗教伝統の歴史的、人類学的分析の、一つの本質的な側面を無視している。つまり、宗教の一貫性は、原初の教義の純粋性（それはほとんどいつも失われ、再解釈される）によるのではなく、基本的な象徴、修行、信仰に関する、信者の集団内での同意によるものである。

この点に関して、キリスト教の例は雄弁である。十九世紀の批判的歴史研究の結果、「もとのままの本当のキリスト教」なるものは一部の教派の概念の中にしか存在せず、もっとも古いキリスト教資料（使徒書簡、福音書）も、すでに信者の集団の解釈が加わって成立したものであることがわかっている。しかし、キリスト教は、多様性にもかかわらず、同じ宗教に属するという意識を持った信者の集団が、いくつかの基本的な教えと象徴の周囲に結束する、一貫性のある象徴体系――もちろん二千年の歴史が証明しているように、何度も何度も個人的、集合的解釈と手直しを経てはいる――であると見なされる。

仏教に関しても、同じことが言える。空間と時間を越えて、さまざまな仏教徒の集団が、いくつかの基本的な原理、修行、教えを中心に、それぞれまとまっている。仏教教義の性格から、教団としての基本的な存在形態は非常に限られており、そのことが逆に、仏教の柔軟性と適応性の要因ともなっている。しかし、この基盤がそのまま「本当の」仏教であるというわけではないが、そこにはゴータマの教えの本質的、伝統的――全アジアのほとんどすべての仏教教団により二十五世紀のあいだこうして維持されている以上、そう言えるであろう――特徴が要約されている。この基盤こそが、人類のさまざまな宗教、哲学の中で、仏教に独自性をもたらすものである。

今まで述べてきたことから明らかなように、本書で扱う仏教は、西洋人が表象する仏教であるが、時として、仏教の基本的な教義や伝統的な基盤に言及する必要が生まれる。それは、ことに仏教の西洋への文化的適応と諸教混淆とを区別したり、あるいは東洋と西洋の文化的相互無理解を反映する、いくつかの際立って誤った解釈を指摘するためである。

仏教の成功と西洋の三大「抑圧」

十九世紀初頭以来、仏教はいくつかの特定の時期に数次にわたる波となって西洋に「浸透」したことが徐々にわかってきた。それは、科学技術による近代化と脱宗教化の過程が極度に進む一方で、この近代化の進展に対する反動として宗教意識が目覚め、いろいろな形の魔術思想が復活した時期である。こうして、仏教が本当の意味で初めて西洋に浸透したのは、十九世紀前半であり、啓蒙時代のイデオロギーと物質主義の進展に対してロマン主義者が展開した、「東洋ルネサンス」に乗じてであった。数十年の間に、原始仏教大蔵経の主要典籍、大乗の代表的論書《ろんじょ》が翻訳され、出版された。そして、この哲学なのか宗教なのかよくわからない教えは、学問研究という狭い枠をはるかに超えて、さまざまに理解され、論議され、意見が交わされた。その後、この熱狂的な興奮が過ぎると、哲学者は仏教に虚無主義と虚無の信仰しか見出さなくなり、興味をなくした。

しかし、十九世紀の最後の三十年間に、仏教熱が再燃した。物質的科学と教条的宗教の中間の第三の道として、「秘教的仏教」を構築しようと模索していた神智学協会が強く押し出したチベット神話と、ロマンチックなブッダ像とに、多くの人々が惹かれたのである。西洋人たちは初めてダルマに改宗し、その「近代性」が強調された。こうして仏教は、圧倒的な科学主義と合理主義に直面して出現した神秘主義的流れを介して、十九世紀末に西洋人の集団幻想の中に根を下ろした。

さらに一九六〇年代になって、圧倒的な技術的、功利的、営利的文化に抗議する「カウンター・カルチャー」の流れに乗って、仏教は西洋の宗教風景の中に、本当の意味で場を得た。それは単なる知的、秘教的興味にとどまるものではなく、何よりも、身体も伴う、実存的、精神的発見である。西洋人は、経験を積んだ師の指導の下での心理的・精神的修行としての仏教に、特に興味を持った。二十年ほどの間に、西洋人を対象にした、儀礼書や入門書の翻訳、西洋人の仏教「僧侶」の養成を目的とした、瞑想センターや僧院が数多く設立された。

共産主義が崩壊し、技術的進歩が地球環境に及ぼす脅威の意識が芽生えた後、新しい倫理基準が探し求められる中で、仏教は普遍的価値を持つ宗教色のない叡智として、大衆の中に広まった。この第四の「出会い」が起こった決定的時期は、おそらく一九九〇年代初め、ダライ・ラマの人柄がメディアに大きくとりあげられ、寛容、責任、非暴力といった仏教の本質的なテーマが、大衆に普及し始めたころだろう。

十九世紀前半、世紀末、一九六〇年代とならんで、ここでも、いかにして、そしてなぜ、仏教が、近代化とその技術的・科学的構成要素の仮借ない進行に対する反動として広がった、ユートピア的、宗教的、倫理的裂け目に入り込むのかに注目したい。

「仏教と西洋の出会いは、二十世紀のもっとも有意義な出来事である」と、歴史家アーノルド・トインビーは驚くべきことに断定している。実際、本書を通読されれば、数多くの誤解が消えたとき、仏教と西洋の出会いがもたらしうる、東洋と西洋の各々の特徴の融合の上に成り立つ、地球規模の新たな文明の顔が見えてくるであろう。現代における仏教の成功は、ルネサンスと近代世界の誕生以来の、西洋の三大「抑圧」を反映しているように思われる。すなわち、人間精神の非合理的部分と幻想の抑圧、生の意味についての個々人の疑問の抑圧、そして外面的な宇宙や現象の探究を優先する西洋人による、自身の意識と内面世界の深奥の探究の忘却である。内面性と外面性、幻想と理性、科学技術の進歩と生きる意味の問いかけ、その和解は、新たに始まった世紀の大いなる挑戦であり希望ではないだろうか。

第Ⅰ部　幻想の誕生——古代、中世、ルネサンス、前近代——

第一章　仏教はギリシャとインドをつないだか

仏教は古代に西洋に浸透したのであろうか。もしそうであったとしたら、ユダヤ教徒、ギリシャ人、キリスト教徒の思想に影響を残したのであろうか。この問題は、西洋の仏教徒の間で、現在盛んに論議されている。

まず最初に、ペルシャ帝国、ついでアレクサンドロス大王の帝国、そしてローマ帝国による政治的統一は、東洋と西洋、より厳密にはインドとギリシャの間の交流を数世紀にわたって促進した。紀元前五四六年、未来のブッダが十歳くらいの頃、ペルシャのキュロス大王は、小アジアのギリシャ都市と、インダス河のインド領域を征服し、エジプトからインドにまでまたがる大帝国を打ち立てた。ペルシャ人が作った素晴らしい道路と中継地のおかげで、ブッダは三週間の騎馬の旅で、ギリシャの同時代人ピュタゴラスを訪ねていくことも可能であった（現在では、ギリシャとインドの間に位置する緩衝国の大半が、不安定で政治的に閉ざされているので、こんな旅行はほぼ不可能である！）。ヘーゲルは、いみじくも、この新しい政治的統一のおかげで、「ペルシャ人が、東洋と西洋とのつなぎ目となった」と述べている［Hegel, 1965, p. 285］。

二世紀後、紀元前三三一年に、マケドニアの若い王アレクサンドロスは、ダレイオス三世を破り、ペルシャ帝国を奪った。ペルシャの王たちよりも征服欲が強かった彼は、東に進み、インダス河を越え、勝ち戦《いくさ》を続けてガンジス河に向かった。配下の将軍たちの進言により、やむなく退却したが、その死後、キュロス大王の〔ペルシャ〕帝国と同じくらい政治的に安定した帝国を残した。ヘレニズム時代の始まりである。ギリシャ文明がこの広大な帝国中に広まり、ナイル河流域からインドの北東部までの間に住む数多くの民族にとって、ホメロスの言葉が共通語となった。二世紀後、ローマ帝国がこの領域を征服し、以後数世紀にわたり政治的統一が保たれ、あらゆる交流が促進された。

ジャン・フィリオザは、古代において東洋と西洋の間には頻繁に往来のあった道路が数多く存在しており、たえず大量の交易があったことを、明確に論証している。そして、「西洋は、輸出するよりも、輸入するほうが多かった」ことを強調している［Filliozat, 1949］。西洋は、商品ばかりでなく、思想も輸入していた。ギリシャとローマに対するインドの知的影響は、具体的に計ることは難しいが、論議の余地がない。初期のピュタゴラス主義からローマ帝国の数多くの東洋的儀礼に至るまで、またプラトンやストア派に至るまで、ギリシャ・ローマの思想と宗教に見られるインドの足跡は少なくない。輪廻転生の信仰は、そのもっとも顕著なものの一つであろう。

時代を異にするいくつもの文献が、インドおよびその宗教がギリシャ世界に知られていたことを物語っている。歴史家ヘロドトスは、おそらくスキュラクスとヘカタイオス（紀元前五世紀）に想を得て、紀元前四二〇年頃に出版された『インドに関するノート』の中で、インドの植物、動物、風習を色彩豊かに叙述している。続いてクテシアス（紀元前四世紀初）は、インドの「驚異的」特質を強調しており、プルタルコスは〔『英雄伝』中の〕『アレクサンドロスの生涯』で、メガステネスは『インド』（紀元前二九一年に成立）で、アレクサンドロス大王の宮廷で評判になったインドの裸の哲学者である「裸行者」を、生き生きと登場させている。

メガステネスは、何度も使節となっており、紀元前四世紀から三世紀にかけて、五年ほどインドで過ごした。彼は、次のように語っている。「ゼウスの子」アレクサンドロス大王の使者たちが、威圧的な口調でインドの哲学者マンダニにつき従ってくるように命令した。すると哲学者はこう答えた。「地上の小さな地域しか支配しないアレクサンドロスは、ゼウスの子ではない。賢者は、王の贈り物を欲しないし、その威しを恐れない。生ある限り、賢者にとってインドは、自らの必要とするものを満たしてくれる乳母であり、死んで、老いにやつれた身体から解放されたなら、その代わりにもっとすばらしく、もっと純粋な命を得るだろう」。大王は結局、この答えを称賛した［Jacoby, 1958, p. 603. Strabon にも引用されている］。

直接の影響か、たんなる相似か

ギリシャ人がインドの教義をいくつか知っていたことは間違いなく、それらの教義がギリシャ哲学の発展に影響を及ぼした可能性も大いにあるにしても、では仏教はどうであったのか。問題は複雑で、西洋に仏教が知られるようになってから、つまりこの百五十年来、ギリシャおよびキリスト教思想に仏教の影響はなかったと主張する歴史学界と、逆にあったと確信するさまざまな分野の大勢の著述家との間で、論争が交わされている。

東洋、ことに長い間セレウコス朝の支配下にあった中央アジアのガンダーラ地方では、ヘレニズム時代にギリシャ文化と仏教文化が共生していたことを証明する、歴史的証拠がいくつかある。ガンダーラのギリシャ・仏教美術に関するアルフレッド・フーシェの業績［Foucher, 1905–1922］には、ギリシャ風の顔つきをしたブッダ像や、ブッダの成道《じょうどう》〔覚りをひらくこと〕を思わせるアポロン像などに見られるように、ギリシャ文化と仏教文化の驚くべき相互浸透が示されている。有名な仏教書『ミリンダ王の問い』〔中村元・早島鏡正訳、平凡社

「東洋文庫」七、一五、二八巻、一九六三—一九六四）は、正式な大蔵経には入っていないが、その信憑性および古代性は疑いがなく、仏教僧ナーガセーナとギリシャ人ミリンダ王との対話を書き留めている。

ナーガセーナに関しては歴史資料がいっさいないが、メナンドロスのインド化した名であるミリンダに関しては、数多くの資料がある。紀元前一七五年にインド・ギリシャ王国を創設したデメトリオスの、六代目の後継者であるミリンダ王は、紀元前二世紀末に、パンジャブからガンダーラを経てカブール地方にまで及ぶ広大な地域を支配した。幾人かのギリシャ人作家（ストラボン、プルタルコス）が、彼の治世のことを記しており、彼の肖像が刻された貨幣が数多くある。彼は、おそらく仏教に改宗し（その確証はないが）、その公正さの評判は高く、プルタルコスによれば、彼の死後、多くの都市がその遺灰を競い合って求め、彼の記念碑を建てた。

パーリ語で書かれた『ミリンダ王の問い』は、無常、実体的要素としての魂の存在しないこと〔無我〕、輪廻、カルマ〔業〕、サムサーラ〔迷いの世界、生々流転〕、ニルヴァーナ〔涅槃〕といった、小乗仏教の基本的な哲学的主題を扱っている。好奇心を持って質問するギリシャ人の王と、確信をもって答える仏教僧との対話形式は、非常に護教的で、当時の仏教教団内でのある種の伝道精神が窺える。フランス語への訳者ルイ・フィノーによれば、この驚くべきテクストは「ヘラスの太陽が、その最後の陽光で豊饒なガンダーラの地を照らしていたとき開花した、インドのかぐわしい花である」[Finot, 1923]。

この二例から、ギリシャと仏教の交流の実態、さらにはオリエントにおけるギリシャ文化への仏教の影響がわかるであろう。では、西洋ではどうだったであろうか。ブッダのメッセージは、ガンダーラ王国の国境を越えて、ギリシャ、ローマ、パレスチナで開花したのであろうか。

インドのアショーカ王（紀元前三世紀中頃）によれば、ブッダの教えは、王のおかげで西洋に浸透し、そこで多くの弟子を持った。アショーカ王の祖父は、アレクサンドロス大王の死後まもなくしてインドに広大なマウリヤ王朝を創設した、チャンドラグプタ王である。インドの低いカースト出身で、ヒンドゥー教の改革派の一つである、仏教に近いジャイナ教に改宗し、ギリシャの王女と結婚した。こうしてギリシャ・インド文化の中で育ったアショーカ王は、祖父の始めたインド統一を完成した。

多くの歴史家は、ことのほか残忍な征服者であった彼が、紀元前二五五年頃に仏教に改宗したとは信じられず、非暴力の新しい倫理を採用したというより、政治的計略であったと見ている。いずれにせよ、アショーカ王は仏教を大いに推進した。紀元前二四二年に、首都パータリプトラ〔現在のパトナ〕で大集会を開催し、その後ブッダの平和のメッセージを広めるため、世界の果てまで使者を遣わすようさしずした。実際、王は地中海沿岸の多くの国（マケドニア、エジプト、シリア）と外交関係を持ち、こうした遠い国々に使節を遣わすのは容易なことであった。広大な王国の各地に残る、岩に刻まれた碑文によれば、アレクサンドリアなどへレニズム文化圏の各地に仏教教団を設立し、西洋にダルマ〔仏法〕を広めた。第十三碑文は、勝ち誇ってこう告げている。「ギリシャ人の王国で、人々はいたるところでダルマの教えに従っている」[Bloch, 1950, p. 131]。

この有名な仏教王の断言は、少なくとも私たちが知る範囲においては、事実に符合しない。古代最後期の著述家たちでさえ、仏教のことはまったく知らなかった。私たちの歴史知識では、古代の著述家で、ブッダの名前を最初に引用するのは、アレクサンドリアのキリスト教神学者クレメンスである［これは、アショーカ王がアレクサンドリアに仏教僧がいたと言っていることを裏付けることになるであろう］。紀元二二〇年頃に書かれた『雑纂』の中で、彼はこう記している。「インド人の中には、ブッタ（Boutta）という者の教えに従う人たちがいる。その徳は大きく、神のように崇められている」[Clément d'Alexandrie, *Stromates*, 1, chapitre xv]。ずっと後代のものだが、これだけしか述べておらず、西洋におけるダルマの広まりに関する、〔引用した〕アショーカ王の楽観的記述とは相容れない。

しかし、最近の研究で、紀元前二世紀のエッセネ派ユダヤ教集団に、仏教教団が影響を及ぼしたのではないかという仮説（遁世、独身、清貧、服従、共同生活）があることを、記しておこう［Smidt, 1988, pp. 33-47 に引用される Dupont-Sommer, pp. 698-715 と Philonenko, 1972, pp. 254-265］。同様にユダヤ人歴史家フラウィウス・ヨセフス（紀元一世紀）は、パリサイ人が転生を信じていたことを記している［Flavius Josèphe, 1977, II, 163；III, 374；Antiquités juives, XVIII, 14］。ヘレニズム世界の知的中心であり、ユダヤ人とギリシャ人の知的・文化的十字路であったアレクサンドリアをはじめ各地には、アショーカ王が派遣した使節により仏教の教義が伝わっていたとすれば、こうした転生の信仰も、そこから発想を得たものかも知れない。しかし、現在でもなお、こうした仮説を決定づける確実な歴史的証拠は、何一つとしてない。

西洋が仏教から直接的かつ意識的に借用した最初の例は、紀元三世紀のマニ教の文献を待たねばならない。バビロニア出身のマニは、自らを「預言の証し」と見なしており、古代の主要宗教を要約して新しい精神的伝統を創ろうとした。インドに赴き、マニ教の諸教混交の教義体系の中で、ブッダに重要な位置を与えている。彼は、こう記している。「神の使者は、いつの時代にも、絶えることなく叡智と御業《みわざ》をもたらした。その到来は、あるときはインドでブッダの姿となり、またあるときは、ペルシャでゾロアスターの姿となり、西方ではイエスの姿となって顕現した。神の啓示は、今やこの預言の中で、本当の神からバベルの国に遣わされた使者である私、マニの姿で下された」［Mani, 1993, p. 29］。マニ教の命題のいくつかは、仏教の視点とは相当にかけ離れているが、数世紀にわたって地中海沿岸でかなり広まった。

しかし西洋人は、ブッダその人、またその教えには関心を示さなかった。四世紀の聖ヒエロニムスが、ブッダの「奇跡的な」出生に関して（誤った）言及をしており、教会の指導者がマニ教を非難する言葉の中に、稀にブッダの名前が出てくるくらいである。古代の主要なテクストはその大半が失われてしまったので、私たちの歴史知識は限定されたものであるが、ヨーロッパ人は仏教のことにほとんど言及しておらず、インパクトは皆無に等しかったことは明らかである（逆にバラモン教への言及は多い）。十九世紀末に偉大な東洋学者シルヴァン・レヴィは、こう指摘している。「ヘレニズム世界とインドとの不断の関係、そしてアレクサンドロス大王の遠征にもかかわらず、ローマ帝国の最後まで、ギリシャ文学は仏教の存在をほとんど知らなかったか、少なくともかなり誤って理解していた」[Lévi, 1891, p. 36]。リュバックも一九五二年に同じことを述べている。「古代にブッダの教えが地中海沿岸に広まったという証拠は一つもない」[Lubac, 1952, p. 12]。この問題に関する最もすぐれた専門家の一人であるジャン・フィリオザも、最近になりこう断言している。「古代ギリシャ世界において、仏教はほとんど無視されていた」[Filliozat, 1987, p. 371]。

明白な証拠と確証はないにもかかわらず、古代において仏教が西洋思想に影響を及ぼしたという仮定が妥当であるとするに足るような、まとまった手がかりや一連の人騒がせな事実があるのであろうか。

十九世紀の中頃から今日まで、幾人かの著述家は、ブッダのメッセージは古代思想に大きな影響を及ぼしたと断言している。この影響の直接的証拠は何一つないので、ギリシャ思想（ストア哲学、新プラトン主義、グノーシス主義）の流れと、仏教との一連の相似点を列挙し、後者が前者の源であろうと結論する。例えば、一八八四年にエルネスト・ルナンは「私は、グノーシス主義、ことにプロティノスのそれ、すなわち非キリスト教的グノーシス主義は、仏教から派生したものであるという確信を、ますます強くしている」と記している[Renan, 1884, p. 366]。一九〇二年には、イギリスの歴史家J・ケネディが、二世紀のアレクサンドリアのグノーシス主義者バシレイデスの教えと、ブッダの教えとの驚くべき類似性について、同じような意見を述べている[Kennedy, 1902, pp. 377–415]。

実際、グノーシス主義と仏教の間には数多くの類似点がある。仏教と同じく、グノーシス主義も知識による救済という方法論を採用している。これが、福音の教えは愛による救済だと考える教会の神父たちが、キリスト教グノーシス派を強く批判した理由である。しかし、グノーシス主義の源は仏教であるという主張は、根拠に乏しく、リチャード・ウェルボンは「残念ながら、グノーシス主義について研究する歴史家は、誰一人として同時に仏教思想の専門家ではなかった」と述べている［Welbon, 1968, p. 9］。

また、キリスト教神学者オリゲネスと哲学者プロティノスという、二人の古代末期最大の天才の師であるアンモニオス・サッカスは、アレクサンドリアの仏教教団の代表者ではなかったかという主張もある。十九世紀を通じて、ギリシャ語テクスト［ことにストラボン、クレメンス、メガステネスの著作］中に、バラモンたちと一緒に現われるサルマン（sarmanai）とは何者かということが論議された。ある人たちは、それは仏教僧以外の何者でもないと主張した［Bohlen, 1830, Barthélemy Saint-Hilaire, 1855］。これに対して別の人たちは、それはバラモンの中の最高の賢者のことだと断言した［Lassen, 1933, pp. 171–190. Lévi, 1891, pp. 36–49 も参照］。後者が指摘したように、ギリシャ語の sarmanai が、苦行者を意味するサンスクリット語の sramana だということは簡単にわかる。だから、サルマンは、ヒンドゥー教の苦行者でもありうるし、仏教僧でもありうる。

歴史家は、影響を証明する具体的な資料がないので、空想の上では刺激的であるが根拠に乏しいこの見方を諦めた。しかし、最近仏教が西洋に浸透し、人々の興味をそそるようになり、相似・影響という見方が目に見えて復活した。大学関係者の間だけではなく、西洋の仏教運動から生まれた仏教擁護者の間でもそうである。彼らは、残念ながら方法論的慎重さと科学的厳密さに欠けるが、仏教がユダヤ教、キリスト教、ギリシャ思想に直接的、決定的影響を及ぼしたと熱心に主張する。その一人が、新興宗教である創価学会インターナショナル会長の池田大作である。彼はしばしば仏教が西洋文明、ことにキリスト教の起源であると主張している［特に Ikeda, 1977 を参照］。

一九八二年に、折衷主義者である仏教徒作家セルジュ＝クリストフ・コルムが、この問題に関する長大な研究を発表した［Kolm, 1982］。仏教とストア哲学に精通した彼は、二つの思想潮流の相似点を驚くほど詳細に列挙した。論証は適切であるが、両者の間に相似点があり、仏教のほうがストア哲学より古いというだけで、明らかに仏教がストア哲学に影響を及ぼしたと短絡的に結論を下すのは間違っている。エッセネ派やグノーシス主義と、仏教のいくつかの側面との間に驚くべき相似があるのと同じように、私たちの現在の知識からして、もっとも蓋然性が高い仮説、つまり異なった文化圏で、相互間の影響ではなくて、人間精神の相似性により、多くの共通の思想や修行が生まれたという見方を、どうして最初から排除するのか理解できない。異なった場所で、同じような概念が発明される可能性は、歴史が十分に証明しており、相似があれば当然影響があった、という考えは捨てなくてはならない。

たとえば、紀元前五五〇年から五〇〇年にかけての、人類の「基幹期」とよばれる驚異の時代に関する、カール・ヤスパースの研究を取りあげてみよう。この時期には、ペルシャにゾロアスター、中国に老子、孔子、インドにブッダ、マハーヴィーラ（ジャイナ教の開祖）、ギリシャにピュタゴラス、ヘラクレイトス、パルメニデス、そしてパレスチナでは第二寺院が建設され、エリヤ、アモス、イザヤといった預言者が出現した。人類の思想をすばらしく飛躍させた彼ら偉大な思想家の共通点は、時として驚くほどである。どうして同じ時期に出現したのだろう。それはわからないが、はっきりしているのは、彼らは直接の接触も影響もなく、並行して思想を発展させたということである。

私たちが直面している問題に関して言えば、仏教のストア哲学にたいする影響は一概には排除できないが、それを結論づける歴史的証拠がないことから、影響があったにしても非常に部分的で間接的なものであったか、それとも単純に驚くべき一致があったと見なすのが妥当であろう。

しかしコルムはとことんまで行く。彼は、パウロ神学、教父たち、ルネサンスの何人かの哲学者たちに対するストア哲学の影響——これは事実である——を引き合いに出し、仏教はストア哲学を介して、キリスト教および西洋近代に決定的な影響を及ぼしたと結論する。「この鎖の両端を見てみよう。ブッダこそ自由、民主主義、科学、経済発展の責任者である」。ここまでいくと、科学的証明というよりは、こじつけである！

しかし、コルムに勝るとも劣らない者もいる。チベット仏教の西洋における最初の弟子の一人であると同時に、最初の導師の一人でもあるステファン・バチェラーは、一九九二年に『西洋の目覚め』をイギリスで出版した。そのなかで彼も、何ら新たな歴史的証拠があるわけでもないのに、仏教がキリスト教に影響を与えたと主張している。バチェラーは、初期のキリスト教徒が仏教資料に関して沈黙しているのは、キリストの天啓の独自性を損ねはしないかと危惧したからだと説明する［Batchelor, 1992, ch. 3］。

さらには、最近になって、エクス・アン・プロヴァンスの宗教観察所の若い研究者であるラファエル・リオジエは、『イエス、西洋のブッダ』という暗示に富む表題の評論を出版した。この本を、著者自身の言葉で要約すると次のようになる。「アジアにおける自らの先蹤者《せんしょうしゃ》であるブッダの叡智を受け継いだ」［Liogier, 1999, p. 18］イエスは誕生のさい、東方の三博士に「西方のブッダである阿弥陀仏の化身」［同前、p. 231］であると認められ、「シッダールタの言葉を伝える」［同前、p. 169］。しかし、この「シッダールタの息吹がまだ感じられるメッセージ」［同前、p. 233］は、ローマ教会の手で、早々にすりかえられてしまう。「この強大な教会には厳格な神父が大勢現われ、人間の罪深さという不可侵の教義を人々に説くようになるのである」［同前、p. 233］。それゆえ、「キリスト教は、私たちの政治的、社会的近代性の本当の土壌」すなわち「ギリシャ・ユダヤの仏教」［同前、pp. 110, 257］である。今日、「神に見放された社会を背景に、仏教とキリスト教という、明らかに敵対関係にある兄弟の再会の時がついにやってきた。片や、偉大な異端審問官、道徳説教者、もっとも手に負えない権力争いの張本人であり、片や、アナーキストとまでは言えないが多極主義者で、寛容主義者である。再会は当然である。本質、決定的渇望への回帰である。教会がたえず混迷する中で、なおも真実を叫んでいた声への回帰」である〔同前、p. 254〕。この本は非常に面白く、小説のように読めるが、科学的には何の根拠もない論述である。あるのはすでに知られた相似の羅列と、著者の旺盛な想像力だけである。

仏教とキリスト教の間に直接の繋がりがあるという説の大枠となったのは、ある文学的思潮だった。仏教がヨーロッパでより知られるようになった十九世紀の中頃以来、こうした繋がりを見出そうとした秘教主義者の間で、その思潮はことに盛んであった。一八九四年〔原著には一八三四年とあるが、書誌情報により訂正〕にパリで『イエス・キリストの知られざる生涯』を出版したノトヴィッチは、このたぐいの理論の創始者であった。彼は、イエスが十二歳から三十歳までの間、インドでバラモンと仏教僧から秘教伝授を受けていたことを証明する、インドの文書を発見したと主張した。この本は大いに受けたが、著者がくだんの文書を提示できなかったので、すぐに忘れ去られた。

しかし、この考えは継承され、とくに秘教文学の分野では、仏教のキリスト教への影響と、イエスのインドでの秘教伝授の二つの説は、一般的となった。ラファエル・リオジエは、自分の主張を擁護するのに、後者の仮説を必要としない。「あったかどうかわからないイエスの東方旅行を長々と論じるのは止めよう。この仮説はもっともらしくはあるが、不要である。おさなごイエスはガリラヤで育っても、仏教の真髄の秘教伝授を受けられた」〔同前、p. 193〕。二十世紀初頭、神智学協会の著名な会長アニー・ベザントは、同じような意見を持っており、イエスは十九歳でユダヤ教の神秘的な僧院に入り、そこにあった人類の知識をすべて集積した図書館のおかげで、仏教および秘教を習得したと主張した。

実際、一世紀以上前から、キリスト教との絆を保ちつつ仏教徒になったかなり多くの西洋人には、カトリックからキリスト教の最上のメッセージを「掬い上げ」て、それを仏教に帰そうとする知的傾向が見受けられる。それは、二つの文化、二つの精神的道程の間で引き裂かれた人たちにとって、健全でもっともな和解の道かも知れない。しかし、私たちの現在の知識からして、受け入れられる歴史的主張ではない。比較主義者であり、長い間仏教とキリスト教の相似を探索したアルフレッド・フーシェは、科学者の意見を集約して、こう結論している。「キリスト教と仏教がもっとも相似しているかに見える場合でも、各々の伝統は独立していると認めざるを得ない」[Foucher, 1949, p. 65]。

海を渡って扶桑の国へ

もっとも奇想天外な、しかし根拠がないわけではない仮説の中で、十八世紀に生まれた驚くべき理論に一言触れておこう。それによれば、仏教のアジア以外へのもっとも古い影響は五世紀に遡り、その舞台となったのはヨーロッパではなく、アメリカとメキシコであったというのである！

一七六一年、フランスの中国学者ヨセフ・ド＝ギーニュは、五世紀に六人の中国人仏教僧が、陸路・海路でアラスカとアメリカ西海岸を経由してメキシコに渡ったという論文を発表して、碑文・文芸アカデミーの同僚たちの度胆を抜いた[Guignes, 1761]。このフランス人学者は、中国皇帝の古文書館で発見された四九九年の紀年を持つ資料を根拠にしており、それによれば、六人のうちの一人で慧深《えじん》という僧侶が、この空前の大旅行を四五八年に皇帝に報告したことが記されている。この仏教僧は、自分らの旅行を詳しく物語っており、最終到着地を扶桑《ふそう》と呼んでいる。扶桑というのは、その地でよく見られる木で、葉はカシの木に似ているという。仏教僧が叙述する距離、方角、風景、住民から判断して、ギーニュは、扶桑の地は現在のメキシコ地方だという結論に達した。この一見して途方もない意見は、二世紀以上にわたってアメリカの東洋学者の間に議論を呼び起こし、いくつかの出版物がある。ギーニュの意見に反対する人たちは、このような往復の旅の困難さに加えて、最初の新世界発見の物的証拠が何もないことを強調する。ギーニュの仮説はたった一つの文書に立脚しており、その文書自体はいろいろな点で本物と裏づけられるものの、その内容は五世紀の僧侶の空想に過ぎないかもしれない。

ギーニュの賛同者たちも、現在までのところ決定的な証拠を持たないが、論議には事欠かない。一八八五年に、エドワード＝ペイソン・ヴァイニングは、問題の資料全体の正確な翻訳を初めて発表し、「扶桑の木」はメキシコ原産であると同定した［Vining, 1885］。そして、グアテマラはゴータマ（ブッダの名前）とマラ（仏教の数珠）に由来し、マヤ族はブッダの母マーヤー夫人の名前から派生したと提唱した。一九五三年に、ゴードン・エコルムは、仏教美術と五世紀に発達した古典メキシコ美術の間の多くの類似点を指摘し、それゆえ中国仏教僧の記述の信憑性が出てきたと主張した。

しかし何よりも、一九七二年になってアンリエット・メルツは、原典に基づいて、慧深《えじん》一行の足取りを説得力を持って位置づけた［Mertz, 1972］。彼女は、アメリカ及びメキシコの西海岸の、慧深が通った道沿いにある地名で、仏教用語に由来するか、前置詞 Hui〔Hui Shan（慧深）の Hui〕で始まっているものを数多く同定した。さらに彼女は、その名前だけでなく、他にも中国人僧侶が通った可能性を示すいくつかの手がかりを提供する、フェイチョル・インディアンの例を詳しく考察した。彼らは、慧深の「煙りを吐く山」にまさに相当する火山の近くに住んでおり、サカイモナ（ブッダの名前はシャーキャ・ムニである）と名付けられた、仏教のシンボルを表わす聖なる宝石を描く。そして彼らは、二十世紀初頭からメキシコ人にチャイニーズ〔中国人〕と渾名《あだな》されているが、いろいろな面で中国人に似ている。

ギーニュの信じ難い理論はまだ非常に脆弱であるが、時が経つにつれ、新たな真剣な賛同者を得つつある。クリストファー・コロンブスのはるか先を行く仏教僧がいたのであろうか。

古代人の幻想のインド

古代における西洋思想への仏教の影響に関しては、決定的な証拠がないので、憶測の域を出ない。逆にはっきりしているのは、西洋人はブッダおよびその教えとの最初――でありえた、あるいは、最初であったであろう――の出会いの記憶を、いっさい留めていないということである。次章で見るように、仏教に関する西洋の幻想は、中世になって少しずつ、そして部分的に現われてくる。古代には仏教に関しては何も語られないが、インドに関するあるイメージが、古典古代からヨーロッパへと受け継がれ、このイメージがたえず西洋人の幻想を掻き立て、現実のインドが徐々に発見されたにもかかわらず、今日まで続いている。カトリーヌ・ヴァンベルジェ＝トマはこう記している。「私は、インドは発見もされず、発明もされなかった、とあえて主張する。インドは、ギリシャ人が描いたインド世界の概念に由来する古めかしいステレオタイプが記憶に定着されるという過程そのものにより、構築され、案出された。ヘロドトス、さらにはクテシアス以来、夢幻的知識が集大成され、近代に入ってインド世界が実地に探検されたにもかかわらず、ほぼ無傷で今に伝えられている。タホ川からガンジス河までの海路が開けたことにより、インドの現実を直接見聞することが容易になり、東洋学のおかげでインド文明の偉大な原典に接することができるようになってから三世紀を経ても、古代人から受け継がれたインドのイメージは、たいして変わることがなかったかのようである」[Weinberger-Thomas, 1988, pp. 9–31]。

古代からの遺産であるこの幻想には、一つには驚異というラベルが貼られており（カトリーヌ・ヴァンベルジェ＝トマは、ことに「怪奇」というテーマを取り上げる）、もう一つには叡智というラベルが貼られている。片や、豊饒、途方もない豊かさ、信じられない怪物、すべてが可能な世界、片や、苦行、清貧、放棄、裸体。これが、ヘレニズム世界の後継者であるローマ帝国が、「東洋」、曖昧で遠方のアジア、魅惑的で無気味な「他者の世界」に関して、既知の安心できる「私たちの世界」である「西洋」に、二千年にわたって伝えてきた、本質的特徴の二つの面である。

東洋と西洋の出会い、ことに西洋の幻想の中への東洋の受容の歴史は要するに、この「他者」をつねに恐れ排斥しつつも求め続けた「私たち」自身の歴史ということになる。本書では、今日も続くこの鏡の反映作用において仏教が果した格別な役割りについて見ていくことにしよう。

第二章　中世の旅行者たち

キリスト教は全ヨーロッパに伝播し西洋の主要宗教となる一方で、その発祥の地がイスラム教に征服されて以来、そこからはほぼ完全に姿を消したが、仏教もほとんど同じ運命を辿った。八世紀から九世紀にかけて、バラモン教の再興とイスラム教の侵略により、仏教は徐々にインドから追放され、アジア全域に広がって、東洋最大の宗教となった。千年以上にわたって似かよった運命を辿ったこの二大普遍宗教は、お互いをまったく知らずにいた。この相互無関心は、ローマ帝国の崩壊、その結果として東洋との関係が少なからず稀薄になったこと、そしてイスラム教圏の「障壁」といった歴史的理由から説明できるであろう。少なくとも西洋に関しては、キリスト教の発展に伴う内部論争や、蛮族の侵攻、イスラム教勢力との戦い、キリスト教文明の構築といったことに気をとられ、遠い東洋の哲学や宗教には関心がなかった。結局のところ、西洋が東洋を必要としない限り、あるいは東洋が西洋を必要としない限り、この二つの世界が出会いを求める理由は根本的になかった。

西洋においては、古代から受け継がれた幻想は、長い中世の最初の数世紀の間ほとんど変化しなかった。古代の作品は翻訳され、流布し続けていたが、その中のインドにまつわる、時として唐突な記載が疑問視されることもなかったし、新しい出会いや経験によって新たな幻想が真に養われることもなかった。セビリャのイシドルス（七世紀）やサンスヴェルのベアトゥス（八世紀）は、古代歴史家の記述にいくつかの詳細を付け加えただけで、当時の地図は地上楽園を、こうした遠方の地に配していた。六世紀、「インド航海者」の異名で知られるコスマスのアジア旅行以来、トマスがインド布教の殉教者になったことは知られていた。この情報から、東洋に一大キリスト教王国が存在するという噂がもてはやされたが、ヨーロッパ人は、インドにあるというキリスト教教団の発見に旅立とうとはしなかった。現代の一歴史家は、中世にはほとんどの時期でも〔その気になれば〕インドには容易に行くことができたし、「時には戻ってくる人もあった」［Richard, 1983］と記しているが、それは遠回しに、こんな旅行を思い立つ者がいなかった、と言っているのであろう。

十三世紀まで、西洋には仏教に関する情報は何も届かなかったと思われる。九世紀以来、アラビア人旅行者は、インド及び中国の仏教に関していくつか詳細な記録を残しているが、その中でブッダは預言者、あるいは造物主その人として扱われている［Miquel, 1975］。しかし、こうした著作がヨーロッパで翻訳出版されたのは、ずっと後になってからであった（九世紀に書かれたスライマーンとアブー・ザイド・アッ・スィーラーフィーの旅行記が、アラビア語から訳されたのは、一七一八年になってからである）。

マルコ・ポーロが伝えたブッダの伝記

インドや極東への旅行者が増えるのは、十三世紀中頃になってからである。それはおもにイタリアの商人たちと、教皇の使者たちであった。キリスト教ヨーロッパは、ポーランド、プロイセン〔現在のドイツの北部地方」、ハンガリーまでを電撃的に征服したモンゴル人に恐れをなし、モンゴル人諸侯の意図を確かめ、「タタール人」（中世ヨーロッパの用語で、中央アジア以東に住む民族――主にモンゴル人――を指す）の宗教に関する情報収集のために、「タタール」に使者を送ることにした。同時に、ローマ・カトリック教会は、モンゴルと同盟を結び、イスラム教勢力をはさみうちすることを夢見ていた。

しかし、教皇の使者が、こうした旅行に出で立つのには、別のもう少し高邁な理由があった。実際、キリスト教世界では、この有名な「タタール人」は、すでにキリスト教に「秘密裏に改宗している」という、あきれかえった噂が流れていた。一一四五年にガバラ（現在のシリアに位置する）の司教が教皇に送った手紙には、「東洋のもっとも遠いところにいる」ある王が、「異教徒」を打倒したと報じられていた。ヨハネスと呼ばれるこの神秘的な王はキリスト教徒で、しかも司祭であるという。「司祭王ヨハネス」（英語ではプレスター・ジョン）の噂は、キリスト教圏を駆けめぐり、異教徒が住む地域のはるかかなたの東洋に、一大キリスト教王国が存在するのではないかと、さまざまな憶測が飛びかった。この「隠れキリスト教徒」の噂は、中世には非常に広まっており、西洋の幻想を掻き立て、何百人という旅行者、宣教師、教皇の使者たちが中央アジアに旅立った。

一二四五年、教皇インノケンティウス四世は、フランシスコ会修道士ジョヴァンニ・デ＝ピアノ＝カルピーニを、タタール人の許に遣わした。彼は広大なモンゴル帝国を横切り、チンギス・ハンの孫グユク・ハンの許に達し、丁重に迎えられた。戻ってから、このフランシスコ会修道士は『我々がタタール人と呼ぶモンゴル人の話』と題する本を出版し、この本は、ヨーロッパ各地の主要な文化的中心地で、強い関心を持たれた。彼はこの本の中で、ハンの宮廷では、イスラム教徒、ネストリウス派キリスト教徒（ローマからは異端と見なされており、「隠れキリスト教徒」の噂の源であろう）、チベット仏教徒が、対立することなく同席しているという、非常な宗教的寛大さを述べている。この三つの宗教が尊重されているけれども、モンゴル諸侯はチベット仏教のほうを好み、ステップの民を文明化するのにその僧侶に頼っている。

その後、教皇あるいはルイ九世（聖ルイ王）の使者が何人か、ハンの許に赴いた。彼らのうち、ギヨーム・ド＝リュブリュキが、チベット人僧侶のことを西洋に最初に伝えた。「私には、我らの国の宗教者を見ているように思えます。全員、頭も髭も剃っています。頭には厚紙でできた帽子を被っています。彼らは独身をまもり、一つの僧院に百人、二百人と住んでいます。お堂に入ると、二列に並んで坐り、帽子をとり、低い声で読経し、静粛を保ちます。私は、何度も彼らに口を開かせようとしましたが、できませんでした」［Lubac, 1952, p. 37 に引用］。

こうした断片的な叙述には、往々にしてとんでもない誤解が混じっているが、西洋人の興味をそそった。十四世紀初めに、マルコ・ポーロの旅行記が出版され、ようやく仏教僧についてより正確な叙述がなされ、ブッダの生涯に関する情報がいくらかもたらされた。ヴェネチア出身の大旅行家は、二十四年間（一二七一―一二九五）にわたって極東を巡り、当時存在した仏教のほとんどすべての宗派に遭遇したが、それらの間に本当の関連性を見出すには至らなかった。彼は、法要のさまざまな形態だけでなく、セイロンの僧侶が語ったブッダの伝記を、ヨーロッパ人に初めて伝えた。これは、アジア最大の宗教の開祖の伝記として、初めて西洋に伝えられたものであり、以後十七世紀まで、これ以上まとまったものはなかった。以下にその全文を掲げることにする。

　彼は世界で最上の人間と見なされており、彼らの信仰によれば、聖人です。彼らの言うところでは、彼は金持ちの大王の王子であり、あまりに幸せで、世俗のことにまみれたくもなく、王になりたくもなかった。父王は、彼が王になる気もなく、世俗のことに関わりたくもないのを知ると、非常に怒り、たくさんのことを約束して誘惑しました。しかし、彼はいっこうに聞こうともしないので、父親は大いに苦しみました。というのも、自分の死後、王国を託すべき息子が他にいなかったからです。王は考えて、大きな宮殿を建て、息子をそこに住まわせました。そして、あらん限りの、とびきり美しい乙女たちを仕えさせました。彼女らに、昼も夜も王子と一緒に遊び、彼の前で歌い踊らせ、彼が俗事に関心を持つようにしむけさせました。彼は本当に真面目な王子で、父親が旅行者にも誰にも会わせなかったので、宮殿から出たこともなく、死人も、五体満足でない者も見たことがありませんでした。ところが、ある日、馬で道を行くうちに、死人を見かけました。それまで一度も目にしたことがありませんでしたから、非常に驚きました。そこで、従者たちに聞くと、死人だという返事でした。

「どうしてだ。人は誰でも死ぬのか」と王子は聞きました。

「はい、まさにそのとおりで、人は死にます」

王子は何も言わず、もの思いに沈み、道を進みました。しばらく行くと、歩くこともできず、老衰で歯も全部なくしてしまった、非常に年とった男に出会いました。王子はこの老人を目にして、これはどういうことなのか、そしてなぜ彼は歩けないのかと尋ねました。老齢のため歩くこともできず、歯もなくしました、と従者は答えました。王子は、死者と老人のことを聞くと、宮殿に戻り、この悲しい世界には留まらず、不死の人を求めに行こうと決意しました。ある晩、彼は一人で宮殿を抜け出し、遠く離れた山に行きました。彼は、キリスト教徒のように、非常に正直に生き、過酷な生活をし、厳しい苦行をしました。もしキリスト教徒であったなら、その善良で正直な生活から、彼は我らが主イエス・キリストのように聖人となったでしょう。死んでから、父親の許に運ばれました。父親は、自分以上に慈しんでいた息子の死を前に、狂わんばかりに悲しみました。金と宝石で彼の像を作り、国民に崇拝させました。

彼は神だと言われてきましたし、いまでもそう言われています。彼は八十四回死んだと言われています。最初は人間として死に、次には牛になり、牛として死に、次に馬になりました。八十四回死んで、その度に、別の動物になりました。そして最後に死んだ時は、神になったと言われています。人々は彼を、最大の神であると思っています。偶像崇拝者の最初の偶像で、他のすべての偶像は彼をもとにしています。セイロン島で、インドで、そう伝えられています。

さらにまた、サラセン人〔中世西洋で、アラビア人、イスラム教徒全般を指した言葉〕は遠くから彼の墓に詣で、それはアダムの墓だと言います。そして、キリスト教徒が、ガリシア〔スペイン北西端部の地方〕のサンティアゴ・デ・コンポステラ〔聖ヤコブの墓があるとされ、ヨーロッパ中から多くの巡礼が集まる聖地〕に詣でるように、偶像崇拝者は篤い信仰心ゆえに、はるか遠方からそこに詣でます。彼らは、私がすでに述べたように、彼は王子であったと言います。彼はサガムニ〔シャーキャ・ムニの訛ったもの〕とよばれ、彼の髪、歯、鉢は、彼が暮らした山の中にいまでもあります。彼が本当に何者であったのかは、神のみぞ知り給うことですが、私たちの教会の聖典によれば、アダムの聖遺物はこの地方にはありません。

[Marco Polo, 1955, pp. 255–258]

この記述は、格別に興味深い。ブッダの生涯のいくつかの要素が欠けているか、削除されているが、マルコ・ポーロは、アジア最大の宗教の開祖の生涯に関して、それ以前のどれよりもまとまった記述を中世西洋にもたらした。マルコ・ポーロはブッダを驚くほど称賛しており、不用心にも彼を、キリスト教の二大人物であるアダムとイエスとに比較している。アダムとブッダの混同は、当時広まっていた二つの伝承、すなわちブッダはセイロン島で亡くなったというセイロンの伝承と、セイロン島にアダムの楽園と墓があるというイスラム教の伝承が融合した結果である。イエスとの類比はマルコ・ポーロ自身によるものである。ブッダは人間であるが、神のように崇拝された。ブッダはイエスに匹敵する聖なる生涯を送った。ブッダは「神になる」前に、いくつもの生涯を生きており、普通の人間のような死に方はしていない（マルコ・ポーロは、仏教の輪廻信仰とブッダの前世譚を持ちだしている）。

こうした比較は、当時の人々を驚かせ、不思議がらせたに違いない。大旅行家が、一二九七年から一二九九年の間、ジェノヴァで監獄に入っていた時に、同じ監獄にいたピサ出身のルスティケロに口述して、オイル語〔中世にフランスのロワール川以北で話された方言〕で書かれた『マルコ・ポーロの本、またの名を世界の話』〔『東方見聞録』〕は、十四世紀に最初の写本が流布してから爆発的な人気を博した。当時の写本が百以上現存しているということは、他にも何千という写本が流布していたことを物語っている。マルコ・ポーロの本は、一四七七年にニュルンベルク〔ドイツ南部の都市〕で印刷されたのを皮切りに、それ以後ヨーロッパのすべての主要都市で印刷され、ルネサンスの「ベストセラー」の一つになった。

驚くほど正確で詳しいかと思うと、往々にして誇張が混じったこの旅行記への反応は、まちまちであった。聖職者は、「偶像崇拝」宗教に対する寛大すぎる扱いを嫌い、学者は、（それが、地理であれ、歴史であれ、植物学であれ）この「ヴェネチア商人」の革命的な主張を信ずるよりは、古代の歴史家に忠実であることを好んだ。しかし、詩人と物語作者たちはマルコ・ポーロの本に興味を示した。その中に登場する大ハン、司祭王ヨハネス、「山の老人」などは、伝説的人物となり、数世紀にわたって数多くの民間伝承のもととなった。

キリスト教版ブッダ伝

不思議なことに、ブッダの生涯の記述は、中世初期およびルネサンス期の民間伝承には痕跡を残していないようだ。なぜ当時の人々の心性に何も残さず、仏教の開祖をめぐって新たな幻想を生まなかったのだろうか。十六世紀の中頃、インド、セイロン、中国、日本に旅立ったイエズス会宣教師たちは、マルコ・ポーロの記述をまったく知らなかった。ブッダの歴史的実在が「発見」され、伝記が知られ、仏教という、多面性に富み、アジア全域に広まった一大宗教の開祖であることがわかるのは、数世紀先のことであった。

ここでマルコ・ポーロの、ブッダの生涯に関する「落とし穴」を説明する仮説を立ててみたい。

十七世紀に、もう一人の旅行者、ポルトガル人ディオゴ・デ＝クトがセイロンに到着し、ブッダの生涯に関して同じような話を耳にした。彼は、その話と、十一世紀以来ヨーロッパで非常に流布していたもう一つの話を結び付けずにはいられなかった。それは、盲人、ハンセン病患者、老人、苦行者と出会い、この世を捨てた古代インドの王子ヨサファットの話である。ディオゴ・デ＝クトが言及したのは、中世文学史上もっとも奇想天外な話の一つであるが、この作品は十九世紀、二十世紀の文献学者の研究によって、初めて解明された。

紀元一世紀初めにインドで、『菩薩（Bodhisattva）の生涯』と題するかなり物語風に潤色されたブッダ伝がサンスクリット語で書かれ、数世紀後にマニ教徒によりペルシャ語（Bodhisattva は Budasaf になった）に訳され、そしてたぶん八世紀にアラビア語（Judasaf）に訳された。九世紀にはグルジア語（Iodasaph）に訳され、そこでキリスト教化され、若い王子イオダサフは、父の意に反して、年老いた隠遁者バルラアムにより、キリストの教えに改宗した。このブッダの生涯のキリスト教版は、その後十世紀になって、アトスの修道士エクヴティミによりギリシャ語（Joasap）に訳され、最後に十一世紀にラテン語（Josaphat）に訳された。

このインドの若き王子と隠遁者バルラアムは、ウォラギネのヤコブス著『黄金伝説』［Voragine, 1967, pp. 410-423］の中で、遠くインドにあるキリスト教国にいた二人の悲劇的聖人に仕立て上げられ、全キリスト教圏に広まった。その人気の高さから教会は、この謎めいたインドの聖人を、一五八三年に印刷された最初の公式殉教者名簿に加えた。こうして、十六世紀末から最近になって殉教者名簿が改定されるまで、カトリック教会は、十一月二十七日を聖ブッダの日として祀っていた！〔これに関しては、Sonet, 1949 ; Lang, 1957 ; Mahé, 1993 を参照〕

十七歳でヴェネチアを後にし、ヨーロッパに戻ってから一年後に監獄に入れられ、そこで旅行記を口述したマルコ・ポーロとは違って、当時の人は、彼が伝えたブッダの生涯と酷似した聖ヨサファットの生涯を、よく知っていた。だから、マルコ・ポーロが記す伝記を読んだ読者の大半は、当然のこととして両者は同一のものであると思い、すでに二世紀以上も前から馴染み親しんでいる、キリスト教化された伝記のほうを信用した。マルコ・ポーロの旅行記に出てくるインドの王子サガムニ（ブッダの名前は、シャーキャ・ムニである）は、彼の同時代のカトリック教徒の目には、西洋でよく知られた、キリスト教化されたインドの王子ヨサファットと映ったのではなかろうか。事実、サガムニの生涯は、複数の生を繰り返すことと、神であることを除けば、ヨサファットのそれと瓜二つである。ヴェネチアの旅行者マルコ・ポーロの読者たちは、キリスト教的世界観の中に閉じこめられ、マルコ・ポーロが伝えた歴史的真実（と言ってもいいもの）よりも、キリスト教の伝説の方に信憑性を認める以外に、反応の余地がなかったのではなかろうか。マルコ・ポーロは、知識において数世紀も時代に先んじていた。

もしこの仮定が正しければ、西洋におけるブッダの生涯に関する知識は、中世の間ずっと、仏教の開祖の、キリスト教化された伝記が存在し流布していたために、三世紀も遅れたと考えることができて興味深い。

福音の理想としての仏教僧院

十三世紀末から十四世紀初めにかけて、カトリック教会がアジアに派遣した宗教使節による、仏教の諸形態の評価は、けっして否定的ではない。こうした最初の西洋人観察者たちは、時として旅を急いでおり、仏教の教えをあまりよく理解せず、仏教徒を「偶像崇拝者」と見なしたが、それでも仏教徒の信仰の篤さ、苦行の厳格さ、精神的輝きに強い印象を受けた。一二八九年に大ハンの許に派遣されたフランシスコ会修道士ジョヴァンニ・ダ＝モンテ＝コルヴィーノは、一三〇六年に教皇クレメンス五世に、チベット人僧侶についてこう書いている。「この僧侶たちは、ラテン教会〔ローマ・カトリック〕の宗教者よりはるかに厳格で、戒律をいっそう厳守しています」［Wyngaert, 1924, p. 54 に引用］。

数十年後、同じくフランシスコ会修道士ジョヴァンニ・デ＝マリニョリは、ベネディクトゥス十二世によって、北京の大ハンの許に遣わされた。彼は中国に四年滞在した後、ヨーロッパへの帰路、セイロンに長らく逗留した。このフランシスコ会修道士は、たぶんマルコ・ポーロの旅行記やいくつかのイスラム教の伝承に影響され、さらには地勢、植生、土地の宗教（＝仏教）に心を打たれ、地上楽園を発見したと思った。聖書の記述により、彼はアダムとイヴが滞在したしるしを、この島に見つけようとした［Abeydeera, 1988, pp. 57-67］。彼はジョヴァンニ・ダ＝モンテ＝コルヴィーノと同じく、仏教僧を叙述するのに讃辞を惜しまない。「ここの僧侶たちは、けっして肉を食べない。なぜなら、アダムとその子孫が、大洪水までそうしなかったからだ。〔中略〕彼らは一日一食で、それ以上はけっして食べない。牛乳と水しか飲まない。食べ物は、けっして翌日まで家の中に留め置かない。彼らは地べたに寝、杖を持って、裸足で歩く。彼らは、我らが小さき兄弟〔フランシスコ会修道士を指す〕のような頭巾（ただし肩被《かたおお》いはない）を被り、「使徒流」に衣を肩にかける。彼らは毎朝行列を組んで、昼食を乞食《こつじき》する。彼らは、まことにふさわしい仕方で祈る」［同前。Yule, 1915, pp. 234, 242 による］。

　こうした叙述は、僧院生活をきわめて枢要な軸として展開される、ある苦行的、神秘的宗教の肯定的なイメージを、ヨーロッパ人に与えた。その背後には、伝統的修道会と〔フランシスコ会など、清貧を旨とする〕乞食修道会の対立が窺える。というのは、この遠隔地の僧侶たちの事例が、フランシスコ会の福音の理想を裏付けるものであったからこそ、乞食修道士たちの幻想をかきたて、彼らの関心をことさらに引いたのである。未知を既知に引き寄せ、自分自身の関心というプリズムを通して仏教を眺め、キリスト教、あるいはヨーロッパ人内部の論争の具として仏教を利用するこの傾向は、始まったばかりである。それは現在まで続いており、いまだに消えていない。

第三章　中世のチベット神話

こうした数々の好意的な証言にもかかわらず、西洋人は仏教という宗教を、まだ概念化できなかったことは明白である。ヨーロッパ人旅行者たちと、その旅行記の数少ない読者たちは、まずもってチベットと、不思議な儀式を持つその宗教の発見に強い印象を受けた。十九世紀以後大きく発展する、魔術的で神秘的なチベットという神話は、中世の最初のチベット探検家たちが語った魅惑的な物語に、すでにその萌芽が見られる。それはまた、到達できない遥かかなたの東洋にある神秘的な王国に関して、ありとあらゆる不思議なことを信じるという、中世の幻想の系譜に繋がる。

神秘、黄金、性的自由

実際、古代においてヘロドトス、ストラボン、大プリニウス、プトレマイオスなどのギリシャの歴史家や地理学者たちは、アレクサンドロス大王の東征によって発見されたばかりの東洋の驚異について、すでに叙述している。そこには、黄金、叡智、神秘的な秘術の力といった、人々がつねに求めてやまないものがふんだんに含まれていた。中世になっても、アジアは依然として未知の土地であり、あらゆる夢が育まれ、ありとあらゆる噂がまことしやかに信じられ続けた。山岳地帯で近づき難いチベットは、ヨーロッパ人にとって、ある途方もない世界についての夢想が結晶化した国となっていった。宣教師は神秘的なキリスト教王国を探して旅立ち、商人は黄金と宝石を求め、神秘主義者は西洋にはない叡智を探し求め、冒険家はそれらすべてと、さらにはそれ以上のものを夢見た。

十三世紀以来、アジアのさいはての地やチベットの一部に赴いた最初の西洋人観察者の話には、四つの主題が繰り返し現われる。

まず最初が、儀礼的人食いである。ギヨーム・ド＝リュブリュキ修道士は、一二五四年にチベットを通過した時の思い出を、こう記している。「こうした民族の最後に、チベット人がいる。彼らの奇習は、死んだ父母を食べることであり、臓物だけを残して、その墓とするのを孝行だと考えていた。だが今では、他のすべての国々から嫌われるので、この風習を棄てた。とはいえ、今でも両親の頭蓋骨でお椀を作り、それから飲むことで、彼らを思い出し、祝っている」［Taylor, 1985, p. 22. ギヨーム・ド＝リュブリュキについては、Rockhill, 1903を参照］。

チベット人の宗教的人食いの伝説は、二十世紀の中頃まで続いた不思議な風習に起因しているであろう。それは、死人の遺体を数日間鍋の中に入れ、かなり腐敗したところでそれを火葬し、そして死体の体液がついたままの鍋の中でスープを作り、家族で飲むというものである。この話は後になって、チベット人が死者に話しかけ、力強い宗教儀礼で死者の魂を死後の世界に導くという特異な風習に、西洋人が夢中になることに繋がっていった。

次には、豊富な金《きん》、無尽蔵の富……。ギヨーム・ド＝リュブリュキは、またこうも記している。「彼らの国は、金が豊富である。必要があれば、土を掘って、ほしいだけ取り、残りを地中にもどせばいい。なぜかというと、金庫とか戸棚に入れて自分たちの宝物にすると、神が地中に残っている分を取り上げてしまう、と信じているからである」［Taylor, 1985, p. 23］。この指摘は、チベット人の迷信的ともいえる深い宗教的側面を表わしている。金に関していえば、チベットの砂漠的な高原をめぐる西洋人の根強い想念には、つねに金がまばゆい輝きを添えていた。実はそこには、〔金ではなく〕はかりしれない精神的至宝が秘蔵されていたのだが。

そして、自由な女性、完全な性的自由……。この問題に無関心ではなかったマルコ・ポーロは、旅行記でこう述べている。「この国では、どんな男も処女を妻に迎えない。彼らは、男を知らず、男と寝ることに慣れていない女は価値がないと言う。だから、年とった女が、娘にしろ親戚の女にしろ処女を連れてきて、通りがかりの他所者《よそもの》に差し出し、好きにしろと言う。男は、受け取り、好きなようにしてから、連れてきた年とった女に返す。処女をその男に同行させることはしない。こうして、町といわず、村といわず、人が住むところを通りかかる旅行者は、二十人、三十人の処女を手に入れることもある。彼らのところに投宿すれば、こちらが求めなくても、向こうから頼まれて、欲しいだけ手に入る。我々の国の独身の若者は、そこに行って、欲しいだけ処女を手に入れるがいい。お金が要るどころか、そう頼まれるのだから」［Marco Polo, pp. 188-189］。マルコ・ポーロの、この分野に関する格別に旺盛な想像力で大いに誇張された叙述から、チベット人の性的絶対自由と実用主義の神話が生まれていく。それが、二十世紀になって、有名な――しかし曲解された――「タントラ的」修行という形をとり、一部の西洋人は、強烈で放縦な性生活によって高度に神秘的な状態に至る幻影を、そこに投影しているのではないだろうか。

最後に、チベット人の魔術的、秘教的知識……。これについて、マルコ・ポーロはこう記している。「チベットには、周辺地域のどこよりも素晴らしい魔術師、占い師がいる。彼らは悪魔のような技術を用いて数々の摩訶不思議な魔術と驚異を行ない、それを目にし、耳にするのはまさに驚嘆である。しかし、この本の中ではそれには触れない。というのは、読者はあまりにも魅了されてしまうからであり、それはあるまじきことだろうから」［同前、p. 189］。この立派なカトリック信者にふさわしいつつしみの念にもかかわらず、このヴェネチア人探険家は、チベットの魔術師は雨も好天も思うままで万能であることを、なおも続けて語らずにはいられない。しかし結論として、こう読者を安心させている。「彼らがすることは、すべて悪魔の仕業であるが、彼らはそれが聖性による神の仕業であると人々に思い込ませている」。しかし彼は、この「悪魔の技」に魅せられるあまり、こうも記している。「嘘偽りはまったくなく、そこに居合わせる人は、その数たるや一万人以上であるが、誰でも実際に目にすることができる」［Taylor, 1985, p. 27 に引用］。

チベットのラマの「魔術的力」に対する憧れは、その後数百年にわたって、くりかえし忘れられては蘇りつづけ、十九世紀の中頃には、神秘・秘教文学の隆盛を生み、ひいては、いわゆる神秘と魔力のオーラなるものをもったラマたちを、西洋に出現させることになる。

第四章　宣教師たちによる発見―十六世紀から十八世紀まで―

一三六八年にモンゴル帝国が崩壊してからほぼ百五十年の間、西洋人にとってインドや極東への道は閉ざされていた。ヨーロッパと仏教世界が、新たな接触――主に商業的、宣教的な――を持つのは、一四九八年にバスコ・ダ＝ガマがアフリカ回りの南方航路を開いてからである。この長い間に、中世の観察者たちの証言の大半は失われてしまった［Lubac, 1952, p. 52］。

それゆえ、十六世紀の中頃になって、最初のイエズス会宣教師たちが日本、中国、セイロンに旅立ち、その地の宗教を発見するが、それらがすべてインドの同じ源から発祥した宗教であるとは知らずに、まったく新しい目で見ていたのだった。この最初のイエズス会宣教師たちは、十三世紀の旅行者やフランシスコ会修道士に比べて、キリスト教以外の東洋の宗教を、あまり好意的に見ていなかった。「二つの旗」（ルシフェル＝悪魔の軍旗とキリストの軍旗、デ＝ロヨラ著『霊操』による）の闘争という、イグナティウス・デ＝ロヨラ流の二元論によって育成された彼らには、「偶像崇拝者」の心をサタンの魔手から解き放ち、キリストの支配下に置くことが至上命令となった。

中国に旅立つにあたって、フランシスコ・ザビエルはこう記している。「悪魔と、それを崇拝する者たちに戦いを挑もう。悪魔は、イエズス会士が中国に入るのを喜ばない。しかし、我らが主は、悪魔を打ち破るであろう」。一五四九年四月五日、彼は日本からこう報告している。「私たちがこの地に来たのは、ひたすら我らが主への愛ゆえに外ならない。主はそれをご存じである。というのは、私たちの心も意図も、千五百年以上にわたって悪魔ルシフェルに囚われている人々の魂を救おうという私たちのささやかな意欲も、主はすべて知り給うから。ルシフェルは、神としてあがめられるという、天上ではなしえなかったことを、地上で果たしているのであり、天から追放された彼は、その仕返しに、できるだけ多くの人々、この哀れな日本人を虜《とりこ》にしている」[Léon-Dufour, 1953, p. 232]。

「神なき宗教」の繊細さ

レーモン・シュワブによれば、「ヨーロッパ人にとって、インドはまず植民地、宣教の地として出現し、論議の余地のない教え〔＝キリスト教〕をその地に広めることに何の疑念も抱いていなかっただけに、インドに難解な教えなどまったく予期していなかったのは、致命的であった。そのため、単純な問題ではないと気づくのに二世紀以上を費やした」[Schwab, 1950, pp. 142–143]。

フランシスコ・ザビエルは、三年間滞在した日本で仏教を発見した。九つの異なった宗派があり、その大半は中国から渡来し、サカを崇拝するということに気がついたが、サカがブッダであるとは知らず、たぶんブッダの名を耳にしたこともなかったであろう。西洋スコラ哲学の厳密な論理で鍛え上げられた彼は、東洋思想の繊細さを理解するのに苦しんだ。年老いた学僧との次の邂逅が、それをよく物語っている。「私たちは対話した。魂は不滅なのか、身体とともに死ぬのかという点に関して、彼は躊躇しているようであった。そうだとも言い、そうではないとも言う。ここの知識階級はすべてそうだ」〔一五四九年末〔十一月五日付〕に書き送られた「マグナ・カルタ〔長文〕」と呼ばれる書簡からの抜粋。Gros, 1900, t. 2, p. 27〕。

最初の一世紀間、宣教師たちはこうした聞く耳を持たぬ対話を続けていた。仏教の歴史も教義もまったく知らず、言葉の問題に直面した宣教師たちは、正確で信頼できる通訳を見つけることが難しく、使命の遂行が一筋縄ではいかないことを理解した。実際、大半の通訳は新たに改宗した信者たちで、イエズス会士に提供する情報は、仏教の中でもキリスト教と似た点に絞られたものか、逆にブッダの教えを中傷するものであった。東洋人の心情にはまったく無知で、宗教を分析する枠組として一神教というモデルしか持たない宣教師たちは、仏教に対して既成概念、大雑把な判断、とてつもない誤解を繰り返すばかりであった。

しかし、中には徐々に仏教の繊細さを理解する者も現われ、コスメ・デ゠トレスなどは、禅僧のものの見方の深さに賞嘆を隠さなかった。「我らが主の特別な助けなしには、彼らを論破することはできない。彼らは長いあいだ瞑想に専念した者たちであり、彼らの質問に対しては、たとえトマス・アクィナスやドゥンス・スコトゥスであっても、信仰を持たない人を納得させる時のような答え方では、とても対応できまい」〔一五五一年十月二十日付の手紙。Lubac, 1952, p. 62 に引用〕。

しかし、宣教師たちによって発見されたこの新しい形態の宗教思想を、深く理解し研究しようとする気のないヨーロッパ人には、この訴えはほとんど届かなかった。十六、十七、十八世紀の宣教活動およびヨーロッパの大学に関する歴史的研究により、この事実を確認することができる。「大学は、極東の宗教が提起した歴史的、教義的、道徳的問題を研究できたであろう。しかし、そうしなかったことは確かである。そのカリキュラムには、そうした研究の余地がなかった。聖ロベルト・ベラルミーノによって神学論議の講座が開設されたが、それはもっぱらプロテスタントの教義を打破するためにあった。ヨーロッパでは、仏教のことはまったく知られていなかった。どこにも資料がなかったし、仏教大蔵経のテクストが入手できたとしても、それを解読し理解するのには、相当な予備研究が必要であった。イスラムがキリスト教圏に隣接していたにもかかわらず、そしてレーモン・リュルの度重なる訴えにもかかわらず、神学部はそれをまともに研究しようとはせず、マホメットを僭称者として扱うだけであった。こうした状況のなかで、どうしてアジアの神学〔＝仏教教義〕を研究する糸口がありえただろうか」［Charles, 1934, p. 285］。

宣教師たちによって、アジアの十数カ国にわたるさまざまな文化圏に定着している仏教の統一性が、十七世紀から十八世紀にかけて解明されはじめる一方で、仏教に興味を持つヨーロッパ人の間では、いくつかの大命題をめぐって一致した意見ができていった。まず最初に、無知な民衆が信奉する「表面的」で、「卑俗な」、「あさましい」、「偶像崇拝的」教えである大衆的宗教と、学問のある僧侶や知識人が信奉する、「内面的教え」の成果である知的宗教とを区別することである。宣教師たちは、後者を本質的に「無神論」と見なした。日本の禅僧について、ルイス・フロイス神父は「彼らにとって、生まれることと死ぬこと、それがすべてだ。死後の世界はない。悪人に対する罰もなければ、善人に対する褒賞もない。創造主もいない。摂理もない。彼らは、一年に百回、坐禅の修行をする。それは、一時間半に及ぶある種の瞑想で、何もない、という命題に関して考察する」［Lubac, 1952, p. 85］と記している。

同時に、この「神なき宗教」の受動性と「静寂主義」を強調している。ドミニコ会士ノエル・アレクサンドルは、中国の禅僧についてこう記している。「仏という神の僕《しもべ》たちの秘密の教えは、根っからの無神論である。万物の原理であると見なされる空《くう》は、この上なく完全かつ静寂であり、始めもなく終わりもなく、動きもなく、認識もなく、欲望もない。だから幸せでありたいと願う者は、一切の情動を制御し、滅却して、この原理に近づくようにあらゆる努力をしなくてはならない。そして、何ごとにも動ぜず、もっとも深い瞑想の深淵に入り込み、何も考えず、理性はいっさい用いないようにして、人間の全き幸福のもととなる、この神聖な休息を享受する。突き詰めて言えば、この宗派の奥義は、善も悪もまったく区別せず、高潔であろうと心がけたり努力したりはいっさいしないことを徳と見なし、死後の褒賞も罰も認めず、摂理も魂の不滅も信じず、万物を渾沌たる空《くう》と単純な虚無に帰すことを原則とも目的ともし、完全な無関心と、無為、最高の静寂を完遂するところにある」[Alexandre, 1700, pp. 11-12]。

宗教論争に仏教を利用する

十七世紀の中頃から、ヨーロッパでもヒンドゥー教や仏教のテクストの断片を研究対象に含めた本格的な研究が、いくつかなされ始めた。先駆者としてこの学術的研究の萌芽を育てたのはプロテスタントの宣教師たちで、オランダ人アブラハム・ロジャーとイギリス人ヘンリー・ロードが、その第一人者である。十八世紀になると、イエズス会士は、それまでの批判一辺倒の見方から、より客観的で肯定的な見方に進化し、仏教の複合性と豊かさを発見していったことが、彼らの『教化書簡』から見て取れる。

しかし、未知なるものに当惑すると、人間の知性は往々にして、それを既知のものに当てはめていく必要性を感じる。極東で活動したキリスト教宣教師の手紙、それに対するヨーロッパでの論評は、その好例である。結局は実現しなかったが、カトリックの儀礼を中国の風習にしたがって行なったらいいと主張した、イエズス会士リッチのようなもっとも果敢な者でも、みずから理解したところの仏教教義を、古代哲学やキリスト教に一律に当てはめようと努力した。リッチは、仏教の教えはピュタゴラス主義に由来するという仮説を立てたが、他の者たちは、ストア哲学、ギリシャ・ローマ神話、ファラオの時代のエジプトからの借用ではないかと言い、大半の人々は、仏教の最上のものにはキリスト教の明白な影響が見出せるという意見で一致していた。

アンリ・ド＝リュバックによれば、ド＝シャルルヴォワ神父は、一七三六年にパリで出版された『日本の歴史と綜覧』の中で、多くの宣教師とヨーロッパの幾人かの学者たちの意見を反映して、「仏教徒」の教えは「メシアの物語と非常に特殊な関係」があり、そのいくつかの信仰は「我々の聖典」から借用されたもので、「どういう経路でそうなったかはわからないが、キリスト教の伝統から多くの修行をうけついでいる」と示唆している［Lubac, 1952 p. 80］。

この種の観察の根は、「隠れたキリスト教王国」という中世の古い幻想にまで遡る。しかし今度は、イスラム教徒を挟み撃ちにするために、神秘的なキリスト教王国に同盟者を探しに行くわけではなくて、道にはぐれた兄弟なのか僭称者なのかよくわからない、この偽キリスト教徒を再教育することが課題である。いずれにせよ、こうした仏教僧侶は、よくても堕落したキリスト教徒であり、悪ければ悪魔の霊感を受けたいかさま師であるから、神秘性はなく、問題外だった。

さらに、西洋人は、発見された仏教の教えのいくつかの要素を、当時のヨーロッパの宗教論争に決着をつけるために利用しようとした。先に引用したドミニコ会士ノエル・アレクサンドルの手紙の抜粋の裏には、仏教を利用して、フェヌロンの支持者に一撃を与えようという意図がある。ちょうど世紀の変わり目のフランスでは、静寂主義〔十七世紀スペインに起こった、神への愛と魂の静寂を追求したキリスト教神秘主義。異端とされた〕論争の真っ最中であった。いささか戯画的に伝えられた仏教は、ジャンセニスム〔アウグスチヌスの流れを汲む厳格主義〕の支持者から、静寂主義の追求が「不可避的に虚無と無神論に行き着く」ことを証明する好例として利用された。すでに一六八八年に、ベルニエは『インドの静寂主義に関する覚書』を出版し、パリ中を熱狂させていた。

十八世紀になると神学者以外の人々も、仏教に限らず、もっと一般にインドや極東のいろいろな宗教を根拠として、自分たちの論争に決着をつけようとした。啓蒙主義の哲学者たちは、アジアの宗教のことはほとんど知らず、ついでに言及したにすぎないが、インドのメッセージに関心を示したのは、本当はカトリックに対する新たな武器を鍛え上げるのが目的であった。ディドロやヴォルテールをはじめ、百科全書派の人々は、唯一の真理を握っていると主張するカトリック教会を攻撃するために、東洋宗教の発見を利用した。それらの宗教伝統の古さと深さは、〔カトリックの〕他にも啓示があり、別の信仰形態があり、異なった宗教的真理があることを証明しているというのである。ヴォルテールは、『習慣に関する試論』の序で、「西洋にすべてを提供したのは東洋である」とためらいなく述べ、第四章では「全地球から必要とされているが、自らは他の誰も必要としていない」インドに、絶大な敬意を表している。同じく第四章で、インド人が「普遍理性のみにもとづいて宗教を打ち立てた」という点でも、インドの諸宗教は彼自身の哲学的確信を強固なものにしたと述べている。

しかし、こうしたインド賛美は、激しい反ユダヤ・キリスト教論争を巻き起こした。というのは、インドの登場は、「世界のすべてはユダヤ民族のために作られた」というカトリック的歴史観――ことにボシュエのそれ――を訂正するきっかけとして歓迎されたからである。インドおよび中国の文明の発見は、ヴォルテールにとって、その反対の「ユダヤ人（そして、そのあとに続くキリスト教徒）はすべてを他の民族から学んだ」（四章）との主張を裏付けるものだった。東洋の諸宗教を反ユダヤの目的で利用することは、このときから始まった。この傾向は、その後十九世紀に、多くの思想家たちに引き継がれていく。そのさきがけとなったのが、ドイツの哲学者アルトゥール・ショーペンハウアーである。

第五章　「ラマ教」の幻惑―一六二〇年から一八五〇年まで―

モンゴル帝国の崩壊によって、西洋の旅行者にとっては数世紀にわたって極東、チベットへの道が閉ざされ、遥かなるエデンの園〔地上楽園〕の伝説が育まれることになった。ヨーロッパ人が再びチベットの土を踏むことになるのは十七世紀になってからである。その主力となったのは宣教師たちで、時には司祭王ヨハネスの神秘的キリスト教王国を探し求めたりもしたが、多くの場合は、中世の探検家たちが叙述したこの魅惑的な「偶像崇拝」民族を、キリスト教信仰に導くことに専念した。

一六二〇年に、ムガール帝国の管区長に任命されて間もないポルトガル人イエズス会士、アントニオ・デ＝アンドラーデは、その快適な生活も地位の特権も棄てて、チベットに向かう決意をした。一人の助修士と一人のチベット人案内役とともにチベット西部〔原文は南部とあるが訂正〕の小王国に到着し、その国王を説得して首都に宣教所を作った。この計画への支援と資金を得るためにヨーロッパに戻ったアンドラーデは、チベット入国記を出版し、それはたちまち七カ国語に翻訳され、ヨーロッパ人がこの遠い国に抱いていた興味を顕在化させた。他の宣教師を伴って一六二五年にチベットに戻った彼は、チベットのはずれにあるこの小さな仏教王国で、十年ほどのあいだカトリック教会を維持するのに成功した。しかしイエズス会士たちは、王と大僧院との複雑な政治抗争——王は「外国人ラマ」を利用して、大僧院の権勢から脱しようとしていた——に巻き込まれた。結局のところ、教会は武装した僧侶たちに破壊され、宣教師は投獄され、ついには追放された。

　この事件から二十年以上たって、もう一人のイエズス会士、オーストリア人のヨハンネス・グリューバーは、チベットの首都ラサに西洋人として初めて足を踏み入れた。彼は聖都を詳細に記述し、ダライ・ラマ五世を描き出したので、ヨーロッパ人は改めてチベットの宗教と、このとき以来、神秘的とされるようになったその首長に大いに関心をかきたてられた。「この王は、土地の人々から神として崇められているばかりでなく、彼の臣下であるタタールの王たちも、彼を生きた本当の神として崇拝しているので、喜んでその膝元に巡礼に出かける。彼は、金銀宝石に覆われ無数の灯明が灯された宮殿の、秘密の暗い場所の高いところにいる。この偉大なラマは、誰からも非常に崇拝され尊敬されているので、莫大なお布施を納めて、彼の尿や排泄物を手に入れることは至福なこととされ、人々はそれを首に吊り下げている。何とおぞましいことだろう、まことに！」[Kircher, 1670, p. 27. アムステルダムで出版されたこの本は、ヨーロッパで大流行した]。

　その後、イエズス会やカプチン会の数多くの宣教師たちが、チベットに教会を設立しようとした。しかし、寒さと、ラマたちやその「保護者」〔檀越《だんおつ》〕であるモンゴル人たちの敵意のために、誰一人として成功しなかった。彼らは、チベット人を「汚らわしい偶像崇拝者」と批判したが、彼らの失敗によって、西洋における「神秘的で近寄り難い」チベットという伝説はますます強固になった。しかしながら、二人の宣教師、イエズス会士イッポリート・デシデーリと、カプチン会士オラツィオ・デラ＝ペンナは、こうした侮蔑的批判に与《くみ》しなかった。彼らは言葉を習得し、宗教風習をまぢかに観察するのに充分な期間、チベットに滞在することができた。デシデーリは、当時宣教師により（ラマが占める役割の重要性から）「ラマ教」と命名されたチベット宗教に関する該博な小冊子を出版し、デラ＝ペンナは、語彙数二万七千のチベット語／イタリア語辞典を編纂し、いくつかの聖典を翻訳した。こうして、チベットおよびその宗教についてのより正確な認識への道が開かれていった。

「黄色い教会」

極東の仏教の教えはあまり知られることなく、曲解され、十七―十八世紀の西洋人の関心を本当には惹かなかったのに対して、前述のようにチベット仏教はまったく別で、ヨーロッパで多くの出版物が現われ、熱狂的な反響をまき起こした。ルイ十四世〔フランス王、一六三八―一七一五〕および啓蒙の世紀〔十八世紀〕のヨーロッパ人の心性は、この「ラマ教」の漸進的な発見の影響を受けた。

当時のヨーロッパ人をもっとも驚かせたのは、ラマ教とカトリックとの「困惑するほどの相似」であった。それは、〔チベット仏教と接触が多かった〕ヒマラヤ地域のインド人が、最初にカトリックの宣教師に出逢った時、この二つの宗教を容易に混同するほどのものであった。一五九八年にイエズス会士ジェローム・グザヴィエはこう記している。「私がカシミールにいたとき、チベット王国には、多くのキリスト教徒、教会、神父、司祭がいると耳にした」[Lubac, 1952, p. 95]。

一七一六年にラサに着いたデシデーリは、そう信じており、ラマ教にカトリックの主要な教義を見出したと思った。「私が理解したところでは、チベットの宗教はこうです。神はクショク〔チベット語のコンチョク〕と呼ばれます。そして、三位《さんみ》一体を崇める何らかの観念を持っているようです。というのは、時として一クショク＝一神と言いますが、時として三クショク〔三宝、すなわち仏法僧〕＝三位一体の神とも言うからです。彼らは数珠を持っていますし、聖人を崇め、神にして人間である存在〔イエス・キリストを類推させる〕を信じます。教会には、飾りのある布で覆われた祭壇があります。祭壇の中央には一種の聖櫃《せいひつ》があり、ウルギアン〔＝ウギェン。ウギェン国出身で、チベット仏教ニンマ派の開祖となったグル・リンポチェ・パドマサンバヴァを指す〕がましますということです。しかし、彼は天に住んでいるともいわれます。ラマは独身で、頭を剃り、合唱によって儀式を行ないます」[*Lettres édifiantes et curieuses*, t. III, pp. 533-534 所収の一七一六年四月十日付けの手紙]。

当時全ヨーロッパで、「ラマ教」は古いキリスト教教団から派生したと確信され、いろいろな仮説が次々と立てられた。一六九二年に、ある本の中でイエズス会士フィリップ・アヴリルは、ダライ・ラマは有名な司祭王ヨハネスの後継者に他ならないと述べ、この本は広く読まれた[Avril, 1692]。この同定は、一七五九年にルイ・モルリによって出版された『歴史大辞典』[Moreri, 1759]をはじめ、その後多くの出版物に引き継がれた。何人かのヨーロッパ人は、ダライ・ラマのことを「生ける神」と記して憚《はばか》らなかった。一七九五年に、リービストルフのスイス人男爵は、文通相手のフランソワ・ド＝サン＝マルタンにこう嘆いている。「こうした凶悪な輩たちは、私たちの聖なる神を、ダライ・ラマのような著名な僭称者と比較して憚らない。こんな恐るべき風説がまかり通っているのに、スイスでは誰一人、不服を表明する者もいない」[Lubac, 1952, p. 125]。要するに、西洋人は「ラマ教」に魅せられるあまり、それを「黄色い教会」とも「東洋のカトリック」とも呼ぶことが普通になった。

そして一七三八年には、教皇自身、ダライ・ラマに次のような書簡を差し出すまでになった。「福音の教えはあなたの宗教に非常に近いもので、その実践だけが永遠の生の幸福につながるということを、無限の神の慈悲により、あなたが理解するようになると、熱意を込めて期待しています」[Launey, 1913, t. I, p. 40 に引用された、一七三八年九月二十一日付けの教皇クレメンス十二世の書簡]。

十八世紀後半には、イギリスの東インド会社が、通商路を開くために使節（ジョージ・ボーグル、サムエル・ターナーなど）をチベットに派遣した。こうした使節の目的は達成されなかったが、後になって出版された彼らの情熱あふれる詳細な報告書は大いに評判になり、ヨーロッパ人がチベットのラマ僧の宗教的熱意を、深く称賛していたことを物語っている。ターナーによれば、「法要の際の、すべての僧侶があれほどまでの愛と敬虔さを示すところを見ると、彼らが幸福であることは間違いない」[Lubac, 1952, p. 88. Turner, 1800 からの引用]。

ユック神父の旅行記

十九世紀になると、チベットの新たな「保護者」〔宗主国〕中国は、イギリス人やロシア人に対して自らの政治的、経済的利益を護るために、西洋人のチベット入国を禁止した。それでも十九世紀前半には、何人かの旅行者がラサまで侵入したが、すぐに追放された。フランス人のラザリスト会士レジス＝エヴァリスト・ユックもその一人であったが、彼が著した二巻本の『タタール、チベット、中国への旅行の想い出』（一八四五―一八四六）[Huc, 1850] は、全ヨーロッパ（十二カ国語に翻訳）で非常に広く読まれた。

ユック神父（もう一人の宣教師、ガベー神父も同行した）の非常にきびきびした文体で書かれたラサ滞在記は、カトリック宣教師が「ラマ教」に対していかに魅力を感じていたかを示す格別な資料である。彼はその中で、「ラマ教」はまさに「悪魔の宗教」であるとしきりに繰り返しているが、それはあたかも、そうすることにより「ラマ教」の恐るべき魅惑をどうにか払いのけるためであるかのようだ。たとえば、ことに教団組織と儀式における、「ラマ教」とカトリックの間の数多くの、「困惑するような」相似を詳細に記述したあとで、ユック神父は突如として、それは「ラマ教」が、サタンに吹き込まれた似非《えせ》宗教にほかならないしるしであると結んでいる。

司祭王ヨハネスのキリスト教王国を見つけたいとひそかに願いながらも、表向きの名目としては、この「悪魔の宗教」をよりよく理解し、そのもっとも神聖でもっとも近づき難い（ユック神父とガベー神父のラサ行きは、十八カ月を要した！）大本山でそれを攻撃するために旅立った二人の宣教師は、若きダライ・ラマの摂政に、すべてのチベット人を「唯一の真実の宗教」に改宗させたいという意向を伝えた。一言で言えば、彼らはチベットの聖俗両界を統《す》べる長の代理人に、ポタラ宮［ラサを見下ろす丘の上に建つダライ・ラマの宮殿］の頂に十字架を立てるためにはるばる世界の果てから来たと、感動的なほどの純真さで説明している。

摂政の返事に、宣教師たちは、「即座にお前たちの生皮を剥いでやろう」と言われた以上に度胆を抜かれたことであろう。「あなたたちは、この長旅を、ただひたすらに宗教的目的のためにされました。（中略）宗教は人間にとって大切なことですから、それは正しいことです。チベット人もフランス人も、このことに関して同じ意見だと思います。私たちは、この心の問題をまったく顧みない中国人とは似ても似つきません［中国人に対するこのちょっと辛辣な言葉の背景には、中国の宗主権の下にあって、その軛《くびき》からなかなか抜けだせないチベットの状況があるであろう］。しかし、あなた方の宗教は私たちの宗教と違います。どちらが真実の宗教なのか、知る必要があります。両者を真剣に注意深く検討してみます。その結果、もしあなた方の宗教がよければ、それを採用します。どうして拒否できましょう。もし逆に、私たちの宗教がよければ、あなたたちはそれに従うのが妥当だと思います」［Huc, 1933, p. 74］。そう答えてから、摂政は宣教師に立派な館を提供し、自由に宣教する許可を与えた。彼自身、キリスト教、そしてフランス語を学ぶために、宣教師をポタラ宮に定期的に招いた。

宣教師の熱心な活動は何人かの改宗者を生んだが、宣教師はチベットの宗教社会の力強さに対する称賛の念を隠しきれなくなった。「ラサには心動かされる風習があり、異教徒の中にそれを見出して、私たちはすこし嫉妬の念にかられた。夕方、日が暮れる頃、すべてのチベット人は仕事の手を休め、男も女も子供も、性別、年齢別に街の主要な場所や広場に集まる。そして、いくつものグループを作ると全員地面にしゃがみ込み、ゆっくりと低い声で祈りを唱えはじめる。この数多くの集団から響きわたる敬虔な合唱は、街に厳粛で巨大な調和をもたらし、人々の魂に働きかける。この光景を最初に目にしたときは、全員が一斉に祈るこの異教徒の街と、公共の場で十字を切るのを恥じらうヨーロッパの都市との比較に、心が痛んだ」［同前、p. 78］。

しかし中国大使は、フランス人宣教師の活動は、西洋人がキリスト教を介してチベットに政治的に影響を及ぼすことになると考え、好まなかった。彼は、新しい宗教は仏教に取って代わり、ダライ・ラマの政治的役割を失墜させることになりかねないと言って、摂政に宣教師を追放させようとした。

ユック神父の伝える摂政の返事は、またしても仏教の寛容および平和主義の見本であり、ヨーロッパ人の称賛の的となった。「この人たちがもたらす教えがいんちきであれば、チベット人はそれに従わないでしょう。逆に、もしそれが正しければ、なにを恐れることがありますか。真実がどうして人間に有害でありましょうか。このフランス王国の二人の「ラマ」は、なにも悪いことはしていません。彼らは、私たちによかれと思ってしています。私たちがすべての外国人に与えている自由と保護を、どうして理由もなく奪うことができるでしょう。祈りを生業《なりわい》とする人たちに対しては、なおさらのことです。悪い事態が起きるのではないかという想像上の懸念から、現実に確かな不正を犯すことは許されるでしょうか」［同前、pp. 81-82］。チベットと中国の関係が緊迫度を増し、自分たちが原因で両国間に戦争が起きるのを恐れた宣教師たちは、中国人が自分たちを追放するのを妨げないよう摂政を説得した。

一八五〇年に出版されたユック神父の旅行記が大きな反響を呼んだことは、西洋人がチベットとその「ラマ教」に対してあいかわらず抱いていた強い関心の現われである。ラマ教は悪魔的だとの刻印を押されているが、宣教師の旅行記によれば、非常に魅力的である。「不寛容なカトリック教」（エミール・プラの表現）に反対する人々は、どんな理論的な手引書にもまして、ユック神父の旅行記から、対立も反論も恐れず、自分の主張を力ずくで押し付けることを必要としない、寛容な宗教の見本を発見することになったわけで、彼らの「ラマ教」への関心はよく理解できる。格別に不寛容であった教皇グレゴリウス十六世の十五年の在位〔一八三一―一八四六〕が終わろうとしていた頃に出版されたこの「見本」は、反教権主義者のみならず、自由主義カトリック教徒に熱狂的に迎えられた。彼らは、チベットの聖俗両界の長が見事に具現している開放と寛容の態度を、ローマ法王庁に期待していた。

同じ頃、ヨーロッパのほぼいたるところで、仏教固有の平和主義と寛容が強調された。たとえば、一八五〇年に、有名な英国の雑誌は、読者に「仏教の伝播は、マホメットの場合のように戦争も伴わないし、キリスト教徒の血なまぐさい迫害も伴っていない」と説明している［*The Prospective Review*, 1850, p. 489；*The Westminster Review*, 1856, p. 308］。『ダブリン大学紀要』は一八七三年号に掲載された長い記事の中で、当時西洋でもっとも広まっていた意見を要約して、仏教が「すべての宗教の中でもっとも寛容である」と説明している［*Dublin University Magazine*, 1873, p. 206］。

第II部　仏教の発見
—一七八〇年から一八七五年まで—

第一章　「東洋ルネサンス」

十八世紀から十九世紀にかけてを境に、東洋の信仰に関するヨーロッパ人の幻想の構築という点で、新しい時代が始まった。アジアの宗教が学術的に発見され、無数の論争、解釈が巻き起こされるにつれて、それまでは非常に断片的かつ断続的であったこの幻想も、それ以後は一つまた一つと積み重ねられ、しだいに確固たるものになっていった。まず最初に、インドの叡智に関する深い変容——革命とも言える——について、いくつかの顕著なできごとを見てみよう。

『アヴェスタ』と『バガヴァッド・ギーター』の翻訳

この革命は、おそらく名前も付けられるし、時代も設定できる。アンクティル＝デュペロンが、一七七一年にゾロアスター教の聖典『アヴェスタ』を出版した。それから数十年の間に、ヨーロッパ人は近東（エジプトの象形文字、アラム語、アッシリア語など）そして極東（サンスクリット語、パーリ語、古代中国語など）の埋もれた言語を発掘した。一七八四年には、ウィリアム・ジョーンズがカルカッタ〔現在のコルカタ〕に最初のアジア協会を設立し、一年後にヒンドゥー教の基本聖典『バガヴァッド・ギーター』を翻訳した。以後、サンスクリット語からの翻訳がいくつも出版された。ほぼ一世紀の間、ヨーロッパの知識人たちは東洋学の波に圧倒された。作家、詩人、哲学者の大半は、東洋に発想を求めた。各人各分野で、熱中の度合いや形は異なった。たとえば、画家は作家と違って、極東よりも近東に惹かれた。しかし、十八世紀末から一八六〇年代まで、東洋はほとんど全ヨーロッパの精神世界に浸透し、さまざまな流行を巻き起こし、新聞の紙面を占領し、学術的な出版や研究を生んだ。

この新風を指すのに、人々はためらいなく「新ルネサンス」と言った。一八〇八年に、東洋学の先駆者の一人フリードリッヒ・シュレーゲルは、こう記している。「十五世紀、十六世紀において、ドイツやイタリアには、ギリシャ研究家、そしてその支援保護者が、忽然と数多く現われ、ほんの短期間に偉大な業績を残した。インド研究もそうならんことを！　古代の復興再生は、あらゆる学問を急速に変化させ、若返らせた。世界を変化させ、若返らせたと言っていいだろう。今日、インド研究も、同じようなエネルギーでもってなされ、知識世界に導入されれば、その影響はそれに勝り、もっと一般的なこととなるであろう」[Schlegel, 1808、序言]。ドイツの若い哲学者の願いは叶えられ、一八四一年にフランスの歴史家エドガール・キネは、『諸宗教の精髄』の一章を「東洋ルネサンス」と題した。一世紀後〔の一九五〇年〕に出版された、十九世紀の東洋学に関するまぎれもない聖書であるレーモン・シュワブの本も、そう題されている。

ロマン主義者のインド

レーモン・シュワブが強調しているように、「ロマン主義の誕生と時を同じくして、インドがヨーロッパに到来したのは、奇遇であった。インドは人間精神のロマンチックな半面の似姿であった」[Schwab, 1950, p. 240]。事実、インドの文学的・宗教的名著が数々発見されたのは、ドイツのロマン主義の台頭と同時で、ロマン主義はそれらの中に自らを見出すとともに、自らをより確固たるものにするために、それらを宣揚した。しかし、インドとロマン主義との出会いは、実際のところ何だったのだろうか。そしてインドは、たとえばゲーテ、ヘルダー、シュレーゲル兄弟、ブレンターノ、クロイツァー、ティーク、ノヴァーリスらに、フランスではラマルティーヌなどに衝撃を与えたのであろうか。

十八世紀の中頃にルソーやフランスの啓蒙主義哲学者たちが投げかけた論争がまたもや蒸し返され、ロマン主義者を夢中にさせた。未開人と文明人の境界はどこにあるのだろうか。両者のうち、どちらにより価値があるのだろうか。本当の進歩は、これから先の未来にあるのだろうか、それともすでに過ぎ去った、人類の起源にあるのだろうか。ドイツのロマン主義者たちは、ルソーにならって、未開人は善人であり、スペンサーにならって、原始人は人間にとって試金石となる人間であるという結論に達し、未開にして原始的な、二重に祝福された土地として、インドを歓迎した。「人類の揺りかご」、「裸の賢人」の祖国、「原初の純粋さ」の証人である世界、「今日も現存する、いつまでも続く古代」として、インドは、私たちの文明とは本質的に異なった文明の中に、未開で、原始的で、あらゆる物質主義から無垢な、人類の黄金時代があるという、現在まで続くロマンチックな夢に応えている。それゆえ、フリードリッヒ・シュレーゲルは、一八〇〇年にこう断言している。「至上のロマン主義は、東洋に求めねばならない」[“Im Orient müssen wir das höchste Romantische suchen”, in Schlegel, 1800, p. 204]。

人類の詩、哲学、言語、宗教の幼年期の揺りかごとしてインドを「世に出した」のは、ヘルダーであろう。

彼は一七六〇年代からヨーロッパで刊行されはじめた、ヒンドゥー教聖典の翻訳に衝撃を受けた。一八〇五年に、哲学者シェリングは、当時流行していた『マヌ法典』を読んで、同じく東洋の魅力の虜になり、ロマン主義的な歴史観を確信した。「彼にとって黄金時代はすでに過ぎ去ったもので、進歩は神話であり、頽廃は確実であり、人類の本当の目的は、出発点に戻ることである」とルネ・ジラールは言っている [Girard, 1963, p. 214]。

サンスクリット語とヨーロッパの古語との類縁性が発見され、一七八六年に、ウィリアム・ジョーンズはインド・ヨーロピアン〔印欧〕言語という、のちに有名になった仮説を打ち立てた。それを根拠にロマン主義者たちは、インド言語とアーリア人種の古代性と優越性を確信した。この考えはその後も受け継がれたが、大きく歪められた結果、我々の記憶に新しい、あの忌わしい人種主義となった。しかし、当時のドイツ・ロマン主義者、そしてそのフランスの後継者たちは、そこから「原初のインドは、原始の揺りかごとして、世界の母胎であり、人種、思想、言語のもっとも重要にして卓越した源である」と考えた [Michelet, 1864, p. 15]。

ロマン主義者が組織した第二のルネサンスの大きな狙いとは、古典ルネサンスとそのギリシャ・ローマの地中海的人文主義の狭い境界を越えることであった。インドの発見は、地球規模の「全面的ヒューマニズム」に、ヨーロッパ人の目を開かせた。「発見の最初の熱狂の中で、東洋学者は、ギリシャやローマよりも、さらに深く哲学的かつ詩的な古代が、アジアの奥地に出現していたことを広く公にした。（中略）デカルトによって修正されたプラトンの観念論が、十七世紀にギリシャ・ローマのルネサンスに最後の仕上げをしたのとちょうど同じように、ドイツ人によって変容された東洋の汎神論は、東洋ルネサンスを促進した」とエドガール・キネは記している [前出の Schwab, 1950, p. 18 に引用された Quinet, 1852]。

一八一一年にキリスト教に改宗する以前のフリードリッヒ・シュレーゲルをはじめとする、ドイツ・ロマン主義者の目的は、悠久のインドの発見により、反ルネサンス、反宗教改革、反革命を始めることであった。彼らにとってこの新しいルネサンスは、十八世紀のヨーロッパの啓蒙主義と、西洋の実証主義に対する深い批判を伴っていた。ヘルダーとシュレーゲルは、啓蒙思想の合理主義に、インドの想像力と詩を対立させた。近代に降臨した自立的理性に対して、彼らは原始的、神話的時代を賛美した。機械主義、破壊的物質主義の支配下にある西洋に対して、彼らは、神秘的で理想化された東洋を称賛した。「精神主義の東洋は、機械の脅威に曝された西欧の救済のために要請されている。現在ではほとんど想像もつかない予感に動かされて、ロマン主義の若者たちは、機械化が、社会的ではなく形而上のレベルで、どんな結果をもたらすのか、おぼろげに感じて、ある者たちは政治的、経済的に無力であることにより、別な者たちはヒューマニズムにより、それに全力で反対しようとした」とルネ・ジラールは書いている［Girard, 1963, p. 93］。

ここでは、西洋の合理主義と機械主義に対する反抗の範囲内で、東洋に救いを求めていることの重要性を強調したい。十九世紀初頭のドイツのロマン主義者に始まったこの東洋頼みは、私たちの社会の科学主義的、物質主義的な見方や、その技術主義的、資本主義的モデルを排斥する人間がますます多くなる西洋で、今日までしばしば繰り返されている。

ドイツのロマン主義者がインドの発見に果たした役割は、決定的である。しかし、この「東洋を感受する神経」の目覚めを、古代テクストの発掘だけに帰するのは誤りである。若いロマン主義者の大半、たとえばヘルダーはヴァイスハウプト〔が一七七六年に作った〕光明会に、フォルスターは薔薇十字団〔十七世紀ドイツの神秘的秘密結社〕に、といったように秘密結社に属しており、西洋神秘主義を通じて、インドとの偉大な出会いの準備ができていた。フリードリッヒ・シュレーゲルは、新プラトン主義やカバラ〔ユダヤ教神秘主義〕、中世の錬金術に夢中であった。彼は「永遠の東洋」から着想を得た、ピュタゴラスからヤコブ・ベーメにいたる西洋の哲学者や神秘主義者の大きな系譜に、自分がつながっていると感じていた。

新たに発掘され翻訳された『ウパニシャッド』を読む以前に、多くのロマン主義者は、西洋の神秘的・秘教的伝統の代表的作品により、ミクロコスモスとマクロコスモスの等価性、一元論、宇宙幻想、知的直観、アポファテイック神学〔通常は「否定的神学」と言われるもので、否定に否定を重ねることで神の不可知で絶対的な性格を示す。ニルヴァーナと空無への接近という点で、仏教はアポファティックと形容されうる〕などの概念の初歩を身につけていた。彼らは、ヨーロッパ人にとってほとんど未知の大陸〔であった東洋〕について解明した同時代人の叙述よりむしろ、プロティノスやパラケルススやベーメを読んで、東洋について学んだ、あるいは学んだと思い込んだ。

東洋の聖典の発見と翻訳は重要ではあったが、つまるところそれは、いつどこにあったかもさだかでない真の神秘主義の祖国としての、伝説の東洋への愛着を、当時の人々に伝える口実に過ぎなかったのではなかろうか。彼らにとって東洋は、近年踏査された世界の一地域というよりは、「起源」の同義語だったのではないだろうか。東洋は、「人類、言語、詩の、それゆえに情熱の真の祖国である。すべては、原初の幹から枝分かれしたように、そこからいろいろな国や地域に伝播した」と、ノヴァーリスは書いている［Novalis, p. 90］。

初期のロマン主義者が打ち立てた「終焉期の照明派〔十六、十七世紀にドイツに誕生し、十九世紀までヨーロッパに広がった神秘主義、天啓説〕と、黎明期の東洋学」との関連は、東洋研究の飛躍台として有効だったかもしれないが、最終的にはむしろ、本当の東洋をそこなうことになったといえるであろう。ルネ・ジラールはこう書いている。「この素晴らしい東洋、その「完璧な」人間性と、「至上」の宗教、「悠久」の制度を備えた黄金時代は、本物であるにはあまりにでき過ぎていた。(中略) ロマン主義が、この祖先の地を耕すにつれ、自らの夢、そしてすべての照明派の人の夢から生まれた東洋は、まがい物だとわかってきた。「ノアの洪水以前」

の文明は、キリスト紀元と同時代であり、「原始的」一神教は、もっとも卑俗な多神教から派生したものであり、階級化された社会は、植民地的人種主義の現われであり、精神主義の祖国は汎神論、物質主義、もっとも野蛮な儀礼に汚染されていると判明した」[Girard, 1963, pp. 1-2]。

この幻滅、そしてロマン主義的な夢とインド崇拝から科学的東洋学への移行は、一八一〇年から一八三〇年の二十年の間に三段階で進展した。まず第一に文献学と言語学によって、サンスクリット語がヨーロッパ諸語よりも古くないことが証明された。次に『ヴェーダ』が翻訳され、ヒンドゥー教精神の多神教的起源が明らかになった。最後に、ヘーゲルとショーペンハウアーというプリズムを介して、ロマン主義的ヴィジョンの対極である、仏教の「虚無」と「無神論」の教えが発見された。

この最後の「発見」なるものを論じることが、第II部の主たるテーマとなるが、その前に、この東洋ルネサンスの間に、仏教に関する学問的研究がどのように発展したかを、簡略に眺めてみることにする。

ヒンドゥー教を通して見た仏教

ゾロアスター教とヒンドゥー教が紹介され、その主要聖典がヨーロッパ諸語に訳されたのは、仏教のそれより数十年早かった。十九世紀初頭、ヒンドゥー教の聖典はよく知られていたのに、アジア最大の宗教である仏教に関する歴史的知識は表面的なものであったし、往々にして誤っていた。のちに精神革命をもたらすことになるこの学問的発見が始まろうとしていた頃、ヨーロッパ人はブッダおよびその教えをどう描いていたのであろうか。

十七世紀以来、ブッダがインド出身であることを推測し、その歴史的実在をかろうじて位置づけるにいたった人たちがいた［たとえば、一六六六年にリヨンで出版された『聖フランシスコ・ザビエルの生涯』（Bartoli, 1666, p. 153）で、バルトリはこう述べている。「いずれにせよ、サカがインドでもっとも有名な裸行者の一人であったことは確かである。彼の父親は、ガンジス川流域の王であり、彼の異名ブッダは賢者を意味し、彼はキリストより千年ほど前に生きた人であった」］。ルイ十四世からシャム〔タイの古名〕王のもとに派遣されたシモン・ド゠ラ゠ルベールは、一六九一年と一六九三年に素晴らしい著作を出版し、その中で、シャム、セイロン、日本、中国の諸宗教間に関連があり、その開祖としてキリスト以前に、ある特定の人物が実在した可能性があると述べている［La Loubère, 1691 et 1693］。しかしこうした知識は孤立したもので、マルコ・ポーロの旅行記ほどの影響をヨーロッパに与えることはなく、十八世紀を通じてブッダに関する信じられないような伝説があいかわらず流布していた。

時として人々は、ヒンドゥー教のプリズムを通して、仏教の教えを理解していた。たとえば、ブッダがヴィシュヌ神のアヴァターラ、つまり変化身であることを発見した。モルリは、前出の『歴史大辞典』（一七五九）の中で、ブッダをラーマ〔インドの大叙事詩『ラーマーヤナ』の主人公である王子〕に同定している。より中国通であったトレヴは、『辞典』（第四巻、一七七一）で、ブッダを「神々の第一人者、中国人のジュピター」と見なしている。ケンプファーはさらに想像力たくましく、ブッダはメンフィスの神官で、エジプトを離れインドで教えを説いたにちがいないと考えた。

十八世紀を通じて、学者の間ではいろいろな説が飛び交い、ブッダ、プタ、フォ、サカ、ピュタゴラスは、神なのか人なのかわからないが、同一人物を指すのではないかと考えられ、人間だとしたらどこに住んでいたのか、ギリシャ、インド、中国、あるいはエジプトのいずれかさえわからなかった。ディドロの『百科全書』（一七五一—一七六五）の、ブッダに関する諸項目も同様である。彼の名前はヘルメスと同義語とされ、エチオピアの神官で、エジプトの叡智（さもなければヘブライ語の聖典）を習得し、そして南インドかセイロンに行き、「もっとも野蛮な裸行者ヒロビアン」の宗派を興した［Asiatiques（一巻、一七五一）、Bramines（二巻、一七五一）、Xacabout（三巻、一七五三）、Foiriao（七巻、一七五七）、Japonais と Indiens（八巻、一七六五）、Siaka（十五巻、一七六五）の項目を参照］。十九世紀初頭、ヒンドゥー教研究の先駆者であるジョーンズやコールブルックは、シャーキャ・ムニの教えに影響されつつそれを批判しているヴェーダンタ資料以外には、仏教のことは何も知らないと認めている。ヴェーダンタ資料によれば、仏教徒は「あらゆるもののはかなさ」を主張し、「この世以外の世界の存在を否定する者たち」である。

十九世紀の最初の数十年間にヨーロッパで流布した、ブッダに関する多くの説の中で、非常にもてはやされた「二人のブッダ」説を紹介しよう。数多くの著者（〔バンジャマン・〕コンスタン、エックスタン男爵など）によれば、歴史的にブッダは二人いたと認めなければならない。ブッダ「一世」は半神話的な人物で、ピュタゴラスやエジプト人に影響を及ぼし、モーゼと同時代人で、紀元前二千年頃に生きた。ブッダ「二世」は、紀元前六世紀にバラモン教と闘い、カースト制度を廃止しようとした。一八三三年に出版された『会話・読書辞典』には、仏教の項目に続いて、「水星の精霊」である「ブダ（Boudha）」という別の項目があり、「ブッダ（Bouddha）と混同してはならない」と記されている［Ahrens, 1833. Lubac, 1952, p. 131 に引用］。

仏教の学問的発見の初期に、ヨーロッパの幻想は豊かであると同時に貧弱であり、多彩であると同時に未開であった。数多くのイメージと意見が飛び交うが、たいていは常軌を逸した大雑把なものであり、「ラマ教」を除いては、ブッダはヨーロッパではまだもてはやされなかった。仏教に関する学術研究が目覚ましく発展したおかげで、一八三〇年から一八五〇年にかけての二十年たらずの間に、状況は根本的に変わった。

学問的研究の進展

フランス人のミシェル゠ジャン゠フランソワ・オズレー〔Ozeray, 1817〕が一八一七年に、またドイツ人〔ユーリウス・フォン゠〕クラプロート〔Klaproth, 1823 et 1824〕が一八二三年に出版した、ブッダに関するヨーロッパで最初の試論は、当時の偏見を映し出していて、何ら革命的な情報や視点をもたらすものではない。しかしながら、知識の世界的規模への広がりを反映しているという点で、新しい時代を画してはいる。「仏教」という言葉が初めて用いられており、それはこの宗教がヨーロッパにおいて明確な学問の対象となったしるしである。これ以後は、仏教の開祖や、それまでほんの軽く触れられただけであった基本的教え、インドおよび他の多くのアジア諸国における歴史的発展が、よりよく知られるようになった。それは、厖大な翻訳の努力があってはじめてできたことである。

仏教大蔵経は、サンスクリット語とパーリ語という二つの古い言語で書かれている。そればかりではなく、後世の大乗仏教の典籍も加わり、仏教が広まったアジアの諸地域の言語でも残されている。教義と仏教典籍の真髄の解明と解読には、パーリ語とサンスクリット語に精通するだけでなく、中国語、日本語、チベット語といった極東諸語の知識も増やさねばならなかった。これだけの作業は、数十年でできることではなかった。まず十七世紀の宣教師たちが、アジアの諸言語を解読し、サンスクリット語の基礎を習得した。近代インドへの布教者であるイエズス会士ノビリは、十七世紀中頃にヨーロッパ人としてはじめて、このインドの聖なる言葉を読み、一六六四年にはもう一人のイエズス会士アンリ・ロトが、最初のサンスクリット語文法を出版した。

しかし、サンスクリット語は自然言語ではなく、紀元前四―三世紀にパーニニというインド人文法学者が体系化した言語であり、それを本当に理解し、インドの数多いテクストを翻訳する本格的な学派の出現は、一七八四年のベンガル・アジア協会の設立を待たねばならなかった。〔ウィリアム・〕ジョーンズ、〔チャールズ・〕ウィルキンズ、コールブルック、ウィルソンらの仕事は、ヒンドゥー教に関するものばかりであったが、一八三〇年代になって初めて、諸々の言語で書かれた仏教資料の本格的な学問研究が開始された。

このときもまた、チベットおよび「ラマ教」を介して、ヨーロッパで最初の学術的な仏教研究書が出版された。一八二三年から一八四二年まで、チベットに隣接したヒマラヤ地域に滞在したハンガリー人ケーレシ＝チョマは、異国趣味を超えて、チベットの宗教伝統の豊かさと深さをヨーロッパに知らしめた。彼の人となりと経歴はかなり並外れたものである。この若い学生は、ハンガリー民族の起源をヒマラヤ山中に見つけられると確信して、一八一八年に故郷を後にし、徒歩で、無一文でアジアに旅立った。ケーレシ＝チョマは、乞食《こつじき》しながら、通過する数多くの国々の言葉を習得し、五年の歳月をかけてチベットの入り口に辿り着いた。標高三五〇〇メートルに位置する小屋に住んで、凍りつくような冬の寒さと暖房なしで戦いながら、チベットの言語と宗教の研究に没頭した。カルカッタのアジア協会の目にとまり、その支援を得て、彼の著作は西洋で矢つぎばやに出版され、非常に注目された。

まず一八三四年に出版されたのが、文法と語彙数三万のチベット語／英語辞書を一冊に収めた本であった。続いて、いくつかの学術論文を出版し、（宣教師たちは原始的と見なしていた）チベットの多くの聖典が、実はインドでは千年以上も前に、仏教もろとも消滅してしまったきわめて古いサンスクリット語テクストの翻訳であることを証明した。ケーレシ・チョマは、チベット仏教の二大叢書が、それまで想像もされなかった驚くべき知的集成であることを明らかにした。一つは、チベット仏教の大蔵経と言える「カンギュル」（一〇八巻）で、ヴィナヤ（律。原始仏教教団の規律）、スートラ（ブッダおよびその弟子の教え）とタントラ（後期仏教の秘教的経典、一部ヒンドゥー教から派生したもの）で構成されている。もう一つは「テンギュル」（二六〇巻）で、何世紀にもわたって、チベットの学僧たちが著した解釈や教学的注釈を集めたものである［一八三六年に、*Asiatic (k) Researches* 第二〇巻に発表された。Körös Csoma, 1836］。

ケーレシ＝チョマの業績、およびそれを継続し、補足したイギリス人ブライアン・ホジソンの仕事により、西洋人はようやくチベットの宗教文献に接することができた［カンギュルとテンギュルが何セットもヨーロッパの大きな図書館に将来された］。これは、初期のインド仏教理解には非常に有益であったが、後代の教義的発展は、学者には依然としてわからなかった。しかし、チベット人の精神的伝承のプラグマティックな性格を完全に理解し、今日では大乗仏教徒から本物の菩薩と見なされているケーレシ・チョマは、こんな予言的な言葉を残している。「チベットの教えの実践的側面に親しめば、ヨーロッパ人はこの宗教の教えの法外さを許すであろうと思っている」［Duka, 1937 に引用］。

若いハンガリー人ケーレシ＝チョマが、チベット仏教に関してこの貴重な情報をもたらした一方で、フランス人アベル・レミュザは、中国仏教の主要経典を翻訳するのに全力を注いだ。彼の死後一年たって一八三六年に出版された法顕《ほっけん》の『仏国記』（仏教諸王国の記述）は、ヨーロッパで全訳が出版された最初の主要仏典であろう。ケーレシ・チョマが送ったカンギュルが一部パリ王立図書館に納められ、（ラッセン、ボップ、フンボルト、アウグスト＝ヴィルヘルム・シュレーゲル、〔レオナール・ド＝〕シェジイなどにより）サンスクリット語の研究が進展しつつあったが、サンスクリット語で書かれた仏教資料はまだ入手できなかった。

イギリス人外交官ブライアン・ホジソンが、ネパールで入手した八十八点のサンスクリット仏典を、一八三七年にパリのアジア協会に送り届けたことで、この欠落は埋められた。この特別な資料は、すぐさま非凡なフランス人学者ウージェーヌ・ビュルヌフによって活用された。東洋学者の息子であったこの若い天才的文献学者は、ラッセンと共同して、まだ二十五歳の若さで、一八二六年にパーリ語を解読した。一八三三年以来、シェジイの後継者としてコレージュ・ド・フランスのサンスクリット語の講義を担当していたビュルヌフは、仏教のインド起源を証明する機会を長らく待ち望んでいた。彼は、仏典の一つである『法華経』を翻訳し、それに注釈を添えようとした。しかし、翻訳に先立つ序を書き始めたところ、それが千頁近くの本となり、〔序と翻訳は〕二巻で刊行された。一八四四年に出版された『インド仏教史序説』は、科学的、文学的、宗教的一大事件として、全ヨーロッパで歓迎された。マックス・ミュラーは「仏教の体系的研究の基礎となったのは、この本である」と記している［Lubac, 1950, p. 142］。エミール・セナールも「驚異的な業績」と評している［同前］。

一八四九年には、ルナンがその著『科学の将来』を彼に捧げており、一八五五年には、ミシュレが『フランス史』で、人類の真の恩人として彼に敬意を表している。ジュール・バルテルミー＝サン＝チレールは『ジュルナル・デ・サヴァン〔知識人誌〕』に、こう書いている。「『インド仏教史序説』は、本格的仏教研究の基礎を作った。今後の仏教研究は、ウージェーヌ・ビュルヌフ氏の先蹤にならい、サンスクリット語原典にあたって、継続されるであろう。彼のおかげで、かくも力強いと同時にかくも不条理なこの宗教がいつ発生し、バラモン教の中で、それを改革しようとしつつ、いかに発展したか、その主要教義がなんであるか、そしてその初期においてどういう局面を経てきたのかを、知ることができる。さらに、ウージェーヌ・ビュルヌフ氏が自ら述べるように、インド仏教が〔インド本国では衰えて〕歴史上の存在となるまでを、私たちに教えている」［Barthélemy Saint-Hilaire, 1852］。

一八五二年にビュルヌフは、『法華経――サンスクリット語からの訳、解説および仏教に関する二十一試論付き』［Burnouf, 1852］を刊行し、これもヨーロッパの知識人の間で非常にもてはやされた。ビュルヌフは、同年五十一歳で亡くなった。飛躍的発展の途なかばにして倒れたとはいえ、決定的な業績を残し、それは十九世紀末まで西洋の知識階級に深い刻印を残すことになった。

こうして仏教研究は、ケーレシ・チョマとビュルヌフによって推進され、十九世紀半ばに盛んになった。ロシア、イギリス、ドイツ、なかんずくフランスで、学術研究や翻訳が増えた。フィリップ＝エドゥアール・フーコーは、主要仏典の一つである、脚色されたブッダの伝記『ラリタヴィスタラ〔遊化経《ゆげ》〕』を一八六〇年にチベット語から訳出し、大きな反響を呼んだ［Foucaud, 1860］。中国学者スタニスラス・ジュリアンは、大乗仏教の主要典籍の翻訳を収録した『仏教巡礼者紀行』三巻［Julien, 1853, 1857, 1859］を出版した。一八六〇年には、サンクト・ペテルブルグ大学の中国語教授であったロシア人のW・ヴァシーリエフが、北伝仏教に関する非常に精緻な歴史的・教義的研究［Vassilieff, 1860］をドイツで出版し、二年後にはマックス・ミュラーが仏教教義に関する試論を発表し、ドイツの思想家の関心を惹いた。クリスチャン・ラッセンの『インド古代』（四巻。一八四七―一八六二）は、仏教に関する注目すべき研究を収録しており、エミール・セナールの『ブッダの伝説試論』（一八七四）は非常な好評を博した。インド考古学の先駆者ジェームズ・プリンセプとテュルヌールの仕事を継承して、セナールは数年後に『ピヤダシ碑文』（一八八一）を出版し、インドの仏教王アショーカ（紀元前三世紀）の碑文の発見とその内容を、一般の人に知らせた。十九世紀の後半には、ヨーロッパのほとんどの国で、仏教に関する一般書が増え［ことに、Hardy, 1853；Barthéllmy Saint-Hilaire, 1858；Beal, 1875］、それは仏教に対する西洋人の関心がますます高まったことを示している。

学者間の論争も同様に盛んになった。もっとも激しかったのは、シャーキャ・ムニの歴史的実在を真っ向から否定したヴァシーリエフとケルンによって巻き起こされたものであろう［*Revue de l'histoire des religions*, sept.-oct. 1881, janvier-février, mars-avril 1882］。エミール・セナールは、すでに『ブッダの伝説試論』で、シャーキャ・ムニの歴史性があまりに堅牢と思われすぎていると指摘している。「明白な神、ヴィシュヌ、クリシュナ、ヘラクレスの充分に合理的な伝記が描けないのと同じく、ブッダに関しても、伝説に対する今までのような処理の仕方では、その伝記は書けない」[Sénart, 1874, p. 412]。この意見に反対した学者の中で、オギュスト・バルトは、ブッダの生涯は伝説に満ちあふれているが、ブッダの歴史的実在は疑いないと強く主張した。「たとえクリシュナの生涯から、その奇蹟の半分がなくなり、ブッダの生涯はいっそう超自然に満ちていたとしても、依然として、前者は神の生涯であり、後者は人間の生涯である」[*Revue de l'histoire des religions*, janvier-février 1882, p. 23]。

こうした学者間の論争は、仏教に関する学術研究が発表されるにつれてヨーロッパの知識人社会を揺るがした論争に比べれば、大したことではない。一八四〇年代から一八九〇年代にかけて、ありとあらゆる評論家が関与したこの論争の一番の焦点は、仏教とキリスト教の総括的な比較であった。その背景には、宗教離れが進む一方の社会状況があり、また、熱心なキリスト教徒と、宗教に関心はあるが教会には反感を持つ人々、そして一途でかたくなな無神論者との間に、極端なまでに緊張が高まっている状況があった。

第二章　キリスト教の強敵

「東洋学者の解読した文書によって、人類の歴史上初めて、地球は一つの全体になった。東洋学の設立とともに、人という言葉がまったく新しい意味を帯びるようになった。突如として、古典の部分的ヒューマニズムは、全面的ヒューマニズムとなり、今や私たちの目には、それがごく自然の産物に見える」とレーモン・シュワブは述べている［Schwab, 1952, p. 12］。十九世紀初頭のドイツのロマン主義者は、この「全面的ヒューマニズム」を、フランス大革命や啓蒙時代の合理主義に激しく対立するものとして受け入れた。

仏教の発見に関しては、事情はまったく異なっていた。ことにフランスでは、仏教ヒューマニズムと仏教の合理性、その教えの普遍性に魅せられた多くの思想家が、フランス大革命や普遍的人権の延長線上にあるものとして、仏教を受け止めた。東洋学者シルヴァン・レヴィはこう記している。「古典の伝統に培われたフランスは、時間・空間を超えて人間精神を追求する。ドイツは、『ヴェーダ』をインド・ゲルマン資料と見なして、それに情熱的に取り組んでいるが、フランスのインド学は、その発想と歴史ゆえに、インドの天才が生んだ比類ない産物である普遍的な秩序としての仏教に興味を示している」［Lévi, 1925, p. 1］。

フランス大革命の理想に熱狂し、反教会に徹した十九世紀フランス知識人のもっとも典型的な例であったミシュレは、インド、ことに仏教の発見を喜んだ。彼は、この発見のおかげで、ヨーロッパの文化的地平線は、ユダヤ・キリスト教的ヒューマニズムに比べてもっと普遍的なヒューマニズムへと拡大すると考えた。「西洋ではすべてが狭い。ギリシャは小さくて息がつまる。ユダヤは乾燥していて息が切れる。中央アジア、東洋の奥地をすこし眺めさせてくれ」[Michelet, 1864, p. 2]。仏教の発見により、「アジアとヨーロッパとの、そして過去と近代との完全な一致が見えた。人間は、いつの時代も同じように考え、感じ、愛したことがわかった。だから、人類は一つで、心は一つであり、二つではない。空間と時間を超えた偉大な調和は、永遠に打ち立てられた。緯度に応じてさまざまな真理があると言っていた懐疑主義者や疑念博士たちは、愚かな皮肉を言うのをやめて黙るがいい。詭弁術のか細い声は、人類の友愛の大コンサートの中に息を引き取る」[同前、p. 13]。ミシュレははっきりと、インドを啓蒙主義とフランス大革命の味方に加えてためらわない。「インドから一七八九年まで、啓蒙の流れ、権利と理性の川は続いている。中世は異邦人である」〔同前、p. 485〕。

大西洋のかなたでも、インドおよびドイツ・ロマン主義に深い影響を受けた詩人の世代は、同じ普遍性の理念に活気づいていた。超越主義〔超絶主義とも。トランセンダリズムの訳〕者たちである。ソロー、エマソン、ホイットマンら、その代表的な人々は、『ヴェーダ』、『バガヴァッド・ギーター』、『ウパニシャッド』、『アヴェスタ』を読んだ。しかし彼らにとって仏教の発見は、同時に仏教と西洋精神との類似性の発見、すなわち人間精神の本当の普遍性の発見でもあった。一八四五年十月二十七日の日記に、エマソンはこう記している。「その源に遡ると、仏教の巨大な思想は、究極において、人間精神の必然的かつ構造的表現である」。

学問研究によって明らかにされた仏教は、十九世紀の後半を通じてヨーロッパの知識階級を夢中にさせ、その結果多くの論争が巻き起こり、激論が戦わされ、千差万別な評価や解釈が下された〔十八世紀の東洋ルネサンス以来、パリのサロンは、学術や文学の発祥の要として必須の役割を果たした。学者、作家、詩人、新聞記者、大学教授たちが、ド゠スタール夫人、レカミエ夫人、マリ・クラーク、キュヴィエ夫人などのサロンに集った。サロンは、仏教に関する考えや判断の普及に決定的な役割を果たした」。仏教の哲学的受容におけるドイツ人思想家、ことにショーペンハウアーとニーチェの重要性は、次章で扱うことにする。

当時の歴史家、新聞記者、作家、哲学者の書いたものを今日読んで、驚かされることは、ヨーロッパでもっとも仏教研究が盛んであったフランスでは、一貫して仏教とキリスト教を比較する必要を感じていたことで、これはイギリスでも同様であり、ドイツもいくぶんそうである。ブッダの宗教の発見がショックであったのは、それがキリストの宗教に対する恐るべき、あるいは危険な反論と見られたからである。誰もが、仏教の普遍性と、その信者の数の多さに驚いた。仏教が一つの偉大な宗教と認識される数十年前の一七九九年にすでに、フランシス・ブキャナンはこの問題について、当時の人々の注意を喚起している。「仏教の教えがいかに馬鹿げたものに見えようと、人類のこれだけ多くの人々に影響を与えたわけで、人類史上重要な事柄である」[Buchanan, 1799, p. 163]。

しかし、ヨーロッパ人が仏教世界の広大さを本当に意識するようになったのは、一八四〇年代になってからである。その頃になって、ブッダの信者は、全世界でカトリック教会よりも一億人も多いという、統計数字の比較がなされた[Garcin de Tassy, 1854, p. 2]。ルナンはこう書いている。「現時点で、仏教はもっとも信者の多い宗教である。（神のお気には召さないだろうが）宗教の普通選挙ということになれば、大ラマが相対多数を得るであろう」[Renan, 1884, p. 400]。要するに、喜ぶにせよ、警戒するにせよ、相似点を強調するにせよ、相違点を強調するにせよ、フランスの知識階級は、仏教を自らの先祖伝来の宗教との対比という視点でしか問題にしなかった。

仏教とキリスト教の驚くべき相似

大半の人が最初に驚いたのは、この東洋と西洋の二大宗教が果たした歴史的役割の相似であり、その運命の類似性が強調された。「モーゼの掟を確証するために出現したにもかかわらず、キリスト教はユダヤの地に留まることができなかった。まして、インドの『旧約聖書』を否定した仏教が、どうしてガンジス河流域に留まれたであろうか」とエドガール・キネは記している[Quinet, 1852, p. 282]。二つの宗教の間にいっさいの類似を認めようとしない聖職者を批判して、ミシュレはこう釘を刺す。「おおまかな顔だちとか表情だけでなく、細部、偶発的な小さなこと、ひだや皺にいたるまで類似しているのに、それを否定するなんて、目を閉じた頑固ものである。二兄弟は、同じように出生し、成長し、変遷し、老化している」[Michelet, 1876, t. 10, p. 14]。

たしかに、この二つの普遍宗教は、宗教に根本的な変革をもたらした。シャルル・ルヌヴィエによれば、「世界史上二度、二大劇場で、宗教が戦争と血の教義に深く対抗し、力よりも善を説き、より道徳的で、純粋な良心によりかなった善悪の定義をするという劇が演じられた。一方の宗教は、古い犠牲を跡形もなく消し去り、その代わりに天界から降下した聖者（菩薩）たちの献身をもってし、聖者たちは至高の徳の模範を示し、真理を教えて地上の兄弟を救う。もう一方の宗教は、世界のすべての罪を唯一の救い主に背負わせ、その救い主は唯一の犠牲者として、神の手によって神の怒りにゆだねられ、神でありながら人間の身となって罪を償う」[Renouvier, 1864, pp. 786–787]。

イポリット・テーヌは、自らの哲学のいくつかの特徴を仏教に見出し、仏教にいくぶん同情的であり、キリスト教はブッダの死後五世紀後に「インドの征服者たちの西洋の兄弟の間に、ほとんど同じような生成と、ほとんど同じような革新を経て出現したもので、一切の史実の中で、この一致がもっとも偉大なことである」と強調している［Taine, 1884, p. 377］。

多くの著作家が、両開祖の相似性――「ブッダ、この虚無の偉大なキリスト」とエドガール・キネは書いている［Quinet, 1852］――を強調しているが、この困惑するような相似をどう解釈するかについては意見が分かれる。この点に関しては、次の三つの立場に大別するのが妥当だろう。まずは反教会派で、彼らは仏教がキリスト教よりも古いことから、イエスはまず間違いなく仏教の教えから着想を得ていると説明した。次はキリスト教擁護派で、彼らはまったく逆に、紀元後まもなくシャーキャ・ムニの弟子たちが、イエスの生涯と福音に発想を得て、ブッダの伝説を書き直したと主張した。この両極端の中間にあって、どちらか一方にあまり偏ることがない人たちは、独自に出現し発展した複数の宗教がさまざまな面で相似しているのは、恐らく人類は種族も、心も、同一であるからだろうと単純に考えた。リバプールの哲学文学協会の作家ロバート・グリーン［Green, 1890, pp. 299-322］や英国国教会の歴史家J＝エストリン・カーペンター［Carpenter, 1880, pp. 971-984］をはじめとして、イギリスではこの見方が広まった。

論戦の範囲を越えて、多くの人は両宗教がともに、「自らの淵源となった宗教を廃した」伝統を持つことに驚いた。シャーキャ・ムニが「ヴェーダの不毛な学識」を排斥したことと、イエスとパウロがパリサイ人の、精神的生命のない形式主義の表現としてのユダヤの法を棄てたことが比較される［バラモン教とユダヤ教を、それぞれ仏教とキリスト教よりも劣っているとする型にはまった比較は、反ユダヤ主義的傾向が強かった当時の文脈の中で理解されなければならない。十九世紀の知識人たちの多くは、キリスト教がユダヤ教以外のものを源としている可能性があるという意味で、インドが発見されたことを歓迎した］。

宗教の改革という共通の特徴以外に、仏教とキリスト教が提唱した社会改革を強調する人たちもいた。エドガール・キネはこう記している。「ブッダの教えは、人類の一体性という概念に直結しているが、この概念はカーストの廃止につながるものだ。この結論を、西洋に特有としか思えないような大胆な論理によって導き出したのは、実は仏教であった。キリスト教自体、その至純の隣人愛をもってしても、これほど後戻りできないかたちで全人類の平等性を宣言しなかった」[Quinet, 1852, p. 284]。この社会改革者としてのブッダのイメージは、論評の中でたえず用いられるが、それは実際、当時のヨーロッパにおける現実的問題であった。イギリスではアレグザンダー・カニンガムが、「世界でもっとも強力で傲慢な神官階級からの脅威にもかかわらず、人類の完全な平等、そしてその当然の結果としてのカーストの廃止を熱心に説いた偉大な社会変革者」と、ブッダを称えた [Cunningham, 1854, p. 94]。

エルネスト・ルナンは、仏教に非常な関心を寄せながらも、称賛したり、軽蔑を交じえたり、曖昧な態度をとり、次のような独自の見解を主張している。「バラモンが仏教に対して唱える異議は、神学的なものでも哲学的なものでもなく、もっぱら政治的なものである。仏教はインド社会の根底を覆すものであり、仏教が敗れるか、古い社会が崩壊するかのどちらかしかなかった。社会体制の方が強く、仏教はインドからあとかたもなく消え去った。カーストは無敵の抵抗を見せた。カーストは今日でもキリスト教に対する主要な障害であり、インドでの改宗者はほんの少数の不可触民だけである」[Renan, 1884, pp. 380-381]。ヴィクトル・クーザンはすでに、この社会的側面と「仏教の民主主義的性格」を強調している [Cousin, 1863, p. 94]。社会紛争と社会主義の台頭のめざましい十九世紀後半になると、人々は時としてイエス同様に、ブッダを最も偉大な「社会主義の使徒」の一人と見なして憚らなくなった [Lafont, 1895, p. 159]。

たくさんの人たちが、仏教とキリスト教が数々の点で一致することに、ことさらに驚いた。チベットに赴いた最初の宣教師たちはすでに、「ラマ教会」とカトリック教会の間に見られる、位階性、儀礼、巡礼、僧院生活といった数多くの似かよった点を列挙している。十七世紀以後、ヨーロッパではごく普通に、ダライ・ラマを「アジアの教皇」と呼び慣わすようになったほどである。エドガール・キネは、「これだけの時間的、地理的な距《へだ》たりにもかかわらず、中世のカトリックと中央アジアの仏教との間に、同じ宗教の分野で、かくも完全に似かよった組織、風俗、特徴が発生したのを前にすると、西洋と東洋がお互いに剽窃《ひょうせつ》しあったとしか思えず、当惑している。（中略）モンゴル人とチベット人のキリストは、「アジア教皇選出会議」が公認する一連の化身として生まれ、死に、生まれ変わる。教皇がサンピエトロ大聖堂のバルコニーから、ヴァチカンと世界を支配するように、彼はチベット高原の高みから、極東を支配している。西洋では、司牧者の究極の野心は、いつかグレゴリウス七世とか、なんとか何世と呼ばれることだとすれば、この東洋人の野心はさらに大きく、自らの聖性により、山々の頂の、アジアの精神界の玉座に鎮座する神そのもの（ブッダ）となることである」[Quinet, 1852, pp. 286-287]。カトリック信者と仏教徒の行動の類似点も、好んで指摘された。たとえばルナンは「この無神教は、著しく道徳的であり慈悲深い。これは、神なきカトリックである」と言っている［Renan, 1884, p. 374]。苦行的および神秘的性格に関しても、両者は比較された。

大半の著述家は、この二大伝統に共通する精神的深さと聖性の探究を強調する。しかし、何人かはまさにそれを非難する。「仏教とキリスト教が奨励するのは、同一の瞑想的で怠惰な生活であり、道徳的には咎められるべきものである」と、シャルル・ルヌヴィエは記している［Renouvier, 1869, p. 324]。労働の価値に非常な重きをおくプロテスタント諸国の著述家たちは、当然この点に関していっそう批判的である。イギリスにおける仏教受容の経過を詳細に検討した歴史家フィリップ・アーモンドは、こう記している。「ごくわずかな例外を除いて、仏教の僧院主義は激しい非難を浴びた。これは、部分的にはヴィクトリア朝社会の反カトリックという偏見に由来する。しかしそれ以上に、労働というヴィクトリア朝の福音に特に根ざしている」［Almond,

1988, p. 119]。こうした批判の好例が、独身、断食、悔悛、苦行、自己否定、謙遜、沈黙、孤独をはじめ僧院のあらゆる美徳を悪徳として列挙した、哲学者デヴィッド・ヒュームである。

ヨーロッパのインテリ層の大半は、仏教を、バラモン教といういわば『旧約聖書』に対する一種の『新約聖書』として受け止めたが、なかには仏教をプロテスタントの宗教改革と比較し、別な意味での類似論を展開した人たちもいる。プロテスタントの著述家たちにとっては、それは明らかに一つの進歩であった。一八七二年にマックス・ミュラーは「中世のカトリックが宗教改革に行き着いたように、古いバラモン教は、必然的に仏教に行き着いた」と述べている[Müller, 1872, p. 306]。ブッダとルターは、イギリスではことさら比較の対象にされたが、それは単に彼らに共通する改革者的性格からだけでなく、フィリップ・アーモンドが指摘するように、「歴史的人物としてのブッダ像が、イギリスで反カトリックの風潮がことのほか激しく噴出した十九世紀の中頃、西洋史上に出現したからである」[Almond, 1988, p. 73]。

反カトリック論争という文脈で、この二大改革者を同一視した好例は、一八六五年に『ジャーナル・オブ・セイクリッド・リテラチャー〔聖典誌〕』に掲載された論文である。「ゴータマがインドに対して行なったことは、ルターおよび宗教改革者たちがキリスト教に対して行なったことと同じである。ルター同様ゴータマは、宗教が、自分たちがその独占管理者だと思い込んでいた一部の人たちの手に、閉じ込められていることに気づいた。ルター同様彼は、宗教は聖職者だけのものではなく、理性ある魂を持つすべての人のものであると断言した。ヨーロッパがルターの声に立ち上がったように、インドはゴータマの呼び掛けに心底から応じた」[*Journal of Sacred Literature*, 1865, p. 287. Almond, 1988, p. 73 に引用]。

しかしその逆に、発祥当時に遡れば遡るほど〔その教えの〕充溢と真理も全きものとなると考える、シュレーゲルやベルトラン神父のようなカトリックの著述家たちにとっては、プロテスタントがカトリックに対してそうであったように、仏教はヴェーダの教えの腐敗であり頽廃であった。キリスト教世界には属さないが、ルネ・ゲノンは後に同じ論理を支持している。「本源的伝統」という概念にあくまでもこだわる彼は、この二つの改革運動は、「同じく否定的、反伝統的性格」のものであり、「民主的で平等主義的な思想」への道を準備する、同一の「個人主義的傾向」であると見なした［Guénon, 1930, p. 118］。この比較癖が究極的に行き着いたところは、フィラレート・シャールの「仏教には、カトリック的な宗派もプロテスタント的な宗派もある」という結論であろう［Lubac, 1952, p. 163 に引用］。

ある人々はカトリックに対する肯定的あるいは否定的なイメージから、またある人々はプロテスタントに対する肯定的あるいは否定的なイメージから論争に加わったが、何よりもまずこの論争が明らかにしているのは、仏教が学問的に発見されて以来、仏教はキリスト教をめぐるヨーロッパでの論争の渦中にあって、新たな賭け札となったということである。仏教は既知の知見へと引き戻されることを免れ得ず、情況により、論証の材料としてあるいは反証の材料として――時としては両方に――用いられ、当時の知的ゲームの中でキリスト教との比較の対象としてしか、西洋の大半の知識階級の真の意味での関心の対象とはならなかった。

ヨーロッパ人の想像力に衝撃を与えたもう一つの相似は、キリスト教のアガペー（隣人愛）〔ギリシャ語〕と仏教のマイトリ（慈悲）〔サンスクリット語〕である。アルフレッド・ド＝ヴィニーは、すでに一八五五年三月の日記に「ブッダのことで頭が一杯である」と記しているが、一八六二年二月には「唯一ブッダだけが天国での報いについていっさい語っていない。もっとも深い自己犠牲としての隣人愛こそが、彼の宗教の魂である」と書いている。また一八五九年八月には、「ブッダの完璧さはキリスト教のそれよりもすばらしい。というのは、それはいっそう無欲であるから」と強調している。ジュール・ミシュレはさらに辛辣に「もしキリスト教が隣人愛の宗教であると自認するのなら、仏教は自らの兄弟、もうひとりの自分であると認めるべきである。

この兄弟関係、相似性を否定するとすれば、キリスト教にとって隣人愛はこれっぽっちも本質的なことではない、と宣言することになる」と叫んでいる［Michelet, 1864, p. 12］。ド＝ヴォギュエは、論争的口調はいっさいなく、「西洋におけるキリスト教と同じく、仏教は極東における隣人愛、優しさ、道徳的・社会的自由の啓示であり、過酷な神権政治の圧政の下で苦しむ多くの人々にとって、生きることの耐え難さをやわらげるものであったにちがいない」と確認している［Vogüé, 1886, p. 3］。

当時のフランスおよびドイツの教養人たちに相当な影響力を持っていたテーヌとルナンは、繰り返しこのテーマに触れている。ビュルヌフ、フーコー、レミュザ、ハーディー、ジュリアン、ケッペンの著作の熱心な読者であった彼らは、ニルヴァーナの「虚無」には反対するが、彼らにとってはキリスト教の隣人愛を想起させる仏教の慈悲に、称讃の意を表している。ことにルナンは、仏教の愛は、キリスト教の愛と同様、ブッダのメッセージをその発祥の地を越えて広める伝道活動の、バネとも基盤ともなったと述べている。

インドは限界を知らない。すべてについてそうであるように、インドは献身に関しても限界を超えた。蛇、鳥、吸血鬼、人面鳥身女をはじめ、インド人の想像力がこの世界にはびこらせた、ありとあらゆる架空の生きものを改宗させようとするブッダの努力を前にして、人は微笑むほかない。しかしこの憐れみの精神こそが、仏教伝道者の途方もない熱意の源であり、これに匹敵しうるのは、数々の一神教的宗教による異教の征服のみである。バラモン教、ゾロアスター教、孔子の教えは、国内に広まっただけである。それとは異なり、シャーキャ・ムニの使徒たちは、世界全体が仏教徒になるものと信じたが、彼らの信念は半分しかまちがっていなかった〔世界の半分は仏教国になった〕。仏教は、人類がこれまでに思い描いた教えの中でもっとも不充分なものであるが、その仏教がもっとも多種多様な国々を魅了した。一見して、洗練された懐疑主義者以外には向いていないと思われる宗教、あらゆる宗教の中でもっとも不明瞭で、もっとも慰めにならない宗教が、それ以前にはきわめて粗野であった諸民族の儀礼となった。こうした敬虔な無神論者たちの温和な風紀と、概して寛容な布教の特徴こそが、仏教の人気の原因であった。[Renan, 1884, pp. 374-375]

「近代的」仏教と「教条的」キリスト教

二つの宗教の比較は止むどころか、両者の類似点や一致点がいっそう探究された。そして、多くの場合、ますます論争的性格を帯びた。十九世紀後半には、仏教はキリスト教に対する格好の論拠としてふりかざされた。科学の進歩と自由の進展に頑として反対するローマ教会に対して、賛成派と反対派の間で断絶が広がっていたカトリックの国フランスでは、論争はことに盛んであった。ルネ・レモンによれば、「二つの世界、二つの社会、二つの考え方の対立は絶対であり、修復不可能にみえる。カトリック教会は、過去、伝統、権威、教義、制約を象徴している。理性、自由、進歩、科学、未来、正義は、敵陣である」[Rémond, 1974, p. 201]。

すでに指摘した仏教とキリスト教との類似点から、幾人かの作家や知識人は、キリスト教の独自性およびキリスト教が唯一偉大な普遍宗教であるという主張を、相対化した。ミシュレがブッダの教えに言及するのは、ほとんどすべての場合、明らかにこの目的のためである。時代のよき観察者であるフローベールは、仏教が存在すること自体、唯一の真理を保持していると主張するキリスト教に対する反証であると、あちこちで述べている。たとえば『聖アントワーヌの誘惑』に登場するヒラリオンは、イエスの生涯および教えの多くが、仏典の引き写しであると言って、哀れなアントワーヌを呆然自失させる。また『ブヴァールとペキュシェ』の滑稽な対話に、この対抗心の強さがよく感じ取れる。

……ペキュシェが自分は仏教にも同じように心をひかれていると言うと、一同の憤慨は倍加した。

司祭は大声あげて笑った。

「はっ、はっ、はっ！　仏教ですって！」

ノアール夫人は両の腕をあげた。

「まあ、仏教ですって！」

「なに……仏教だって！」と伯爵も鸚鵡《おうむ》がえしに繰り返した。

「あなたは仏教をご存じですか？」とペキュシェに開きなおられて、ジュフロア神父はまごついた。

「それでは研究なさることですな！　キリスト教よりも立派で、またキリスト教以前に、現世の事物の空しさを認めていますからな。その勤めは厳格だし、信者の数も全キリスト教徒よりも多いし、化身にしても、ヴィシュヌ仏は一体ではなく、九体ですからね！　どうです、これだけで、もう想像がつくでしょう！」

「旅行家の嘘八百ですわ」とノアール夫人が言った。

「秘密結社にあと押しされた旅行者のね」と司祭が付け加えた。

ここで、一同が口々にしゃべりはじめた。

「さあ、もっと続けて！」

「こいつは面白い！」

「どうも変だな！」

「そんなことはまさか」

あまりのことに、ペキュシェはかっとなって、自分は仏教徒になる、と宣言してしまった！

「あなたはキリスト教徒の御婦人たちを侮辱なさるのですか！」と男爵が言った。
ノアール夫人は肘掛椅子の上にどっと腰をおとした。伯爵夫人とヨランド嬢は黙りこんでいた。伯爵は目をむいていた。司祭は怒りを抑えるために、聖務日禱書を読んでいた。〔ギュスターヴ・フローベール、『ブヴァールとペキュシェ』「フローベール全集」5、新庄嘉章訳、筑摩書房、一九六六年、二五六頁〕。

何人かの知識人にとっては、二つの宗教が類似しており、キリスト教より仏教のほうが古いことから、キリスト教教義の真実性は根本的に信用をなくした。プルードンは、「イエスの名は尊敬するが、その数世紀も前に、すでにアジアでかの有名なブッダがそれと対をなす教えを説いており、私の理性と良心はキリスト教体系に従うことはできない」と述べている［Proudhon, 1931, t. II, p. 342］。

十九世紀の最後の四半世紀に、ヨーロッパの多くの思想家や政治家は、それまで学校で教えられていたキリスト教道徳に代わりうる、宗教色のない道徳を打ち立てようとした。宗教的道徳を排して宗教色のない道徳に置き換えようとする動きは、社会に対してキリスト教会が影響を及ぼす、主要な手段の一つを脅かすものであった。それに対して教会は、キリスト教道徳は、その背後にある教義と分離することはできず、さらに一般的には、道徳の名に値するものは、神への信仰抜きにはありえないと反論した。誰もが道徳性の高いことを認める仏教は、こうした主張が無効であると反論するのに格好の材料であった。同時代人の仏教にたいする関心の主な理由を列挙して、イギリス人新聞記者サムエル・ケロッグは、一八八五年に「仏教は、論理的で実践的な高次の道徳が、神の存在への信仰抜きに実現可能であることを証明する生きた見本である」と書いている［Kellog, 1885, p. 14］。

フランスではジュール・フェリーが、宗教色のない学校のための闘争に、この論議を活用した。一八七五年八月五日に、彼はこう叫んでいる。「私は、教義が道徳を支えたのではなく、その逆に道徳が教義を成り立たせているということを証明することができます。その証拠は、仏教です。（中略）仏教は、今でも活力のある宗教で、道徳、原則、そしてもっとも崇高で洗練されたキリスト教の理想に勝るとも劣らず純粋で高雅な理想を持っています。その道徳は実践されており、キリスト教の道徳と同じく純粋です。両者は区別できません。カトリック信徒は、仏教はインドに定着したキリスト教の一派だと主張しますが、あいにく仏教はイエスよりも五世紀前に生まれているのですから、驚きです！　さらには、キリスト教道徳の教えのほうが狭くて、仏教では慈悲は動物、植物にまで及びます。もっとも厳しい実践に基づいた道徳、至高の献身の道徳が、キリスト教教理とはまったく関係のない教義とともに存在しうることの証明です。仏教では、罰も褒賞もありません。ご覧のとおり、まったく自己完結した道徳なのです。教義と人の行ないの間には何の関係もない、ということは明白です。私たちは実証的道徳の支持者ですが、その道徳はどこにあるかと尋ねられれば、こう答えます。ここにありますよ、事実が証明しています。二億人の人が、二十三世紀前から実践しています」［ジュール・フェリーのクレマント・アミティエでの一八七五年八月五日の演説。Chevallier, 1981, pp. 438-439 に引用］。

七年後、ジュール・フェリーは、公教育から宗教色をなくすことを義務づける、かの有名な法律を可決させた。それ以後、道徳・公民教育が、カトリック教理の学習にとって代わった。宗教色抜きの新しい道徳に対する非宗教的典拠が必要となり、道徳教育の教科書編纂者は、伝統的西洋哲学に加えて、主に儒教、そしてもちろん仏教といった、アジアの伝統的要素を取り入れた。

実証主義の偉大な提唱者オーギュスト・コントも、仏教道徳の推進者であった。彼は「人々を子供扱いする」カトリックにたいして、仏教「合理主義」を称賛し、自作の実証主義の暦〔の祝祭日〕にブッダの記念日を設けた。彼の弟子であるラフィットは、「パリ市民が、ブッダ祭を創設し、ヒンドゥー教の改革者〔であるブッダ〕が人類になした貢献を讃える讃美歌を仏教界に捧げる光景」を、熱狂的に予言した［Laffite, 1875, huitième leçon, p. 307]。

初期の学問的発見と並行して、まったく別な分野で、キリスト教と仏教を比較する文学が発達した。それは、歴史的検証を度外視し、往々にして神秘主義的傾向を帯びており、仏教をキリスト教の偉大な源泉と見なした。すでに本書の第一章で指摘したように、この類いの文学は一世紀近くにわたって流行したが、その嚆矢《こうし》は一八三四年にパリで出版された、ノトヴィッチの『イエス・キリストの知られざる生涯』であろう。その著者は、イエスがインドでバラモンおよび仏教僧から秘密の教えを授かったことを記した、謎のインド文献を発見したと主張した。一八六七年にはアドルフ・ヒルゲンフェルドが、厳密な科学的根拠のあるものではないが、ノトヴィッチのそれより少しはまっとうな理論をドイツで発表した。それによればイエスは、アショーカ王の命を受けた仏教布教者たちから教えを受けた、エッセネ派〔イエスの時代に存在したユダヤ教内の一宗派〕の教義を受けたとされる。

こうした理論は何人かの学者にも影響を与えた。たとえば、『仏教、エッセネ派、キリスト教の天使・メシア』（ロンドン、一八八〇）を著わしたエルンスト・フォン＝ブンゼンとか、仏教が初期キリスト教に与えた影響を証明しようと、一八八一年から一八九四年にかけて四冊の書物を出版したアーサー・リリーがそうである。一八八〇年には、『イエス・ブッダ』という本が、オセール〔フランスの地方都市〕で匿名で出版された[Lubac, 1952, p. 208]。年代にほとんど無頓着なこの著者は、仏教の影響をイスラエルの預言者たちにまで平気で遡らせ、サムエルからイザヤ、エレミヤそしてエズラに至る預言者たちが、仏教僧院で養成されたと主張した。

反対にキリスト教支持者たちのあいだでは、「二つの宗教の極端な相違」を指摘し、シャーキャ・ムニの教えの「ばからしさ」を証明する論議が少なからず行なわれた。ヴィクトル・クーザンは、二十年前にはインドの聖典の発見を熱狂的に受け入れたが、一八四七年には、仏教から「異議」責めにあったキリスト教を断固として弁護した。「キリスト教と仏教の間の、いわゆる相似なるものは、私には受け入れがたい。両者の教義には何らの相似もなく、むしろ両者はまったく相反している。この世にキリスト教の教義に反するものがあるとすれば、それは仏教の基幹をなす、消滅〔ニルヴァーナ〕という嘆かわしい考えである」〔*Comptes rendus des séances de l'Académie des sciences morales et politiques*, 2e série, t. I, 1847〕。

彼の弟子のジュール・バルテルミー＝サン＝チレールは、仏教の普及者として、フランスでもっとも多く読まれた一人であるが、仏教の教義を自らヨーロッパ人に紹介しながら、同時にそのもっとも厳しい反論者の一人でもあった。一八五二年九月に、彼は『ジュルナル・デ・サヴァン〔知識人〕』誌にこう書いている。「結局、仏教は虚無を崇拝し狂信する以外の何ものでもない。それは人格の破壊であり、その人格には、各人のもっとも正当な希望の追求まで含まれる。この錯乱とこの怪物性以上に、全古代文明の後継者であるキリスト教教義の対極に位置するものはあるまい」。一八五五年に出版された『仏教について』の序言で、彼は、仏教教義は「異論の余地なく、宿命という問題に対して、今まで提案されたもっとも暗い解決である」と言っている。一八六二年に出版された『ブッダとその宗教』の中で、彼は批判に加えて軽蔑とうぬぼれを露わにしている。「ブッダは、存在から無に至るという、とても受け入れがたい矛盾の重大さに気づかず、自らの思想の中で混乱し、その思想の原理を深く究めることができない素朴で無分別な思想家の一人である」。

一八八〇年になって、バルテルミー＝サン＝チレールは、三十年にわたって「この醜悪な体系」を告発してきた努力の意味を明らかにした。「仏教とキリスト教には、何らの共通点もない。ヨーロッパ社会がアジア社会よりも優れているように、キリスト教は仏教より優れている」〔Barthélemy Saint-Hilaire, 1880, p. 2〕。何人かの同時代人と同様に、バルテルミー＝サン＝チレールは、西洋キリスト教文明の根底を崩しかねない仏教の侵入の脅威を、なによりも恐れたのである。

後述するように、まったく別の観点から、ニーチェは、ヨーロッパの仏教への改宗という仮定について真剣に考えた。同じくドイツ人で、東洋ルネサンスの先駆者の一人であった後、カトリックに改宗したフリードリッヒ・シュレーゲルは、この脅威の到来を感じて、一八二五年にこう書き記している。「二つの宗教の間に人々が見つけたがっている類似点は、現実のものではない。それは、人間と猿の類似のようなものである」[Schlegel, 1825. Schwab, 1950, p. 271 に引用]。

フランスでは、何人かのキリスト教擁護論者が、この脅威を前に自覚を促そうとペンを執った。オザナンは、一八四二年にこう告発している。「仏教は科学、学芸、良俗を侵略しようとした数々の汎神論の最後の攻撃波である。それは、ヨーロッパ社会の良識によって食い止められている。しかし、いくつもの雄弁な声が、それが今日最大の宗教的脅威であることを示している」[Ozanam, 1842]。

しかし、すべてのキリスト教擁護者が、こうした危険を意識していたわけではなく、別の論法、すなわち結局のところ現在のカトリック教会と非常に近い立場をとる者もいた。すでに一八二九年に、ラムネーはこう記している。「三十年来、多くの研究がなされ、あらゆる国の学者が熱心に研究を続けている。カトリックの学問は、こうして準備された豊かな成果を収穫する時が到来した。インド、チベット、中国、全東洋が、今までヴェールの下に隠されていた、こうした古代からの伝統を露わにした。それらの伝統は、キリスト教の伝統とみごとなまでに一致し、そのことによって、〔キリスト教の〕信仰の新たな支えとなっている。信仰の普遍性と永続性という、神の持つ二大特徴が、〔東洋の伝統との一致が明らかになるにつれて〕日ごとにますます明らかになりつつある」[Lamennais, 1829, p. 278]。

二十五年後、仏教がヨーロッパに巻き起こしはじめた衝撃波を前に、フェリックス・ネーヴはそれほど楽観的ではなく、神学者や聖職者に、「西洋文明がまもなく東洋で対面するであろう唯一の道徳的ライヴァル」を軽蔑せずに、深く学ぶよう勧告している［Nève, 1853］。

第三章　ショーペンハウアーと「仏教厭世主義」

ニーチェ、フロイト、キルケゴール、ベルクソン、ヴィトゲンシュタイン、モーパッサン、トルストイ、カフカ、マン、プルースト、カミュ、セリーヌ、ボルヘス、ヴァーグナー、マーラー、シェーンベルク、アインシュタイン、チャプリンといった多彩な人たちの間に、どんな共通点があるのだろう。それは全員が、人により深浅の差はあるが、今日ではほとんど完全に忘れ去られたドイツの哲学者アルトゥール・ショーペンハウアー（一七八八―一八六〇）の思想に、影響を受けたことである。トルストイが「あらゆる人の中でもっとも天分のある人」と評した彼は、数世代にわたり、知識人や芸術家だけでなく法律家、ブルジョア、ある集団からはみ出しかけた人々にとって、まさに思索の師であった。一八七四年にニーチェは、「今や、彼の名はヘーゲル以上によく知られている」と記している〔『反時代的考察』III（一八七四―一八七六）より「教育者としてのショーペンハウアー」Nietzsche, 1987. t. II, p. 78〕。実際、一八八〇年から一九三〇年まで、あるいはそれ以後までも、ヨーロッパのほとんどすべての創造的才能は、多かれ少なかれショーペンハウアー派だと言える〔Henry, 1989〕。

ショーペンハウアーこそが「無意識」の真の発見者である、と認識するフロイトの次の言葉から、ショーペンハウアーが当時の人からいかに高く評価されていたかが窺える。「恐らく、はっきりと認識している人はほとんどいないが、無意識裡の精神の過程という仮説を認めることは、科学にとっても人生にとっても数々の重大な結果をもたらす歩みである。しかし、その第一歩を画したのは精神分析ではないことを急いで述べておきたい。すぐれた哲学者たちがその先駆者として認められるが、誰をさしおいても偉大な思想家ショーペンハウアーこそがその人で、彼の言う無意識の「意志」が、精神分析における心的本能に相当する」[Freud, 1933, p. 147]。

この哲学者は、ヨーロッパにおける仏教の受容に際しても決定的な役割を果した。今日でも、仏教に関する西洋人の意見やステレオタイプのいくつかは、ショーペンハウアーの影響に由来する。ショーペンハウアーがなぜ名声を博し、そして忘却されたかは、本書ではさしたる問題ではない。重要なことは、十九世紀後半の教養あるヨーロッパ人の大半、そしてフロイト、マルクス、ニーチェの同時代人に、仏教は、このドイツの哲学者の思想と混同されたということである。この現象は、ヨーロッパで仏教がまだよく知られておらず、この混同が根拠のないものであることが、少数の特別な専門家だけにしかわからなかった時代に起こったがゆえに、いっそう決定的であった。正しい見識がなかったために、仏教思想はその後数十年の間、根本的厭世主義の烙印を押された、ショーペンハウアーの哲学と同一視されることになった。

仏教とショーペンハウアー哲学のこの同一視の妥当性を検討し、その歴史的影響を見る前に、どういう理由から、どのようにして、この混同が生じたのかを考察することにしよう。

『意志と表象としての世界』をめぐって

ショーペンハウアーの業績は、一八一八年にライプチヒで出版された大著『意志と表象としての世界』に、ほぼ集約されている。三十歳の著者は、この大作が、その後何世代にもわたって影響を与えることになるであろうライフワークとなることを自覚していた。「私とはいったい何者だろうか。『意志と表象としての世界』の著者であり、存在という大問題に、たぶん従前の解決にとって代わる解決を見つけた者であり、いずれにせよ今後何世紀にもわたって思想家に問題提起をすることになる者である」[Perrin, 1992, p. 10 からの引用]。年金生活者として生き、一八六〇年に死を迎えるまで、ショーペンハウアーは、この大作が版を改めるごとに書き足したり、『倫理学の二つの根本問題』（一八四一）や『余録と補遺』（一八五一）を出版したりして、この大作を注釈し、補筆することに専念した。

ショーペンハウアーが『意志と表象としての世界』を構想し執筆した、一八一三年から一八一八年にかけて、ヨーロッパの知的社会はロマン主義の熱にとりつかれていた。彼は多くの点でロマン主義者とはかけ離れていたが、発見されて間もないインドの偉大な聖典には、新鮮な関心を持った。アンクティル＝デュペロンがペルシャ語版からラテン語に訳した『ウパニシャッド』の五十篇ほどが収録された二冊本『ウプネカ』を、一八一一年に読んで感動した。それゆえ、彼の作品には、ヴェーダ文学、ことにその最高峰である『ウパニシャッド』からの数多く（約二百）の引用がある。逆に、『意志と表象としての世界』が出版された時には、ヨーロッパ人は仏教のことはまだほとんど知らず、すでに述べたように、表面的で、錯綜し相矛盾した、いくつかの伝聞があったに過ぎない。ショーペンハウアーが自ら語っているように、彼の仏教思想に関する知識は、ビルマ〔ミャンマー〕についての二冊の本から得たものだけであった［Turner, 1800 と Buchanan, 1799］。だから、その著作の初版では、仏教に関する言及はほとんどなく、あってもこの上なく曖昧なものである。仏教思想はヨーロッパでこの後三十年間に徐々に解明されていくことになるだけに、その仏教思想と自分の思想との間に、「感嘆すべき一致」があると、著者自身が述べているのは驚きである。ショーペンハウアーは、仏教発見の主要な業績［Rémusat, 1836, Hardy, 1853, Köppen, 1857 など］を注意深く読んでおり、『意志と表象としての世界』の二度の重版（一八四四年版と一八五九年版）では、本文中に仏教に関する関連文献を挙げたり、補遺の中で、仏教の教義が彼の哲学の主要命題を傍証していることを実証的に示している。それはどのような点でだろうか。

ショーペンハウアーは、我々が認識する世界は、我々の認識のはたらきによって、表象の中だけに存在し、その外には存在しないと規定する、近代哲学の観念論の流れを汲んでいる。プラトンの称賛者であり、そのイデアの理論に従うショーペンハウアー（『国家』第七巻の洞窟の神話をよく引用する）は、なによりもカントの弟子たらんとした。カント流の物自体と現象との区別は、彼の哲学の中心にある。しかし彼は、一方で現象と表象としての世界との同一性、もう一方で物自体と意志としての世界との同一性を打ち立てることにより、カントを凌駕しようとした［『意志と表象としての世界』Schopenhauer, 1966, pp. 522-528.］。我々が知覚する現象世界は、我々の表象に他ならない。それは、我々の精神の中にしか存在しない空間、時間、因果関係の形式に従属する。しかし、それ自体としては、世界は意志である。彼はこう説明している。「あらゆる現象の中で第一義的で普遍的なこの本質に、それを最も端的に示す表現の名称として、意志という名を与えた」［同前、p. 1040］。さらに明確に「そして、この意志は、意志のために提供され、意思の役に立つように展開する、表象された世界のおかげで、みずからが欲するということ、みずからが欲するということがどういうことかを知るにいたる。それは、この世界そのものであり、その世界で意志が実現する、まさにそのような意味での生である」[同前、p. 350]。それゆえ、物自体としての意志の、現象世界における現われを、「生への意志」と名づけた。ところが、表象世界における意志のこのような客体化は、苦しみしかもたらさない。「苦しみはあらゆる生の根源である」[同前、p. 393] と彼は記してためらわない。「人間が苦しみを払いのけようとたえまなく努力したところで、結局は、苦しみの様相を変えることにしかならない。苦しみのもともとの様相は、欠乏、必要、生命を維持するための心配であった。たとえ、このような形での苦しみを払いのけることができたとしても、苦しみは年齢や境遇に応じてさまざまに形を変えて再来する。肉欲、激しい愛情、嫉妬、羨望、憎悪、不安、野心、吝嗇、病、その他もろもろの災いなどなど、じつに多様な姿で。そして、もはや他の姿に変装できなくなると、嫌悪や倦怠といった、悲哀に満ちた陰鬱な姿となって入り込む。(中略) 苦しみと倦怠との間を、生は絶えず揺れ動いている。この、絶望的な考え！」[同前、p. 398]。

こうして、「苦しみ、それは生の本質そのものであり」[同前、p. 402]、苦しみは外部から侵入するのではなく、自身の内にある枯れることのない泉から湧き出るものである、という真実を、人間はしっかり認識しなければならない。ショーペンハウアーは、ヒンドゥー教思想に共鳴し、そこから多く引用している。彼によれば、人間をこの苦境から解放しうる鍵は、マーヤーすなわち宇宙的幻影のヴェールを破ることにある。〔あらゆる事物の存在や真理の成立には十分な理由がなくてはならないという〕充足理由律に支配されている我々の知性を、マーヤーは〔現実に存在する個々の事物を真の実体とし、全体や普遍を第二義的とする〕個体化の原理の囚人に成り下がらせる。彼によれば、自分という個人を実体あるものと考える個体化の幻影に縛られた実存的な苦境から、人間を一時的に解放しうるような、ある経験が存在する。それが美的観照である。彼は、プラトンのイデアの理論に発想を得て、芸術についての素晴らしい論述を著わし、当時の最高の芸術家たちから高く評価された。美的観照においては、人は観照する対象に没入し、「そこで認識されたものは、もはや個別の事物ではなく、イデアであり、永遠の形相であり、意志が直接客体化されたものである。この段階に至ると、それゆえ、この観照に心奪われた人は、もはや個別の人間ではなく（なぜならその人の個人性は、この観照そのものの中で無となっているのだから）、意志や苦しみ、時間を超越した、純粋な認識主体となる」［同前、p. 231］。

しかし、この経験がいかに大きなものであれ、それは結局逃避的なものに過ぎず、生きる意欲の苦しみに対する「鎮痛剤」にしかならない。実現しなくてはならないのは、意志、生きる意欲の完全な消滅である。

そのためには何よりもまず、個体としての自己は幻影に過ぎないという、真実の認識に到達する必要がある。この認識は、ショーペンハウアーにとっては哲学的経験に立脚したものであった。「目の前をさえぎっていた個体化の原理というマーヤーのヴェールが取り除かれ、もはや利己的に自他の人格を区別しなくなったとき、他者の苦しみを自分の苦しみも同然に分かち合うとき、そしてまた、いつでも救いの手をさしのべることができるというにとどまらず、そうすることで何人かの他者を救えるなら、わが身を犠牲にする心構えさえ全面的にととのったとき、そのとき、まったく自明のこととして、その人はあらゆる存在の中に自分自身を——自身のもっとも内面的でもっとも真実なものとしての自分自身を見出し、また、生きとし生けるすべてのものの無限の苦しみを自身の苦しみとし、かくて全世界の悲惨を自分のものとするに至る。そうなれば、いかなる苦しみも、その人にとってよそごとではなくなる」［同前、p. 476］。

ショーペンハウアーにとって、この個体化原理という幻影のヴェールからの解放を説明するには、『ウパニシャッド』のタット・トヴァム・アシ（Tat tvam asi）「汝はそれなり」という表現ほどふさわしいものはない。「自分とかかわりのあるどんな存在を前にしてもいちいち、このことば（「汝はそれなり」）を、みずからの言に対する明確な認識と確固たる信念をもって、自身に向かってくり返し言える人、そのような人は、あらゆる徳とあらゆる至福を手に入れたと確信している。彼は、解脱への道を一直線に歩む」〔同前、p. 471〕。

しかし、彼はさらに論を進めて、個体化の原理というヴェールをあばいてしまった人は、すべての、そして物自体の本質についての認識を持つ以上、もはや、絶え間ない意志の働きによって生を肯定し、自分をますます緊密に生につなぎとめ、自身の上に生の重圧を加えることはできない、と説明する。「そのとき、意志は生から離れる。数々の喜びの中に、意志は生の肯定を見て、嫌悪する。そういう人は、自発的な自己犠牲、諦観、真の平穏、意欲が完全に停止した状態に到達する」〔同前、p. 477〕。ショーペンハウアーはさらに続けて、「自分の人格の中に現れている意志を、その人自身が否定しているのだから、他者が同じことをしても、つまり、誰かが彼に害を与えても、彼は逆らわないだろう。同じように、偶然のできごとであろうと、他者の悪意によるものであろうと、外から降りかかって来る一切の苦しみは、彼にとって歓迎すべきものとなる。同様に、ありとあらゆる侮辱、屈辱、痛手も、彼は喜んで迎え入れ、そこに、自分が今や自分の意志を肯定せず、そうした自分の意志の現われとしての自分の人格に敵対する者が誰であろうと、自分から進んで敵の側に味方するということを、自分自身に証明する機会を見出す。それゆえ、彼はこれらの侮辱や苦難を、限りない忍耐と柔和をもって、耐え忍ぶ。悪には善をもって報いて、それをひけらかさない。もはや、怒りの炎であれ、欲望の炎であれ、みずからの内に燃え上がらせることはない」〔同前、p. 480〕と続ける。

ショーペンハウアーはこうして、偉大な宗教、ことに「本当のキリスト教」、ヒンドゥー教、仏教の聖者たちが本能的に理解し、体現しているところのものを、哲学的な方法で解明し、表現しようとした。彼は、アガペー（真の愛）〔ギリシャ語〕、マイトリ（慈悲）〔サンスクリット語〕、ミットレイド（憐れみ）〔ドイツ語。字義通りには「共苦」〕、静寂主義、禁欲主義、神聖さを本質的に成り立たせているもの、すなわち数々の宗教の真正かつ究極の現われについて、哲学的説明を見出したと思った。「かくて、おそらくはじめて、まさにここにおいて、神聖性、自己犠牲、利己主義を滅するための戦い、そして禁欲主義の、深い本質が、神話の助けを一切借りることなく、抽象的な形で、次のように言い表される。生への意志の否定、すなわち、生の意志にとって、みずからの本質についての全面的な認識が、意欲の鎮静剤として作用するとき、意志が到達する否定である」[同前、p. 481]。

ショーペンハウアーの思想は、ここでほぼ終着点に到達する。しかし、存在の謎を哲学的に解決したいという欲望にとりつかれていた彼には、まだ人間の死後の運命の問題が残っている。個体化という幻影と生への意志の支配下にあるまま死に至った人にとって、はたまた至高の認識に達し、意志を完全に否定するに至った人にとって、それぞれの死後の運命はどうなるのか。ここでも、時間は我々の理解能力の中に事前に形成されているので、物自体には属さないことを証明したカントに発想を得て、ショーペンハウアーは永遠と時間（表象世界における永遠のイメージ）と、すなわち存在自体と一時的存在（現象世界における存在自体のイメージ）とを区別した。そして、「時間は我々の認識の形式に過ぎない。まさにそれゆえに、本質自体は、永遠の中に位置づけられなければならない。そして、我々の生と万物の実在を、はかない、有限の、消滅を運命づけられたものとして、我々が認識できるのは、もっぱら時間のおかげである」[同前、p. 1229]。

現象としての人間――個人――は一時的なものであるが、その真の存在は死によって損なわれることなく、その本質自体は不滅である。それゆえに死が、この一時的な生の終わり、我々が自分と同一視する個人的意識の終わりを意味するのは異論の余地がないが、死は、時間の枠外にある我々の存在の本質、すなわち意志自体を損なうことはできない。死によって損なわれる要素は、認識主体である意識に過ぎない。意志は、逆に、物自体であり、あらゆる個人的現象の基礎であるかぎり、時間的限定に依拠するすべてから独立しており、その結果不滅である。「にもかかわらず、我々の内なる意志が死を恐れるのは、意志にとって自らの実在が認識されるのは個人的現象の中においてのみであり、そこから、意志は個人的現象とともに死滅するという幻想が生じるからである。それはあたかも、鏡を壊すと、そこに映っている自分の像も、鏡とともに消滅したように見えるのと似ている」[同前、p. 1246] と、ショーペンハウアーは明言している。

こうして、始まり、持続、終わりという概念は現象世界に属する。それゆえ、生と死という概念はそれ自体内実のないものである。逆に、我々の存在の内なる本質は、「私はずっと存在していた」、「私はいつまでも存在する」と断言できる。「自己肯定的な生への意志としての人間は、自らの実在の根を、形質の中に見出す。かくて、死は一つの個性の喪失であり、もう一つの新しい個性の獲得である。それゆえ死は、人間にとって、もっぱら自身の意志のみに導かれて行われる、個性の交代である」[同前、p. 1250]。

この点が、ショーペンハウアーが、自分の思想をきわ立たせるために東洋から借用した最大のものであろう。彼は、「魂の転生の神話」を何度も引用する。カルマ（業）の法則に似た彼の永遠の裁きの概念を例証するためであり、また、生への意志によって起こされる果てしない再生の連続という、彼の哲学的証明を裏付けるためである。当時一般に、輪廻とは、魂全体、つまり認識主体としての存在が、そっくりまるごと転生するものと理解されていたが、一八五九年版への「補遺」の中で、すでに仏教教義をかなりよく理解していたショーペンハウアーは、そのような俗説を批判している。彼によれば、仏教のきわめて根本的な見解と同じく、転生するのはただ意志だけである。「意志は、新たな誕生により新たな知性を享け、この知性とともに、前世の記憶をいっさい持たない新たな生を形成する。なぜなら、唯一記憶能力をもつ知性は、死滅する部分、すなわち形であり、意志は永遠の要素、すなわち自分の自我の実体だからである。それゆえ、この教義には、輪廻という名より、再生（新生）という名のほうがふさわしい。こうした永遠に繰り返される再生により、意志そのものは破壊されることなく夢の連鎖を形成し、次々に形を変えて行きながら獲得した、きわめて多様で該博な知識によって学びを重ね、完成されて行き、ついには自身を消滅させるに至る。この理論は、近年の研究によって知られるようになった、仏教本来の、いわゆる秘教的な教義とも合致する。じっさい、仏教が説くのは輪廻ではなく、倫理的な基盤に基づくまったく特異な再生であり、仏教は、あるきわめて深遠なやり方で、それを詳らかに提示している」[同前、pp. 1251-1252]。

ショーペンハウアーの思想は、その究極において仏教と通じあう。この段階に至ると、思想は、生への意志を放棄した人間の極限の状態を、もはや否定的な方法でしか言い表せない。というのは悟性に従属するいかなる概念も、それを理解できないからである。彼は一八一八年の初版の結びに次のように記している。「われわれは自身の思索によって、一切の意志の否定と犠牲の中に完全な聖性をひとたび見出すに至った以上、そう確信するがゆえに、その一切の本質が我々にとって苦に変わってしまうような世界からひとたび解放された以上、以後の我々にとって、知恵のきわみとは、我々を虚無の深淵に陥れることに他ならない」[同前、p. 512]。

ショーペンハウアーは仏教哲学者か

以上で明らかなように、ショーペンハウアーの哲学は、人間存在と世界についての完結した解釈体系である。そこには、人類の主要な哲学的・宗教的潮流が一つの統一的ビジョンに統合されている。しかし、彼と東洋の哲学・精神性との関係を誤解してはならない。他のすべての伝統に対してそうしているように、彼はそれらから学ぶというよりは、それらの中に自分自身の思想を強固にするものを見出し、利用しているのである。彼は一八一一年に『ウパニシャッド』を発見しており、それによって彼の哲学のいくつかの主要な点が堅固なものになっているが、はたして本当に影響を受けたのであろうか。彼が仏教を実際に発見するのは、主著の刊行から数十年も後のことだから、仏教に関してはこの種の疑問は起きない。しかし、影響がなかったにしても、彼自身、晩年、仏教の中心教義と彼の思想との「感嘆すべき一致」（Übereinstimmung wundervoll）〔ことに一八五六年二月二十七日付の、弟子アダム・フォン＝ドス宛の手紙および『意志と表象としての世界』、Schopenhauer, 1966, p. 861 参照〕ということを述べており、それはやはり驚きである。

しかしながら、これまでしばしば言われてきたように、ショーペンハウアーを仏教徒と考えるとしたら〔例えば、フランスにショーペンハウアーを紹介した『ルヴュ・デ・ドゥモンド〔両世界評論〕』誌一八七〇年三月号掲載の記事は、「現代ドイツの仏教徒」と題されている〕、それは間違いであろう。ショーペンハウアーに言わせれば、むしろ仏教徒が、ショーペンハウアー主義者ということになろう。ショーペンハウアーは死の数年前に、暖炉の上にシェークスピア、デカルト、カント、ゲーテの肖像と並べてブッダの像を置いたが、それは仏教に対する何らかの信仰を示すものではなく、自らが同類としての深い絆で結ばれていると感じている、人類の偉大な天才たちと同列にまで、ブッダを昇格させたということであろう。

いずれにせよ、ショーペンハウアー流の哲学と仏教教義とが、一見、合流するように見えたことから、十九世紀末の知識人の頭の中では、仏教とショーペンハウアー思想とが次第に同一視されるようになった。後者を読んだ人は、それでもって仏教の核心がわかったと思うようになった。言い換えれば、フランクフルトの哲学者は、その意に反して、仏教についての一種の通俗的な解説者となった。これには二重の同時性がある。一方では、時間的にも空間的にも非常にかけ離れた二つの思想の偶然の出会いであり、もう一方では、新しい知的大陸（仏教）と、あたかもその大陸の住民の奇妙な言葉を話すかのように思われる天才的哲学者（ショーペンハウアー）との、同時的出現である。仏教哲学のいわば「翻訳者」となったショーペンハウアーは、流行語となった「仏教厭世主義」という言葉を、後世に残すことになった。

この同一視の結果生じた事態については、後に述べることにして、まずは、はたしてショーペンハウアーの哲学がブッダの教えを本当に反映しているかどうか、という問題を検討してみよう。

この問題は、十九世紀の思想史にとって重要であるにもかかわらず、それをまともに検討した研究者はほとんどいない。たしかに、ことにドイツでは、ショーペンハウアーとインド哲学の関係について、いくつもの論文が発表されている。[主要なものとして、以下の論文がある。Glasenapp, 1955, pp. 32-48；Hecker, 1897；Mockrauer, 1928；Vecchiotti, 1969；Zimmer, 1938]。しかし、諸論文は往々にして両哲学体系の強い類似性を強調するにとどまっている。たとえばエドワード・コンゼはこう記している。「ショーペンハウアーの哲学には多くの点で、奇跡的とも言えるほど、仏教哲学の基本的教義との暗合が見られる」[Conze, 1967, p. 222]。ギー＝リチャード・ウェルボンは、いっそう断定的である。「その不断の倫理的・救済論的探究において、ショーペンハウアーの主張は、仏教的観点と完全に一致している」[Welbon, 1968, p. 161]。しかし以上の判断は、テクストの綿密な比較に基づいてはいない。

すべてショーペンハウアー特集の論文集の中で、ロジェ＝ポル・ドロワは研究者としては珍しく、両哲学を結びつける深い類似性と同時に、二つの思考方法の重要な隔たりを、注意深く考察している。彼はまず五つの一致点を列挙する[Droit, 1991, p. 211]。

最初の一致点は、「生即苦」という認識である。ブッダの「四聖諦《ししょうたい》」の第一は、「すべては苦しみ(dukkha)である」である[Rahula, 1970]。かたやショーペンハウアーは、「すべての生命の基本は、苦しみである」と断言している[『意志と表象としての世界』、Schopenhauer, 1966, p. 393]。

二番目の一致点は、苦しみの起源に関してである。ブッダの「四聖諦」の第二によれば、苦しみの源は、欲望すなわち「存在の渇望(tanha)」にある。ショーペンハウアーは、苦しみは、生への意志を根源とする、けっして充たされることがない欲望に由来することを、見事に証明している［同前、pp. 391-392.］。同様に、苦しみの消滅は、「渇望の消滅」にある、というのが「四聖諦」の第三であるが、これもショーペンハウアーが言う「生への意志の否定」に対応する。

三番目の一致点は、アナンタ（ananta）すなわち個我の不在〔無我〕という仏教教理である。物と同じく、個人にも固有の本性、実体がない。そこで、無知（avidyâ）に由来し、自分独自の要素とされる個人的な我、という幻影を一掃することが問題となる。この幻影をなくすと、すべての生きもの、すべての苦しみに対する慈悲が生まれてくる。すでに述べたように、この見方は仏教特有のものではなく、インドの主要な哲学思潮に共通している。そして、この見方は、「個体化の原理という幻影」をなくし、自分と他人との利己主義的な区別をしなくなってはじめて、人は他者のあらゆる苦しみに対して本当の「憐れみ〔「共苦」〕（Mitleid）」を覚えることができる、と考えるショーペンハウアー思想の中心とも重なる。

四番目の一致点は、倫理である。仏教にとってもショーペンハウアーにとっても、倫理は宗教的啓示あるいは超越的な教義（ショーペンハウアーにとってはカント流の定言的命令もふくめて）に基づくものではなく、自我という幻影をなくし、それによって執着がなくなることから湧き上がるものである。両者にとって、それは個人的自覚から生まれる内在的道徳である。

最後に、五番目の一致点は、両者とも、否定的過程から出発する点である。ブッダは苦しみおよび人間を取り巻く障害を提示し、それに対する具体的な解決策を提案することに努めたが、この解放の過程を超えて到達される境地を肯定的に叙述することはしない。ショーペンハウアーもそうで、「私の教義は、その究極の点において、否定的性格を呈し、否定で終わる」と述べている［同前、p. 1380］。

以上からわかるように、神を認めないこの二つの思想は次の点で共通している。

(一) すべては苦しみで、苦しみの源は渇望と執着であるという認識から出発すること。
(二) 涅槃あるいは虚無といった、否定的な言い方でしか定義されない、渇望の消滅という境地に到達すること。
(三) 固有の本性、個人的実体はないという人間観を提示すること。
(四) 執着の超越および慈悲という、内在的な倫理に帰着すること。

ここに、ショーペンハウアーの同時代人が、彼の哲学と、当時まだよく理解されていなかった仏教教義とを、ためらいもなく同一視した理由がある。

しかし、この「感嘆すべき一致」は、一見そう見えるほど感嘆すべきことであろうか。仏教思想の緻密さがいっそう理解されるようになった現在では、この問題をより正確に把握することができる。実際、一見したところ似かよって見えるこの二つの思想の間には、深い相違がある。ロジェ＝ポル・ドロワの論旨に従い、その最も主要なものを、少なくとも二つ、以下に挙げることにする。

仏教をよく知る人は、仏教は、哲学あるいは宗教というよりも、治療を目的とした「医療教義」であると見なす［Bugault, 1968, p. 105］。ブッダの根本的な質問は、「病いとは何か」、その原因とは何か、その消滅とは何か、その消滅にいたる方法は何か、という医者の問いである。ある有名な経典の中で、ブッダは自らを、瀕死の矢傷を負った男の臨床にいる外科医に譬えている。今は、矢を射た者、弓の形状、どのくらい遠くから矢が射られたのかなどを説明している場合ではない。何をおいても患者の命を救うために矢を抜き取らねばならない。ブッダは、欲望という致命的な毒から人間を救おうとする。彼は命を癒そうとする。

「覚り」の探究は、この人生で到達可能な本当の幸福の探究である。「仏教厭世主義」というのは、適切ではない。たしかに医師ブッダは、人間の置かれた実存的状況は抜き差しならない重病だと診断する。しかしブッダは、治癒は可能であると確信しており、それに至る有効な治療法を提案する。この点において、仏教教義とショーペンハウアーの思想との間には、深い相違がある。ロジェ＝ポル・ドロワは炯眼にもこう指摘している。「ショーペンハウアーは、人生はその本質において不治であり、人生から癒えることしか解決がないと考えている。片や、病んだ人生、不幸の中にある人生であり、片や病いとしての人生、不幸としての人生である。この両者はあきらかに全く別物である」[Droit, 1991]。仏教徒にとっては、人生そのものが苦しみなのではなく、無知の結果としての欲望が苦しみなのである。人生と欲望とのこのつながりさえ断ち切れば、人生は癒され、苦しみは消滅し、本当の幸福が可能になる。「仏教厭世主義？」と題する小論文の中で、インド学者オリビエ・ラコンブはすでにこの点を指摘し、シャーキャ・ムニの弟子たちは「最終的な「健康」に至るために考え出され、練り上げられ、悪い行ないを打ち消し、解脱という覚りの到来を準備するために、よい行ない（＝業）をよりどころにするという教義や規律が、厭世主義と称されること」を、けっして肯《がえ》んじないであろうと結論している[Lacombe, 1979, p. 83]。

逆にショーペンハウアーにとっては、人生と欲望の絆を断ち切ることは不可能で、欲望即苦しみから逃れる唯一の解決策は、人生そのものを否定することである。到達点は、人生の治癒ではなく、人生の滅却である。ショーペンハウアーはこう記している。「実際、存在しない方がましだ、と自分で理解すること以外、人生の目的はない」[『意志と表象としての世界』、Schopenhauer, 1966, p. 1373]。また、こうも言っている。「生来の過ちはただ一つ。我々は幸福になるために存在していると信じること」[同前、p. 1407]。彼の思想体系の中心は、「人生は苦しみで、癒しはありえない」という、この根本的な厭世主義である。人間に残された唯一の解決策は、生きることを放棄することしかない。

二つの教義のもう一つの大きな相違として、仏教的治療法の特徴は、両極端の相反する修行や見解の間の、

「中道」を取ることである。ブッダは、王子としての限りない快楽を棄てたばかりでなく、覚りに至る以前に修行者として行なった苦行も過度の禁欲も棄てた。ブッダは「あまりにも緊張しすぎると精神力は過剰となり、あまりにも緩みすぎると、軟弱となる」と言っている。それゆえに、仏教の肉体的・精神的規律は、緊張と弛緩、解脱に対する無関心と偏執、快楽主義と禁欲主義のちょうど中間に位置する。ショーペンハウアーは、苦行者が肉体を痛めつけ、自己を滅却するのを理想としてほめたたえるが、仏教の規律はそこからは遠くかけ離れたものである。「貧困こそ、まさしく彼〔苦行者〕の目的である。彼は、みずからの意志を滅却するために貧困を利用し、欲望の満足や人生の甘美さによってあおり立てられた意志が、二度と立ち直れぬようにする。なぜなら彼は、自分自身を認識して以来、この意志というものを嫌悪しているからだ。苦行者がこの境地に達したとしても、生きた肉体であり欲望の具体的な現われである以上、彼は依然として意志のあらゆる欲望を感じる。しかし彼はそれらをわざと踏みにじり、自分にとって快いことをまったく行わず、自分にとって不快なことをすべてするよう自らに強いる。たとえそれが意志の滅却に役立つという結果以外、何の期待もなかったとしても、そうするのである」〔同前、p. 480〕。

ルネ・ジラールは、ドイツ人歴史家ヘルムート・フォン＝グラーゼナップの業績［Glasenapp, 1941］に部分的に啓発されて、自著『東洋とドイツ・ロマン主義思想』（一九六三）の中で、ショーペンハウアー思想と、バラモン教（ことにヴェーダンタ）形而上学と、仏教とを注意深く比較している。カントの観念論と同じく、ヴェーダンタ哲学は、マーヤー〔幻影〕から生まれる幻覚的現実である現象世界と、至上の現実である、物自体としての本体世界とを区別している。しかし、ショーペンハウアーは、意志は悪であり、（本質的に）不条理であり苦しみである世界から逃れるためには、意志を消滅させねばならないことを証明し、物自体と意志を同一視するのに対して、ヴェーダンタの智慧は、人間を幻覚的現象世界から解放し、平和と幸福とからなる、永遠の知性の世界に導こうとする。逆にショーペンハウアーにとっては、幸福は常に幻影であり、苦しみは現象世界のみならず、本体世界にも帰属するものである。それゆえに、生存の意志の消滅以外に救いはありえない。

この根本的に厭世的な見方は、ヒンドゥー教のものではないとしても、では仏教のものなのであろうか。ジラールは、仏教はバラモン教よりも、ずっとショーペンハウアーに近いと認めている。というのは、初期の仏教には平和と幸福の本体世界がないからである。ただ現象世界が存在するだけで、苦しみはその中心にある。

しかし、二つの教義の間には、根本的な違いがある。仏教では、苦しみの原因は、ショーペンハウアーの言う物自体と同一視された意志のような絶対的なものではない。苦しみの原因は、業《ごう》（すなわち過去世での過ちの集積）に由来する無知（avidyâ）であり、瞑想と覚りの経験により克服することができる。仏教では、無知を一掃することにより、因果律を断ち切り、輪廻から逃れ、現象世界からの最終的解放である涅槃に到達することができる。両体系にとって、苦しみの消滅が目的であることには変わりないが、両者の本質的な違いは、ショーペンハウアーにとっては、苦しみは物自体の特質であるがゆえに絶対であるのに対して、ブッダにとっては、苦しみは現象世界の一部であるがゆえに相対的である、という点にある。後世に発達した仏教の観念論的立場では、この現象世界は純粋に幻影にすぎない以上、苦しみは現実には存在しない、と主張される。偉大な思想家ナーガールジュナ〔龍樹〕は、「もし仮りに苦しみが存在するとすれば、それはいつまでも存在することになり、救いはありえないことになろう」と述べている［Grousset, 1931, t. 1, p. 260 に引用］。

ショーペンハウアーの思想が到達した恐ろしい結論は、仏教のまったく対極で、彼にとっては、世界は根本的に癒しようがなく悪しきものである。世界は永劫にそのようなものであり、人類の真の原罪は生まれたことである。生存と、悪および苦しみの除去とは、いっさい相容れないものである。苦しみを棄てること、生の不条理を棄てること、それは、今の人生だけではなく、ありとあらゆる形の生を棄てることである。東洋にはこまで根本的な厭世主義はなく、この点で、ショーペンハウアーは東洋から大いに隔たっている。彼は、自ら抗しようとしている西洋の物質主義の論理に、意に反して陥っているのではなかろうか。ルネ・ジラールは、次のように締めくくっている。「いくつかの類似点にもかかわらず、ショウペンハウアーの哲学は、ヴェーダンタにも仏教にも還元できないように思われる。またこうした類似点ゆえに、その哲学は西洋思想とも相容れないようである。結局のところその哲学は、東洋と西洋がぶつかりあい、相互に貫入しながらも、けっして融合するには至らない、混淆体系という印象をあたえる」[Girard, 1963, p. 251]。

同様に、いくつかの相違にもかかわらず、ショーペンハウアーの思想は、ロマン主義思想の究極の成果ではないか、との問いもありうる。彼は、ロマン主義に始まったインド嗜好の終着点まで行ったのではないだろうか。それは、キリスト教から（その楽観主義と有神論を取り除くことで）ユダヤ教的性格を取り除き、「本当のキリスト教」はインド起源であることを証明し、ドイツ「民族」の原初宗教であるバラモン教と仏教の再発見により、ヨーロッパは根底的に覆《くつがえ》されるだろうと予告することである［Schopenhauer, *Grundlage der Moral*, IV, p. 112］。

ルネ・ジラールは、躊躇することなく、次のように断定する。
「ショーペンハウアーの思想は、ロマン主義を偽善抜きに突きつめたものである。観念論的世界観、人間と世界には同一の精神的原則があるという主張、現象世界の否定、自然を凝視することにより「世界の担い手」となる傾向、原子論的・機械論的理論の否定、罪と救いの深い意識など、すべてロマン主義と同じである。しかし彼は、ロマン主義者の誰一人としてそこまで主張しなかった次のことを、あえて主張した。すなわち、観念論的一元論は無神論であり、絶対的自己、フィヒテとシェリングの言う世界の魂、汎神論の非人格的神は、つまるところ盲目の力に過ぎず、神秘主義はそれを認め、苦行はそれを否定する、と。ロマン主義の宗教性と、ショーペンハウアーの無神論を比べると、両者の間の相違は並外れて大きく見える。実際のところ、ロマン主義は、十八世紀の無神論的物質主義に対抗するためには伝統的な精神主義を再評価すれば足りると信じていた。ショーペンハウアーは、この純粋に哲学的な精神主義は、合理的物質主義がそうであったように、無神論であり得るし、現にそうであると実証した。かつてロマン主義者たちは、あるいは自らの青年時代の哲学を捨て、キリスト教の懐の中に避難したり、あるいは自らの体系をキリスト教に適合させようとしたり、あるいは時としてその逆にキリスト教を自らの体系に適合させようとしたり、とさまざまな方向に向かった。ショーペンハウアーは、徹底した観念論の行き着くところは無神論であることを証明した。だから、彼がしたことは、ユダヤ・キリスト教的覆いから、ロマン主義思想を解き放ったことに他ならない。彼は〔神から〕啓示されたテクストではなく、理性の基盤の上にそれを築き、無神論的神秘主義を構築した。十八世紀の無神論にたいして、ロマン主義は深い宗教性で答えた。ショーペンハウアーは、そのどちらにも従わず、そのどちらをも継承して、神なき宗教を創始した」[Girard, 1963, pp. 215-216]。

「仏教厭世主義」という誤解

以上の指摘から、仏教教義とショーペンハウアー哲学との間には、否定しがたい類似点があるにもかかわらず、相当な隔たりがあることがわかる。この相違は、ショーペンハウアーの哲学を形容するときにはよくあてはまる、「厭世主義」という用語の中に本質的に存するものである。この用語は、ショーペンハウアー自身が、ライプニッツの「楽観主義」に対して自らの哲学を定義するのに作り出したものとされるが、以後不当にも、仏教にも当てはめられることになった。ブッダもショーペンハウアーも「すべては苦しみである」と述べるが、そこに至る二人の生の軌跡は大いに異なっている。ブッダは、老病死という光景に突如出会い、人生の究極の意味を自問するまでは、王子として何の苦しみも欲求不満もない生活を送った。

ショーペンハウアーはといえば、肉体的に苦しみ、その思想の形成時には自身の人生の諸々の出来事により、幸福を願うこともできなかった。彼の哲学の根本的に厭世的な性格のいくぶんかは、彼自身の悲痛な人生に何よりも由来するのではないだろうか［彼は、幼少の頃から病弱で、十七歳の時、父親の自殺に大きな衝撃を受け、生涯を通じて奇妙な苦しみと愛情の欠乏を味わった。まずは、ある女優に対する片思いのために、手痛い失望を経験した。『意志と表象としての世界』の執筆中に、彼は女中と関係を持ったが、その結果は死産であった。次には、結婚を考えた相手が重病にかかり断念せざるを得なかった。その後、オペラ歌手と恋に落ちたが、彼女は流産した。それ以後、結婚は諦めた。職業生活も、けっして満足のできるものではなかった。自著に期待するところが大きかったが、三十年以上もの間全く注目されることがなかった。大学でのキャリアでも失望が続いた。講義は聴講生がいなくて、打ち切りとなるのが常であった。結局、打ち沈んだ彼は、講義を断念した］。

死の一年前に彼は次のように記しているが、それは自己告白ではなかったであろうか。「生まれながらの過ちは一つしかない。それは、我々は幸福になるために存在していると信じることである。（中略）人生における一切のことは、この生来の思い違いから我々を引き戻し、我々の存在目的は幸福にあるのではないと得心させるために、用意されている。それればかりか、もっと仔細に、先入観を持たずに凝視するなら、人生とは、そこで我々が幸福を感じないように、特別念入りに仕組まれているように見える。人生は、そのあらゆる本質の中に、我々をうんざりさせるにちがいないあるもの、我々が嫌悪を感じるにちがいないあるもの、楽しみを味わうこと、さらには生きることそのものに対する渇望から我々の心を癒やし、世界から心をそむかせるために、我々が脱却せねばならない誤りという性格を帯びている。その意味で、人生の目的は、幸福よりむしろ苦しみの中にあると考えた方が、当を得ているだろう」［同前、p. 1408］。

ショーペンハウアーにとっては、世界と人間の宿命に関する二つの大きな見方は、根本的に対立している。一つは、客観的な経験から出発して、我々が感覚を通じて認識する世界の実体性を認めるもので、「楽観主義」と名付け得るであろう。なぜなら、それは世界の善良さ、人生の肯定的価値、そして人間が実人生において肯定的な幸福に到達する可能性を、前面に押し出すからである。もう一つは、意識の主観的経験から出発し、我々の目に映る世界が幻覚であると見なすもので、「悲観主義（厭世主義）」と形容できるであろう。なぜなら、現象世界およびその法則下に置かれた人間存在の否定的価値を強調し、この移ろいやすいまやかしの世界で、人間は持続性のある幸福には到達できないと主張するからである。

彼によればアリストテレスを元型とするギリシャ人、ユダヤ教、イスラム教、ユダヤ教から派生した「邪悪なキリスト教」が前者に属するという。一方、後者に属するのは、イスラム教以外の全アジア（ヒンドゥー教、仏教）、新プラトン主義、グノーシス主義、「本当のキリスト教」（ユダヤ教よりも新プラトン主義の影響を受けており、主にアウグスチヌス、エックハルト、静寂主義の神秘思想家たちに代表される）、そしてもちろん、デカルトに始まりカントによって継承された近代西洋観念論思想を補い完成する、彼自身の哲学である。

ここで、ショーペンハウアーの根深い反ユダヤ主義に触れておくことにしよう。彼はユダヤ思想を理性的に分析するが、それは（原罪の神話を除いて）すべてにおいて彼の世界観と対立している。そして、善良な世界を創造する善良な神という不条理な概念を思想史に導入し、この「楽観主義」をキリスト教に伝授したと、ユダヤ人を非難する。彼は世界の主要な哲学・宗教体系を、「善き＝悲観主義的な」ものと「悪しき＝楽観主義的な」ものに分けるという、非常に個人的でまったく戯画的な分類をするが、これはもう少し詳しい考察に値する。彼は、すべての哲学・宗教体系を歪曲し、時として曲解し、我田引水的に強引に二分する。

しかし、ルネ・ゲノンが指摘するように、これは純粋に西洋的な範疇であり、東洋精神からは遠くかけ離れている。「真実はどうかというと、東洋思想はどれ一つとして悲観主義ではなく、仏教もそうである。たしかに楽観主義的な要素は見当たらないが、それは単純に、悲観主義・楽観主義といったレッテルや分類があてはまらないというにすぎない。物事を悲観主義・楽観主義で論ずるのは、ショーペンハウアーをして『ウパニシャッド』に慰めを求めさせる西洋の感傷主義という枠の中で初めて可能である。ヒンドゥー教徒が純粋な知的瞑想から得る深い静謐《せいひつ》は、そうした〔悲観・楽観という次元の〕区々たる問題をはるかに超越したものである」[Guénon, 1983, p. 140]。

同じくルネ・ゲノンが指摘するように、ショーペンハウアーの死後五十年ほどして、この「仏教厭世主義」という誤った概念は、大半のヨーロッパの知識人たちの共通概念となった。「しかもドイツでは、哲学者たち自身がそこに直接関与した。中でもショーペンハウアーには、東洋のイメージを形成する上で、かなりの責任がある。そして、ドイツ以外でも、彼および彼の弟子〔エードゥアルト・〕フォン＝ハルトマンに追随して、「仏教厭世主義」という紋切り型の表現が大いに流布することになった」[同前、p. 139]。

ショーペンハウアーは今日、一般大衆にはあまり知られていないが、彼の根本的に悲観主義的な思想と仏教とを同一視することは、哲学の素養はかなりあるものの自分で仏教を深く勉強する必要を感じない知識人の間では、今だに根強く生き残っている。例えば、『エスプリ』誌の編集長ジョエル・ロマン氏は、一九九七年にこう書いている。「ショーペンハウアーが、自らの哲学で強調している数多くの点を仏教に見出したのは、ゆえありである」[Roman, 1997. ジョエル・ロマンは、この件に関するロジェ＝ポル・ドロワの業績を知った上で、ドロワの業績は、この同一性の根拠を覆すには至らないと主張している。両哲学体系には、いくつかの驚くべき一致点があることは事実であり、それは本書でも充分強調した。しかし、本書でもロジェ＝ポル・ドロワの論旨に従って紹介したように、両者を同一視するわけにはいかない、根本的な相違がいくつもあることも事実である」。

ジャン・カズヌーヴは、一九九九年に著書『人生のバラ』の前書きで、「仏教とショーペンハウアーは、人生は本質的に不幸であると主張していること」を説明するのに、ショーペンハウアーの「発想の源はシャーキャ・ムニの教えであり」、「ショーペンハウアー哲学は仏教の反映である」と断定している……［Cazeneuve, 1999, pp. 11–12］。

第四章　ニーチェと「仏教虚無主義」

ライプチヒ大学で哲学を学ぶ二十歳前後の青年が、本屋の前で立ち止まった。ショーウインドーに並べられていた、それまで著者も題名も知らなかった一冊の本に、突然目が釘付けになったのである。ショーペンハウアーの『意志と表象としての世界』との出会いであった。「「この本を買って家に帰れ」とささやきかけたのは、どんな悪魔だったのか。部屋に戻るが早いか、私は手に入れた宝物を開き、この精力的で陰鬱な天才の虜になった」と彼は記している。ショーペンハウアーを読んで人生が一変したこの青年の名は、フリードリッヒ・ニーチェである。

十年ほどしてバーゼル大学の文献学教授となった若きニーチェは、『反時代的考察』第三巻の『教育者としてのショーペンハウアー』［一八七四年、Nietzsche, 1987, II, p. 21］で、「今私は、自分が誇りとする唯一の教授、唯一の師、アルトゥール・ショーペンハウアーに思いを馳せる」と記している。しかしながら、フランクフルト生まれの哲学者の影響は、ニーチェが自らの哲学を打ち立てるにつれて、徐々に薄れていった。そして十四年後、彼が精神的に崩壊する数カ月前には、「ショーペンハウアーを否定しなければならない」と記すまでに至った〔『偶像の黄昏』(一八八八)、第三六節。Nietzsche, 1993, II, p. 1010〕。

ニーチェがかつての師に対して徐々に批判を強めたのは、その生の否定、その厭世主義のゆえである。『意志と表象としての世界』を介して仏教を発見したニーチェは、仏教教義のショーペンハウアー流解釈から、一生逃れることはできなかった。しかし、最初は熱狂的であったが、最終的には仏教を、ショーペンハウアーもろとも、厭世主義の古代および現代における極度に行き過ぎた表われとみなして斥けた〔『悦ばしき知識』(一八八二)、第三四六節、『善悪の彼岸』(一八八五)、第五六節。同前〕。

キリスト教に対抗する盟友

ニーチェは、ショーペンハウアーの著作を読んで発見したブッダの教えに当初熱中し、それは一八六八年のリヒャルト・ヴァーグナーとの決定的な出会いにより、さらに昂じた。この作曲家も、ショーペンハウアーの弟子とみずから称しており、一八五四年に『意志と表象としての世界』を読んで以来、彼にとってショーペンハウアーは「偉大な慰め手」であった。翌年、彼はビュルヌフの『インド仏教史序説』を読んで同じくらい大きな衝撃を受け、それを題材に、未完成に終わったが『勝者〔ブッダ〕』という曲を作ったほどである。彼の楽劇『パルジファル』(一八八一)もまた、キリスト教の象徴を用いながらも、その背後には仏教哲学が深く浸透している。しかし彼の仏教解釈は非常に独自のもので、学術書が出版されても、自分の解釈と違うところがあると、抗議せずにはいられないほどであった。

ヴァーグナーと交友のあった十年間、ニーチェは仏教に関する自分の知識を、少しは深めようとした。一八七〇年には、彼はフリードリッヒ・ケッペンの『ブッダの宗教』(一八五七)を注意深く読んだことが知られている。その後、直接原典に当たるようになり、一八七五年頃には『スッタニパータ』の英訳を読んでいる［Janz, 1984, t. 2, p. 494 に引用されている、カール・フォン＝ゲルドスドルフ宛の一八七五年十二月十三日付の手紙参照］。

ヴァーグナーと決別してからも、さらに少なくとも二冊の一般書を読んでいる。一八八〇年に出版されたヴァッカーナーゲルの著書〔未詳〕と、何よりも、一八八一年に出版されたオルデンベルクのそれである。依然としてショーペンハウアー的プリズムを通してではあるが、こうして仏教に関する知識を得た後、彼は自分なりの相当に明確な仏教観を持つようになった。そして、特にキリスト教との対比において、自著の中でかなり頻繁に仏教に言及するようになった［全著作の中で、ブッダおよび仏教に関して四十カ所以上の言及がある］。『反キリスト者』の中の次の一節は、キリスト教との批判的比較という枠組の中で構築された、ニーチェ流の肯定的仏教観を包括的に要約しているので、以下に引用することにする［一八八八年に書かれたこの作品は、キリスト教との比較においては、ニーチェが最後まで仏教に一定の評価を与えていたことを物語っている］。

> 仏教は、キリスト教に比べ百倍も現実主義的だ。仏教は、客観的に、冷静に問題を提起する能力を遺産として受け継いでいる。仏教は幾百年と続いた哲学運動の後に出現しており、「神」という概念は、仏教出現当時すでに、一掃されていた。仏教は、歴史が我々に示してくれる唯一の、真に実証主義的な宗教だ。その認識論（一つの厳格な現象主義）においてもやはり、そう言えるのである。仏教はもはや「罪に対する戦い」などを口にせず、その代わりに現実を正当に認めた上で、「苦悩に対する戦い」を宣言する。仏教がキリスト教と本質的に異なるのは、道徳概念の自己欺瞞をすでに脱却している点であり、私の言葉で言えば、仏教は善悪の彼岸に立っている。仏教が立脚点として重視する二つの生理的な事実がある。その第一は、感受性の過敏さであり、それは苦悩に対する感じやすさが研ぎ澄まされるという形で現われる。

第二は、過度の知性化であり、あまりに長い間、概念や論理的手順の中で生活するうちに、「非人格的本能」が優位を占め、「人格的本能」は損なわれてしまう（「客観的」な読者の中には、これらの状態を両方とも、私と同じくらいよく知っている人もいるであろう）。以上の生理学的条件により、抑鬱状態が発生する。これに対し、ブッダは衛生学的な手段を講じる。それは、野外生活、遍歴生活、飲食における節制と選択、いっさいの酒類にたいする用心、癇癪を起こさせ血を滾《たぎ》らせるようないっさいの情念に対する用心、自分に対してもまた他人に対しても心配をしない、といったことである。ブッダは、心を平静にする、あるいは晴れやかにする想念を要求し、それ以外の想念を脱却する方法を編み出す。ブッダは、善意や、善良であることが、健康を増進させると考えている。祈りも禁欲も排除される。定言的命令もなければ、いかなる強制もない。しかも僧団の中でさえそうである（還俗《げんぞく》が許されているのである）。それらはすべて、あの過敏性を募らせる手段でしかない。まさに同じ理由から、ブッダはまた、見解を異にする者に対する戦闘さえ要求してはいない。復讐や、嫌悪や、ルサンチマン〔怨恨〕といった感情に陥ることを、ブッダの教えはなにものにもまして警戒しているのである（「敵意によりては、敵意は終熄せず」〔『法句経』〕、これが全仏教に一貫する感動的な繰り返し文句である）。もっともなことである。なぜなら、まさしくこうした情念こそ、この健康法〔仏教〕のそもそもの目的から見て、完全に不健康なものだからである。ブッダは、あの過大な「客観性」（すなわち個人的関心の薄弱化、重心の喪失、「エゴイズム」の喪失）として表われる知的な倦怠を目のあたりにし、それに打ち克つために、どれほど知的な関心事であろうと、それらを厳密に個人に還元するという手段をとる。ブッダの教えにおいて、エゴイズムは義務となる。「必要なことはただ一つ」、すなわち「いかにして汝は苦悩を免れるか」ということが、精神衛生のための節制法全体を規制し、制限するものである。〔『反キリスト者』（一八八八）、第二〇節。傍点は著者による。

Nietzsche, 1994, pp. 63-65］

より冷静で、より客観的で、より真実に近く、より実用的で、より健康的というのが、ニーチェが、キリスト教に比べて仏教がすぐれているとする理由である。ニーチェはまた、両宗教の「本質的違い」は、「仏教は、何も約束しないが、もたらすものがあり、キリスト教は、すべてを約束するが、何ももたらさない」ことである、と明言している［『反キリスト者』第四一節］。一八八二年の『悦ばしき知識』の出版までは、ニーチェは仏教に対して非常に肯定的な意見を持っていた。ブッダが弟子に「自らの罪を人前に曝し、自らの徳は隠せ」と諭したことを、一八八二年に刊行された『曙光』の中で、「一種の悪趣味」としてせいぜい非難している程度である［『曙光』（一八八一）、第五五八節。Nietzsche, 1993］。

仏教との決別

『人間的な、あまりに人間的な』（一八七八—一八七九）は、ニーチェの思想の一つの重要な転機となった。ヴアーグナーとの決定的決別と時期を同じくするこの本はまた、師ショーペンハウアーとの決別をも意味している。このショーペンハウアー流の厭世主義の排斥は、ニーチェにとっては、かつての師の思想と不可分としか思われなかった仏教の排斥でもあった。『道徳の系譜』（一八八七）の序で、ニーチェは『人間的な、あまりに人間的な』での、この二重の決別の深い理由を説明している。

「私にとって問題なのは、道徳の価値であり、この点に関して、私が意見を述べるべき相手とは、私の著名な師ショーペンハウアーに他ならなかった。同書〔『人間的な、あまりに人間的な』〕は、一人の同時代人としてのショーペンハウアーに対して書かれたものであり、同書に込めたあらゆる情熱と密かな反論は、彼に対するものであった（というのは『人間的な、あまりに人間的な』は指弾の書でもあったからである）。ことに問題なのは「非利己主義」、すなわち憐れみ、献身、犠牲の本能の価値に関してであった。それらこそまさしくショーペンハウアーがかくも長い間美化し、神格化し、この世のものならぬ理想郷へと送り込み、彼にとってついには「価値そのもの」となり、生と自分自身に対して否と言う根拠となったものである。しかし、私の中に突き上げてきたのは、まさにこうした本能に対するますます本質的な不信、たえず深まる懐疑であった。私は、こうした本能の中に、人類にとっての大きな危険、人類を導く誘惑——いったいどこへ？　虚無へ？——、至上の魅惑を、まぎれもなく感じていた。私はそこに終末の始まり、停頓、後ろ向きの倦怠、生に逆らう意志、優しさと憂鬱という症状を前触れとする最後の病いを見てとっていた。私は、ますます蔓延し、哲学者をも冒し、病人にしてしまうこの憐憫《れんびん》の道徳を、すでにそれ自体憂慮すべき我々のヨーロッパ文化の、きわめて憂慮すべき症状、ある新たな仏教、ヨーロッパ的な、ある種の仏教、すなわち虚無主義への回り道であると理解していた」［『道徳の系譜』（一八八七）、第五節。Nietzsche, 1993, pp. 772-773］。

この文章はことのほか示唆に富んでいる。というのは、ニーチェが『悦ばしき知識』以後の著作でたえず発展させていった、彼の新しい概念の三つの要点がここに要約されているからだ。すなわち、（一）生を否定するショーペンハウアー哲学としての仏教の拒否、（二）キリスト教と同じく虚無主義的教義としての仏教観、（三）ヨーロッパ的なある種の仏教が新たに出現することに対する危惧である。

実際のところ、ニーチェがショーペンハウアーと仏教を格別に非難するのは、それらが生および世界に背を向けている点である。この、「世界を否定する人間」［『悦ばしき知識』第三四六節］の道徳においては、「虚無の意志が存在の意志を凌駕する」［『遺された断想』、一八八八—一八八九。Nietzsche, 1987, t. XIV］。そのような道徳はまた、「並外れた人よりも凡庸な人のほうが価値がある」［同前］と断定することにもつながるものであり、この上なく重要なもの、すなわち生を否定するという点で、ありうるかぎり最も危険な道徳である。それは、厭世主義の最も完成された形である〔同前および『善悪の彼岸』第五六節〕。この「虚無の欲望」、「生からの厭世的隔たり」、「生きるに値しない」〔『道徳の系譜』第二一節〕かに見える存在の概念、「抑鬱的で伝染性の本能」、「あらゆる不幸の保持者」は、「デカダンスを強化する」〔『反キリスト者』第七節〕主要な手段である。ニーチェによれば、デカダンスの特徴である、生に対するこのような敵意は、虚無主義の特徴である。

　彼の「虚無主義的」という用語の使い方は独特である。彼は、キリスト教徒、仏教徒、あるいはショーペンハウアー流であれ何流であれ、道徳信奉者すべてに対して、さらには「神」、「真実の生」、「至福」、「あの世」、ニルヴァーナ〔涅槃〕といった大げさな言葉の背後で、生に敵対的な、世界を否定する、虚無の、ニヒル〔無〕の道徳を説く者たちに対して、この表現を用いている〔同前〕。ニーチェは、ニヒリズムという言葉を十九世紀ロシアの革命家たちから、まったく意味を変えて借用した。彼にとっては、道徳は、生に敵対するがゆえに、また「偉大な価値」の背後に虚無、生の否定を隠しているがゆえに、虚無主義的である。「虚無主義的本能は否《いな》と言う。そのもっとも控えめな主張とは、存在するより存在しない方がましであり、虚無への欲望は生への意志以上に価値がある、というものである。（中略）これはショーペンハウアーの大デマである。（中略）厭世主義は問題ではなく、症状であり、それは虚無主義と改名されるべきである」〔『遺された断想』、一八八八―一八八九。同前、p. 275〕。

　ショーペンハウアー哲学が虚無主義の近代版であるとすれば、仏教とキリスト教は、その二大宗教的発現である。両者とも、「意志の病いの広汎な亢進」〔『悦ばしき知識』第三四七節〕が起源であり、そこから急速に発展したものである、とニーチェは記している。「両者とも、虚無主義的宗教、デカダンスの宗教として甲乙つけがたい」〔『反キリスト者』第二〇節〕。というのは、生を否定するだけでは満足せず、あらゆる弱者、落伍者、

「病いに苦しむように、生に苦しむ者」［『善悪の彼岸』第六二節］を正当化しているからである。このような、宗教を虚無主義的とする捉え方の中において、「神の死」というニーチェのテーマの深い意味が明らかになる。「我々自身の弱さの投射である神、虚無としての神は死せり」ということである［エリック・ブロンデル（Blondel, 1980, p. 96）は、「神の死とは、如何なる形で現われようが、隠れようが、弱さを引き起こす虚無を認知することである」と記している］。

こうして人間は、自らの弱さを超克し、生の悲劇の危険を前に自らの恐怖に打ち勝ち、生を肯定するという、途方もない戦いに挑まねばならない。それは、弱さから力へ、依存から自立へ、人間から超人（Übermensch）へという、根本的な変身を意味する［エリック・ブロンデル（Blondel, 1980, p. 95）が指摘するように、ここでは über は「すぐれた」という意味ではなく、「以外の」とか「別な」という意味である。ニーチェの「超人的」ということは、弱さを「乗り超えた」人間性である］。

しかしニーチェは、人間が自らの弱さを決定的に克服する能力を持つかどうかを、真剣に疑っている。さらには、もし人間が「神の死」を自らに対するすばらしい勝利としなければ、その代償は大きい。というのは、神の死により、人間は、「庇護者なしで裸である」という、生の過酷な謎に直面しなくてはならないからである。もはや生の真実以外には、確固たる真実はなく、この生こそまさに不確実なのである。それゆえ、「神の死」の発見は、弱さを乗り超え、生を大いに肯定し自らを解放するまたとない機会となりうる。しかし、それはまた、ニーチェが何にもまして怖れていたことであるが、弱さを確認する理由にもなりうる。そうなれば、失望のあげく、生はいっそう価値のないものになり、仏教がその典型である厭世主義と虚無の哲学に、いっそう落ち込むことになってしまう。

この理由から、ニーチェは晩年の著作で、「ヨーロッパ的な新種の仏教のこの上ない脅威」を警告してやまない〔『遺された断想』（一八八五年秋―一八八七年秋）Nietzsche, 1987, t. XII〕。「第二の仏教」と題するノートで、ニーチェは、同情、憐れみ、友愛の圧倒的な広がり、精神の疲弊、諸問題を快・不快の問題だけへ矮小化すること、宗教が教義や神話に依存し続けることの不可能性などを、ヨーロッパ的な新種の仏教の出現の端緒となる、「虚無主義的破局」の前兆として列挙している〔『遺された断想』（一八八七年秋―一八八八年三月）〕。また彼は、新しい仏教の出現を、ヨーロッパ人が苦しみを「死ぬほど忌み嫌い」、「苦しみを見ること、苦しみを放置することに、ほとんど女のように耐えられない」〔『善悪の彼岸』第二〇二節〕ことに結びつけている。実際ニーチェは、自らのユダヤ・キリスト教的基盤を捨て去りながら、さりとて「神の死」の論理を徹底する力も持たないヨーロッパ文化の極度な脆弱さに対して、真の警告を発している。それゆえ彼がもっとも怖れたのは「仏教的でもありキリスト教的でもある穏やかな信仰を持ち、実践面ではエピクロス的な処世術をそなえた、もう一つの中国としてのヨーロッパ」の出現である〔『遺された断想』（一八八四年春）Nietzsche, 1987, t. X, p. 86〕。

結局、「神の死」は何の役にも立たなかったことになる。ニーチェは、ヨーロッパ人はキリスト教的道徳・教義を棄てたところで、せいぜい痛みを伴わない慈愛に満ちた新種の仏教、すなわち虚無主義の究極に、うまく逃げ込むことにしかならないと確信していた。彼はこう記している。「キリスト教は力尽きようとしている。人々は阿片としてのキリスト教で満足している。なぜなら、人々は探し求め、闘い、果敢に挑み、孤立を望む力も、パスカル主義という、このあまりにも理詰めな自己蔑視の思想、人間は下劣なものであるという信条、「ひょっとしたら〔最後の審判で〕有罪を宣告されるのではないか」という不安に対処するために必要な力も、持ちあわせていないからだ。しかし、病んだ神経を鎮めることを第一義とする、そういうキリスト教であれば、「十字架上の神」という、恐るべき解決策など、いっさい不要である。これが、仏教がヨーロッパのいたるところに静かに拡がっている理由である」〔『遺された断想』（一八八五年秋―一八八七年秋）Nietzsche, 1987, t. XII,

p. 140]。

ニーチェの仏教に対する態度は一見複雑で、変化するように見えるが、本質的には一貫性がある。最初は、自らの師ショーペンハウアーへの称賛に繋がる好意的立場から出発し、師の思想との決別がはっきりし、決定的になるにつれ、徐々に批判的になった。次いで、ショーペンハウアー思想とキリスト教同様、仏教も、厭世主義的、虚無主義的、頽廃的教義として拒絶するようになるが、それでもなお、キリスト教と比較して、仏教哲学のすぐれた点は強調してやまない。最後に彼は、ヨーロッパ思想・文化の動向に関して、新しい仏教を受け入れる機運が熟しているのではないかと心配している。ここで彼の言う新しい仏教とは、苦しみを拒否する教義として貶められた意味でのそれである。というのは、ニーチェと仏教の間の根本的な見解の相違は、実にこの、苦しみに対する対応にこそあるからである。

仏教は、苦しみは「まちがいなくあらゆる存在の本質的一部分」[『遺された断想』(一八八五年秋―一八八七年秋) 同前、t. XI, p. 360] と認識するが、哲学者ニーチェは、この事実に対して二つの非常に異なった答えを提示できると見る。一つは、苦しみの源である生命活動から離れる、つまりあまりがんばらずひかえめに生き、禁欲、断念、無関心の中に幸せを見つけることによって苦しみをなくす、というもの。もう一つは、全力を出して、強烈で、充実した生の代償として苦しみを欲する、というもの。一方には、苦しみと生とに対する恐怖、世界からの逃避、存在したくないという欲望、つまり仏教の虚無主義的叡智があり、もう一方には、生の、そしてそれに伴う苦しみの「肯定」、あるがままの世界の受容、存在しようという意志、つまりニーチェの悲劇的叡智がある [マルセル・コンシュは、国際哲学カレッジ (Collège international de philosophie) のセミナーで行なった「ニーチェと仏教」と題する講演の中で、仏教の叡智に対するニーチェの「悲劇的叡智」の選択を非常によく浮き彫りにしている。*Le Cahier*, n° 4, 1987, pp. 125-144]。

ショーペンハウアーの場合と同様に、ニーチェのいう仏教が、はたして伝統的な仏教と一致するものかどうかは検討の余地がある。ニーチェが終始、仏教教義を「厭世的」とするショーペンハウアー流の解釈の影響下にあったことは明らかである。ニーチェは、仏教はデカダンスの虚無的宗教であると批判するが、これはブッダの教えに照らし合わせれば、正当とは言えない。すでに見てきたように、ブッダの教えは、本当の意味で「厭世的」と非難されるようないわれはないし、また虚無の教義でもない。同じことはキリスト教に関しても言える。往々にしてニーチェは、キリスト教の最も堕落した面ばかりを見ている。逆に、苦しみを認識しそれに向かい合う仏教の姿勢に関しては、ニーチェの批判は大いにあてはまるものであり、ヨーロッパ的な新種の仏教が出現するという予言は、非常に的確である。たしかに、仏教は苦しみに対して治療法を提案し（ニーチェはそれよりも生の悲劇を選択する）、あらゆる生き物に対する慈悲を説く（ニーチェはそれを弱さの印であると拒否する）。一方、西洋文明は、ニーチェが嫌悪していた一種の快楽主義に傾き、苦しみに対してますます過敏になった結果、苦しみを排除し、慈悲を中心とする、キリスト教とも仏教ともつかぬある種の宗教への傾斜を深めた。

ショーペンハウアーに続いて、ニーチェも、虚無の色合いを持つ仏教を西洋人の幻想の中に広め続けた。それを言い表わすのに、彼は「仏教虚無主義」という表現を作り出し、普及させた。しかし、今まで見てきたように、ニーチェはこの言葉を、彼の同時代人が一様に理解した意味とは全く異なった意味で用いていた。ざっとふりかえれば、虚無主義とは、十九世紀初めにヨーロッパで発達した、「絶対的なものは何一つとして存在しない」と主張する哲学上の学説である。この学説は急速に、道徳の面ではあらゆる道徳的真実・価値を否定する教義として、政治的には個人へのいかなる社会的制約も拒否するイデオロギーとして、はるかに断定的な意味合いを持つようになった。そして、多くの思想家——殊にキリスト教徒——もまた、この意味において仏教を「虚無主義的」教義ときめつけたが、それはニーチェの受けとめ方とは全く相反していた。こうして一九三六年に刊行されたA・ヴァカンとE・マンジュノの『カトリック神学辞典』には、仏教は「虚無の色合い」があり、「人間をずたずたに切り刻むもの」であり、「真の知的虚無主義」に至る、と記されている。

この解釈は、誤っていると同時に戯画的である。例えば、ロシア革命家たちの虚無主義《ニヒリズム》は、仏教的見方とは全くかけ離れたものである。たしかに仏教は絶対的な真実ないし規範によりどころを置かないが、厳しい道徳を唱え、高下さまざまに等級づけられた数々の価値を推奨し、各人が他者に対して責任ある態度を取るよう呼びかけており、伝播したすべての国で具体的に、社会秩序を尊重するよう、信者を導いている。仏教の教義および態度を「虚無主義的」と形容することは、またしても仏教を西洋の特殊な範疇に押し込め、それを本質的に歪曲することになる。

第五章　「無神論」と「虚無」の宗教

中世のフランシスコ会修道士やルネサンス期の宣教師たちの報告は、その時代の神学論争の完全な反映である。十九世紀における仏教教義の諸々の哲学的解釈も同様であり、その行間にはどれも一様に、ヨーロッパ内部での論争において自説を擁護したり、敵対者を攻撃したりする論拠を見つけようという西洋人の思惑が潜んでいると思って読む必要がある。十九世紀後半を通じて、仏教は、新たな知識をすべて、当時大論争の的であった既存の範疇に押し込めようとする、この偏執的解釈によって大きな痛手を受けた。こうしてブッダの教えは、「無神論」、「虚無主義」、「厭世主義」、「虚無の教義」などの、まったく見当はずれのレッテルを貼られ、そのためにさまざまな誤解や曲解が生じた。

こうしたレッテルは、ショーペンハウアーのようにすべてを自分の概念範疇に帰着させる哲学者も、ニーチェのように逆説と挑発に駆り立てられた哲学者も、便宜的に、あるいはもっと同時代人の理解を得たいと願う知識人も、論争を仕掛けようとするキリスト教護教論者も、読者の注意を惹こうとする新聞記者も、誰もが用いた。これらのどの要素も少しずつ兼ねそなえていたエルネスト・ルナンは、ブッダを「インドの無神論者キリスト」、その教えを「虚無主義の福音」、その教義を「これまで存在した中でもっとも絶望的な虚無の教義」と形容したという意味で、その典型そのものである［Renan, 1851, p. 353。最後の引用は p. 348］。こうした短絡的なレッテルが西洋人の幻想に根強く焼きつけられ、ヨーロッパ人が仏教を発見する時の激しい熱狂にも、二十世紀の哲学者が仏教を拒絶し徐々に忘却していくことにも、同じくらい大きな作用を及ぼすことになる［Droit, 1989］。

しかし、こうした文化的プリズム〔偏向〕の告発もさることながら、ことのほか興味深いこととして強調すべきは、ヨーロッパ人にとって、仏教は終始一貫して、観察対象としての遠いアジアの宗教のようでありながら、実は自分自身を観察する一種の鏡であったことである。仏教を道具とすることで、哲学的・神学的論争、ヨーロッパ社会のもくろみと現にあるものが明らかになるし、そのもっとも密かな不安が露わになる。ブッダの教えとショーペンハウアーの思想の融合から生まれた「仏教厭世主義」という概念が、これだけ受け入れられたのは、それが、十九世紀の最後の四半世紀にヨーロッパ社会に広まりつつあった深い厭世主義的感情を、こだまのように反響させていたからにちがいない。

宗教、社会、政治の激変により、過去から受け継がれた確かなものがすべて揺らいだ世紀末のヨーロッパ人は、ますます予測できない未来に対して、また、はたして人間の本性とは何かという問題を前にして、十九世紀のイデオローグ〔観念論者〕たちがほとんど教義として築き上げた楽観主義を標榜しながら、そのかげで、不安を隠しおおせなかった［ジェームズ・フルードは一八九九年に、『大論題に関する小研究』［Froud, 1899, p. 5］の中でこう記している。「我々は、精神的、道徳的、社会的、政治的変化の時期を生きてきた。我々のもっとも真摯な確信の基盤が崩れ去った。そして意見の崩壊はあまりにも急速で、賢者も愚者も今世紀の終末に我々がどうなっているのかさっぱりわからない。この潮流の中にはまり込んだ我々は、我々自身の意志の如何に関わらず、前に進まざるを得なくなっている」」。人々は仏教「厭世主義」を語ることで、進歩という神話を特徴とする近代イデオロギー——実証主義であれ、マルクス主義であれ、何であれ——に特有な「楽観主義的」ビジョンを、意識的に救い出し、否定されればされるほど深まる不安を無意識的に払いのけようとしていた。

この論理は、時代がくだるにつれて、ことに西洋人が仏教をより理解したと思い込み、その実、ますます鏡遊びにのめり込んでいった二十世紀前夜に、西洋人が仏教に対して濫用したすべての形容句に関して言えることである。ここでは、格別に意味深長な二例だけを挙げることにする。仏教の「無神論」と「虚無」で、これに関しては実に多くが語られ、一世紀たった今でも、その名残りが消えていない。

仏教は無神論か

十九世紀後半から、大勢の学者・知識人の間で、仏教は哲学か宗教かということが熱烈な議論の的となった。この疑問は、「原始仏教」が、いかなる神にも超自然的力にも言及しないことが徐々に発見されるにつれ、生まれたものである。というのも、宗教には神、精霊、超自然的力の概念がつきものであるというのが、それまでの一般的定義であったからである。では、人間が関係を結びうる相手としての神、神格、その他あらゆる超自然的力の存在を否定する教義を、宗教と言えるのだろうか。仏教が宗教でないとすれば、哲学だということになる。というのは神話や宗教とは反対に、人間の理性にのみ立脚するシステムは、西洋人にとっては哲学と解されるからである。多くの東洋学者はそう確信していた。モニエル＝ウィリアムズ、ジョゼフ・エドキンズがそうであり、マックス・ミュラーは一八九三年にこう書いている。「宗教が、見えるものと見えないもの、時間性と永遠性、人と神との間の橋として定義されるなら、本当の仏教を宗教と見なすことはできない」

[Müller, 1893, p. 109]。マックス・ミュラーをはじめとするこの種の立場は、後世のいかなる宗教的汚染をも受けていないまっさらな「本当の」仏教が存在する、という確信を暗黙の前提としている。

いずれにせよ、これが当時もっともてはやされた理論である。当時は小乗仏教が「原始仏教」であると確信されていたから、小乗仏教のパーリ語資料が尊重された。フィリップ・アーモンドが指摘しているように、「十九世紀中頃から、生物学であれ、地質学であれ、歴史学であれ、人々はとりつかれたように起源を探し始めた。この探究の根底には、原始が本質であるという前提があった。このようなわけで、その年代の古さがすでに立証されているパーリ仏教に、仏教の本質があると見なされた」[Almond, 1988, p. 95]。この論理から、大半の東洋学者は、「本当」と見なされる南の小乗仏教と、「堕落した」と見なされる北の大乗仏教とを徹底的に区別するようになった。たとえばリス＝デイヴィズ [Rhys Davis, 1877, pp. 208-209] は、初期仏教の「純粋さ」とチベット仏教の「腐敗」とを対比させるし、宗教史家マルクス・ドッズは、「ブッダの本来の思想と、北伝仏教の迷信的、偶像崇拝的宗教との間に、本当に関連があるのかどうかを見極める」[Dods, 1888, p. 177] のは難しいと言っている。

広く信じられたこの説に対して、仏教を宗教と見なす人たちは、次の二点を強調した。まず、一部の人たちは、大乗仏教のサンスクリット語仏典は、年代的には後期のものであるが、「原始仏教」を伝えていると主張した。彼ら［フレデリック・モーリス、ウィリアム・シンプソン、アレグザンダー・カニンガム、アルトゥール・リルなど］によれば、初期仏教は魂の存在および一種の至上神の信仰を認めており、この信仰はさまざまな形で大乗仏教に残っているのに対し、小乗仏教は変革された結果、純粋かつ厳格な無神論になったとされる。

また別の人たち――この方が数は多い――は、エリートの無神論仏教と庶民の多神教的仏教という、十七世紀の宣教師たちが打ち立てた古典的な区別をふたたび持ち出して議論した。東洋学者ジョゼフ・エドキンズは、仏教無神論は精緻な考究をする論理学者の独占物で、一般人向けのものではないと説明している。「宇宙に顕在する神的力が存在すると信じるのは人間の自然な必要であり、それは必然的に表現される。（中略）仏や菩薩が持つとされる諸々の力は、人間の祈りに応じて発揮されると信じられており、この宗教の信者にとっては、それが神の位置を占めている」［Edkins, 1859, p. 122］。仏教徒の大多数が、「典型的に宗教的」態度を取る以上、少なくとも、最も広く普及している大衆的な姿としての仏教を、宗教と見なさない理由はない。

実際のところ、表面上は学問的論議であるが、仏教の定義とか認識論的位置づけに関するこの論争には、二重のイデオロギー的背景がある。まず、人間の心には生まれながらにして宗教性が具わっているという概念に関しては、すでに三世紀にわたってヨーロッパ人の間で激しい論争が続いてきた。この意見の支持者たちは、人は本来宗教的であり、その証拠に「神無き民族」は一つも存在しないと主張する。彼らにとっては、無神論は近代西洋の悪徳でしかなかった。こうした中で、仏教「無神論」の発見は、反対派を利することになった。一八七〇年に、リチャード・アームストロングはこう述べている。「仏教は、神を思うことも欲することもなく生まれ、育ち、死ぬ男女たちの社会が、一つではなく、無数に存在することを証明する。私たちには神を感じる感覚が生得的に具わっていると主張する人がいるが、この感覚が全く見られない三億もの人間が存在している」［Amstrong, 1870, p. 185］。

もちろん、生得的宗教感覚支持者はこの論述に対して、「無神論者」と見なされる仏教徒はほとんど存在しないと反論すると同時に、ブッダの当初の教えには全く宗教性がなかったことを認めながらも、人間の心は宗教的信仰へと自然に傾くがゆえに、他の宗教と同様に、仏教も早くから一つの宗教になったと指摘した。英国国教会主教ピーター・クロートンはこう説明している。「仏教は礼拝を除外しているが、人間は礼拝したいのだ。神は存在しないと説明されても、何が何でも人は神を感じるようになるし、発見しさえする。（中略）それが神を信じるという人間の本性である」[Claughton, 1874, p. 145]。

仏教の定義をめぐる論議は、激しい論争の的としてイデオロギー化した意味論的領域、すなわち「無神論」とも関連していた。この先述べるように、仏教が「非有神論的」教義であるということと、仏教が、ルネサンス以後のヨーロッパにおける言葉の厳密な意味において、「無神論的」教義であるということは、二つの別なことである。もともと古代から、「無神論」という言葉は、心底宗教的な――そのあり方は千差万別であるが――著作家たちによって、軽蔑の意味を込めて用いられた。無神論者とは、神あるいは神々の存在を――現に目に見えるのに――全面的に否定する人である。この用法は、たとえば、いかなる神の存在を信じることも拒否したと〔弾劾〕されたソクラテスが、絶対的な意味においての無神論者ではないと証明しようとしたプラトン[Platon,『ソクラテスの弁明』1991, 26b-e;『法律』1997, X も参照]、異教徒がユダヤ人を「無神論者で人間嫌い」扱いするのを歎いた歴史家フラウィウス・ヨセフス[Flavius Josèphe, *Contre Apion*, II, 148]、異教徒や〔キリストの身体の実在性を否定する〕キリスト化現説者を、ひとしなみにそう〔無神論者と〕呼んだアンティオキアの教父イグナティウス[Ignace d'Anteoche, *Lettre aux Tralliens*, III, 2]などに見られる。

アンリ・ビュッソンの研究によれば、この言葉は中世では用いられなくなり(「非常識」とか「不信心」という言葉で置き換えられた)、十六世紀末ごろ、神を信じない人の増加を危惧する著作家たちにより、再び用いられるようになった[Busson, 1957]。十七世紀を通じて、この言葉は、いかなる宗教信仰にも従属しない、あるいは神を拒否し自らの生き方をつらぬく「自由思想家」に対して用いられた[ジャン＝フランソワ・ルヴェル(Revel, 1996, p. 490)は、保守主義者たちが自由思想家たちを告発する論点が、最初は神を信じないことに対してであったのが、次第に性的頽廃へと移っていったことを明らかにしている]。すでに述べたように、カトリック宣教師たちが仏教徒と出会い、その「不条理な教義」を指すのに「無神論」という言葉を用いたのも、この「偉大な世紀」（＝十七世紀）であった。彼らは一般に、民衆が信奉する「偶像崇拝的宗教」と、学識ある人が主張する「忌わしい無神論」とを区別した。一七〇〇年に、ドミニコ会修道士ノエル・アレクサンドルは、中国の僧侶に関して、次のように結論づけているが、それはおおかたの宣教師の支持するところであった。「フォ（＝仏）神の僧侶たちの秘密の教義は、全くの無神論である」[Alexandre, 1700, p. 11]。

啓蒙の世紀（＝十八世紀）になると、無神論という概念が、キリスト教徒と自由思想家の間の究極の対立点として広がっていく。十九世紀の東洋学者の何人かは、自らもこの論争に関わっているか、あるいは仏教を時の重要問題と結びつけようという思惑から、ブッダの教えを「無神論」の教義と称することに躊躇しなかった［ウージェーヌ・ビュルヌフは、『インド仏教史序説』（p. 464）で「神なき道徳、自然なき無神論」と言い、オギュスト・バースは、『インドの宗教』（Barth, 1891, p. 110）で「断固として無神論的教義」と言っている］。キリスト教徒にとっては、無神論という言葉ほど侮蔑的なものはないが、断固としてキリスト教に敵対する者にとっては、それは称賛すべきことである。

十九世紀後半には、「神の死」の思想家たちにとっては、この言葉はよりいっそう明確な哲学的意味を持った。実際、フォイエルバッハは『キリスト教の本質』の中で、今日的な「無神論的ヒューマニズム」を提唱している。彼は、人ははじめのうちは幼稚に、神という表象の中、すなわち「自らの外に自分の本質を投影する」が、後になると自らの本質を取り戻し、ついには神に投影していたすべての性質は自らの内にあると理解する。思想および宗教的行為のすべての恩恵は、人間自身に由来すると悟った人間は、その本質として「真実および人間自身の神性以外何ものも信じない」。そうである以上、「無神論はまさに宗教の極意」であるとわかり、人は神を必要としなくなる［Feuerbach, 1841, préface à la seconde édition（1843）, 1968 et Gallimard, coll. "Tel", 1992, p. 104］。この逆論法でフォイエルバッハは、無神論の表明はヒューマニズムの表明であるとするすべての近代思想家への道を開いた。仏教はそれ以来、キリスト教会に反対する人たちによって、神なきヒューマニズムのモデルとして前面に押し出された。すでに述べたように、ジュール・フェリーらが、宗教色のない道徳の一例としてその模範性を強調したのは、この文脈においてであった。

仏教には人格神への言及がない、という単純な確認に留まっていればよかった。ところが、仏教の価値を貶めようとする立場（キリスト教的見方）と、その逆にキリスト教に対して仏教を称揚しようとする立場の論争となり、そのなかでは「無神論的教義」という概念だけが好んで注目され、保持された。あげくの果てに、アイテルのような著述家に至っては、フォイエルバッハ、ショーペンハウアー、エードゥアルト・フォン＝ハルトマン、コント、その他十九世紀の無神論思想家はすべて、「多かれ少なかれこの甘美な毒に犯され、アジア人も同然の従順さで、この仏教という麻薬を吸った」とまで主張した［Eitel, 1884, p. 102］。

この問題に関しても、ショーペンハウアーの哲学的無神論と仏教教義との同一視が、大いに影響を及ぼしている。その結果、十九世紀ヨーロッパの思想世界での「無神論」という用語が意味する、あらゆる神の絶対的・戦闘的な否定と、東洋的な微妙な文脈の中で練り上げられた非有神論的教義との混同が助長された。仏教は、十八、十九世紀のヨーロッパの哲学者が考えたような、神の絶対的否定の上に構築された思想では決してなく、むしろ神に言及しないという枠内にとどまる教義である。

『サンガラヴァ・スッタ』〔小乗仏教のパーリ語教典の一つ〕［*Majjhima-Nikaya*, vol. 2, PTS, 1888–1902, p. 211］によれば、ブッダはその当時の精神的教師を三分類していた。まず、聖典から知識を得ていると主張するバラモンのような「啓示教師」（anussavika）。次には、自らの知識は論議、および論理的、形而上学的思弁の結論に立脚していると主張する合理主義的形而上学者（takki-vimansi）。そして最後に、ブッダ自身のように、個人的経験から知識を得ている者たちで、彼らは、啓示にも形而上学的思弁にも何の価値も認めず、感覚的な経験にせよ心理的なそれにせよ、もっぱら個人の経験だけに基づいた教えを伝えようとする。自らを医者に譬えていたブッダは、人間を苦しみに閉じ込める障害を指し示し、それに対する具体的な解決策をもたらすことに努めたが、この解脱の過程の先にある究極の到着点に関しては、何も積極的に語っていない。ブッダは、神や、宇宙の起源といった形而上の大問題には答えなかった、と伝承ははっきり記している。

ある日、弟子マルンキャプッタには、こういう考えが浮かんだ。「私が疑問に思っていることを、ブッダに説明してもらおう。もしブッダから納得のいく返事がもらえない場合には、私はブッダの許を去ろう」。そしてブッダの許に赴き、質問した。ブッダは、弟子の質問は救いにとっては何の意味もないと判断し、「ブッダが答えなかった質問」〔無記〕と見なすようにと答えた［ブッダとマルンキャプッタの対話の全訳は、Wijayaratna, 1987, pp. 111-117］。このはっきりした表明からわかるように、仏教は神の存在を否定する「無神論的」教義ではない。仏教にとって、神の存在は人間の経験では確かめることができない問題であり、それゆえ解脱という実質的な見地とは、関わりのない事柄である。

この基本的立場を本質的に覆すわけではないが、後に発展した大乗仏教は、仏の三身〔法身、報身、化身〕とか絶対的真理と相対的真理〔二諦〕といった新たな区分を設けたので、この問題はいっそう微妙かつ複雑になった。また大乗仏教でも小乗仏教でも、儀式、捧げもの、供犠、恵みの神々に対する祭祀、悪霊に対する恐怖といった、どの宗教にもある古典的な特徴を持つ民衆宗教が発達した。しかし、二十世紀の数多くの民族学者の業績から言えることは、十九世紀の東洋学者が論争のためにそうしたように、エリートの合理的な仏教哲学と、異教徒的、シャマニズム的民衆宗教を区別しようとしても無駄だということである。両者はたえず密接にからみ合っていて分離できない。

片や「無神論」、片や「多神教」といった議論の基盤となる宗教の定義とは、典型的にヨーロッパ的な概念範疇の域を出ないもので、今日では専門家からは全く的外れと見なされている〔哲学対宗教の対立の超越は、ベルナール・フォールのすぐれた論考（Faure, 1998）の基調線となっている〕。それにもかかわらず、この議論は、ある種のメディアおよび無知な大衆の間では、今でも全く同じ言葉遣いで残っている。

しかしことに興味深いのは、仏教がどのようにしてイデオロギー化され、最終的に無神論や宗教についての近代的概念を豊かにするための一種の実験室となったか、という点である。十九世紀末および二十世紀初めの何人かの思想家は、無神論哲学と理神論的宗教との根本的対立を棄てることにより、この論争を乗り超えようとした。たとえばヘルマン・オルデンベルクは、仏教を「神なき宗教」〔Oldenberg, 1882, P.U.F., 1894, p. 51〕と定義し、トマス・リス＝デイヴィズは、もはや「無神論者ブッダ」とは言わずに、「不可知論者ブッダ」〔Rhys Davis, 1880, pp. 219-223〕と言った。また、たとえばエミール・デュルケムは、仏教の例から宗教の定義を再考し、「神や精霊の概念がない、少なくともそれらの概念が副次的、二次的な役割しか演じない偉大な宗教」〔Durkheim, 1960, p. 41〕の見本として仏教を挙げ、目に見えない諸力への信仰によってではなく、聖なるものと俗なるものの区別から宗教を再定義しようとした〔その後何人かの研究者（Marco Orru et Amy Wang : 《Durkheim, Religion and Buddhism》〔デュルケム、宗教、仏教〕, *Journal for the Scientific Stndy of Religion*〔科学宗教研究誌〕1992, 31, pp. 47-61 所収、参照）が指摘するように、この区別は仏教には適応しにくい〕。

仏教は虚無の信仰か

ヴィクトル・ユゴーの同時代の人たちの間で物議を醸したあらゆる仏教教義のうちでも、異論の余地なくもっとも突出していたのは、ニルヴァーナ〔涅槃〕の本質とは何かという疑問であり、それはまた、恐らくもっとも誤解された問題でもあったであろう。ロジェ＝ポル・ドロワがすでに『虚無の信仰』でこの問題を完璧に論じているので、ここではヨーロッパ人の深い不安を見事に反映しているこの論争の変遷について、大筋を述べるにとどめる。

ここでもまた、仏教における救いを意味するサンスクリット語であるニルヴァーナという言葉に対する、宣教師たちの解釈から、すべての問題が始まった。十七世紀初頭以来、イエズス会宣教師たちは書簡集の中で、仏教のニルヴァーナという概念を、ただたんに「消滅」と訳し、その「馬鹿さ加減」を強調した〔本書Ⅰ部四章で引用したフロイスおよびアレクサンドル神父の言葉を参照〕。

しかし、ごく初期の東洋学者はそうは考えておらず、こうした性急な解釈を警戒した。ルイ十四世によってシャム〔タイの古名〕の王宮に派遣されたラ＝ルベールは、一六九一年にはっきりこう書いている。「ニルパン（＝ニルヴァーナ）は場所ではなく、一つの在り方である。（中略）それはまた、魂がもはやこの世にはなく、いかなる世界にも戻ってこないことを指している。ポルトガル人が「無に帰す」あるいは、まったく別の意味で「神になる」と訳したのは、この言葉である。しかし、現地人によれば、それは消滅でも、神性を獲得することでもない」［Welbon, 1968］。

この警告の甲斐もなく、一世紀後の一七八七年になって出版され、注目されたグロジエ神父の著作の中に描かれた仏教は、彼の同業者〔聖職者〕の意見を多分に反映した、光彩にとぼしいものであった。「聖なること、それは生存することを止めることであり、虚無と一体化することである。人はいっそう木石に近づけば近づくほど、完璧になる。（中略）あらゆる道徳をなくし、社会を転覆し、人間同士を繋ぐ絆を消滅させようとする途方もない教義である」［Grosier, 1787, t. II, pp. 225-228］。

一八二七年のフランスでも、こうした意見が依然としてまかり通っていた。バンジャマン・コンスタンは、

「仏の教えの帰結と基礎は、どう解釈しても、どう検討しても、空虚であり虚無である」と記している［Constant, 1827, t. II, p. 172］。さらに、ヘーゲルは同じ年に、「歴史哲学」および「宗教哲学」の講義の中で、この意見を一字一句くり返している。「仏教徒は、虚無を万物の基本原理、究極の目的、万物の最終の結末とする」［Hegel, 1970, p. 144］。ヘーゲルは、東洋学の進歩に細心の注意を払っていたが［この点に関しては、Hulin, 1979, p. 218 以後参照］、奇妙なことに仏教に関しては宣教師たちの解釈に依存していた。ロジェ＝ポル・ドロワが強調するように、ヘーゲルは「哲学的イメージの中にブッダと虚無との結びつきを植えつけ、それはその後、数十年間持続した」［Droit, 1997, p. 92］。

このライトモチーフは、フランス、イギリス、ドイツの知識人の間にくり返し受け継がれ、「虚無の信仰」［ヴィクトル・クーザンの表現］は畏怖と憤慨を巻き起こした。肯定的な側面があるにもかかわらず、仏教はますます「虚無の狂信」［Barthélemy Saint-Hilaire, 1862 第三版の序］と受け止められることが多くなり、他ならぬこの「虚無主義の教会」［Renan, 1851, p. 348］が、数百万という信者に「虚無への本能的恐怖」［Cousin, 1863, p. 94］を超克させることがはたしてできるのか、疑問視された。知識階級の仏教と大衆の仏教という伝統的な区別を踏襲し、エリートだけがニルヴァーナを消滅と受け止めていたと主張する著述家もあいかわらずいた。たとえばマックス・ミュラー［Müller, 1872, p. 143］は明らかに「一般大衆の心の中では、ニルヴァーナはむしろイスラムの天国、あるいはエリュシオンの野〔ギリシャ神話で永遠の生を授かった英雄たちの住む所。楽園〕といったふうに受け止められていた」と記す。

一八六〇年代になって、東洋学者によるいっそう厳密な研究が進むにつれ、あまりに手厳しい、短絡的な判断が疑問視されるようになり、ヘーゲルにより再び台頭した仏教のキリスト教的解釈の影響は影を潜めていった。しかし同時に、ショーペンハウアー流解釈という新たな形で、ニルヴァーナを虚無と同一視する考え方がまたもや勢いを増した。すでに見たように、ショーペンハウアーはその思索の結論として、「虚無」にたどり着いた。彼は、自らの著作の後続版の中で、この言葉の意味の説明にいっそうの紙幅を割いている。ことに、この虚無は相対的なものに過ぎず、絶対的なものではない、と「こよなき慰めのために」はっきり述べている。「というのは、もしあることがらが、我々の認識の中で無であるとき、それは我々一般にとって無であり得る。しかしそこから、それは絶対的虚無である、とか、それはすべての観点からして、またありとあらゆる意味において虚無でなければならない、という結論を導き出すことはできない。それはただ単純に、そのものに対する我々の認識がまったく否定的なものに留まっている、ということに過ぎなく、それはひょっとすると我々の視野の狭さに由来するのかも知れない」[『意志と表象としての世界』Schopenhauer, 1966, pp. 1380-1381]。

　ここでも、ショーペンハウアーは仏教思想に助けを求め、仏教の般若すなわち主体と客体が存在しなくなる「あらゆる認識を越えた」立場を註に引用して、こう結んでいる。「一般に善人の死は安らかで静かなものである。しかし嫌悪感なく死ぬこと、自ら欲して死ぬこと、喜んで死ぬこと、それは諦観した人間、生への意志を放棄し、否認した者の特権である。彼は、ただ見かけの死ではなく、本当の死を欲するからである。その結果、彼は自らの永遠性を必要としないし、欲しない。我々が認識する存在〔生〕を、彼は楽々と放棄する。その代わりに現われるのは、我々の目には虚無である。というのは、我々の存在は、それと比べれば、まさに虚無であるからである。仏教においては、この存在はニルヴァーナ、すなわち消滅と呼ばれている」[同前、pp. 1258-1259]。ショーペンハウアーは、その著作の終着点で、絶対的虚無の深淵を前に後ずさりした感がある。

　ルネ・ジラールは言う。「ショーペンハウアーは、我々の中の誰が、あるいは何が、本体的および現象的破壊を免れ、ニルヴァーナに到達するのかを自問したことがなかった。それは、魂——原則として存在しない——ではない。それは、知性——本来死すべきもの——ではない。それは、意志——定義上死んだ——ではない。彼の弟子たちは、彼よりもずっと論理的である。ことにメインレンダーはそうで、ショーペンハウアー流の思考の当然の結論は、絶対的虚無であると強調している。（中略）要するに彼の結論は、論理的というよりむしろ心理的で情緒的である。ショーペンハウアーは、西洋思想の前衛にあって、ニーチェよりもずっと前に神は死んだと確信していたが、あたかも神がまだ存在しているかのように人間が生き続けることを願っていたと思われる。彼の教義は、有神論の廃墟の上に、旧来の宗教に匹敵する価値を持つようなヒューマニズムを建設する試みである」[Girard, 1963, pp. 248–249]。

ルネ・ジラールが強調しているように、ショーペンハウアーの絶対的虚無と相対的虚無の微妙な区別は、後世の人からはほとんど考慮されなかった。非生存、非存在、絶対無といった哲学的意味での「虚無」というショーペンハウアー体系の論理的用語が残り、彼によるニルヴァーナと虚無との同一視が記憶に残った。その結果、ニルヴァーナという仏教の概念は、厳密に定義された西洋哲学の範疇、すなわち絶対的消滅という範疇に入れられた。ショーペンハウアーを注意深く読んだフロイトは、ニルヴァーナ・プリンツィップ（Nirvana-printzip）という名の下に、死の欲動という概念を構築し始めた。

ニルヴァーナという用語の理解・翻訳は、複雑で微妙な東洋の概念を、いかにして西洋の精神範疇、概念、語彙に置き換えるかという問題を改めて提起する。「虚無」という西洋の言葉が、ニルヴァーナという概念が含む意味の一部に相当するとしても、そう置き換えてしまっては、原語の意味および属性は極度に縮小されてしまう。仏典を翻訳した初期のヨーロッパの学者たちは、この問題を充分認識していた。ウージェーヌ・ビュルヌフは、「ニルヴァーナ」を「虚無」と訳したいと思ったが、この表現の微妙さ、そしてその解釈および翻訳の非常な困難さを指摘するのを忘れなかった。

彼は、『インド仏教史序説』の中で、こう述べている。「ニルヴァーナ、すなわち一般的にいう解脱あるいは救いは、仏教の開祖が人間の努力の至上目的としたものである。しかし、この解脱とは何なのか、この救いの本質は何なのか。その語源からすれば、それは無に帰すことであり、消滅である。では、この無に帰するということを、どう捉えたらいいのだろうか、そしてそれは、何に関わることなのだろうか。存在の相対的な条件、それとも存在そのもの、あるいは生に関わるのだろうか。ニルヴァーナは、人が瞑想により外界との絆を断ち、周囲とは独立した内なる力を得た時に到達する、休息の状態なのだろうか。それとも、外の世界も内の世界も考慮に入れず、相対的生の現象から離れるように、自らの生そのものの現象から離れ、宇宙のすべての要素が共存する宇宙的存在しか自らの内に感じない、より高い次元の状態なのだろうか。言いかえれば、ニルヴァーナは、人格の感覚も活動の感覚も保ちながら、個人として生きる状態なのだろうか。それとも、人格の感覚も活動の感覚もなくなり、神や自然といった絶対的存在との区別がなくなった宇宙的存在の状態なのだろうか。最後に、無に帰することが存在そのものに関わると仮定した場合、ニルヴァーナは、個人的生も、宇宙的生も消滅し、なくなることなのだろうか。要するに、ニルヴァーナは虚無なのだろうか」[Burnouf, 1844, p. 16]。

こうした質問にたいしては、語源は解決の手がかりにならない。解決のためには、この用語が用いられ定義されている、さまざまな仏教教義を検討する必要がある。しかし、解答は、思潮や宗派によりかなり異なる。チベット仏教では、「ニルヴァーナ」という用語が、mya-ngan-las 'das-pa すなわち「苦しみから解放された状態」と訳されていることからわかるように、解放、解脱という考えがとられている。仏教の全宗派に共通なのは、ニルヴァーナの状態で実現される救いは、現象世界、輪廻、生の苦しみを消し去るということである。仏教は本質的に現象主義であるが、この解放状態を肯定的に表現することを嫌う。インド研究の草分けの一人であるヘンリー＝トーマス・コールブルックは、仏教の敵対者であるバラモン教徒のように、仏教のニルヴァーナを単なる消滅とみなすことがないようにと勧告している［バラモン教徒は、論争の際、仏教徒を「虚無の人たち」と呼んでいる」。彼によれば、ニルヴァーナはむしろ「深い静寂、静かで純粋な至福、あるいは恍惚」である［Colebrooke, 1827, vol. I, p. 578］。

現在西洋では、研究者の間でも、一般大衆のイメージの中でも、このようなニルヴァーナの概念がもっとも一般的に広まっているが、十九世紀後半は決してそうではなかった。ヘーゲルによる批判や、仏教とショーペンハウアー思想の同一視、カトリックからの論難のせいで、ニルヴァーナは単純かつ純粋な人格の消滅であるという考えが広まっていた。ロジェ＝ポル・ドロワによれば、「十九世紀の著作物の中で、仏教、アジア、虚無の信仰の問題におびただしいページが割かれているが、そこで問題となったのは、もちろんヨーロッパのアイデンティティに他ならない。（中略）不安に陥り、自分のアイデンティティが曖昧になったヨーロッパは、虚無の信仰という一枚の鏡を考案したが、そこに自分の姿を認める勇気がなかった」［Droit, 1997, p. 231］。こうして、仏教との出会いは、ヨーロッパの虚無主義が形成される上で、「どこか遠くのこと、古代の賢人のことを論じながら、実は自分自身や、自らの脳裏にある虚無についての不安を語ることができる」一種の「隠れた実験室」となった［同前、p. 238］。この知性の新大陸の発見と、自らのユダヤ・キリスト教的基盤の崩壊という漠然とした自覚とが、同時に起こったことにより、ヨーロッパは神殺し、滅亡、消滅という、自らがもっとも怖れていた事柄を仏教に投影した。

宣教師時代、そして十九世紀から受け継がれたこういった誤解やステレオタイプは、完全に消え去ったわけではなく、イデオロギー的理由から、仏教の否定的イメージを保った方が利益になるという思想圏では、今日でも依然として残っている。カトリック世界のいくつかの神学思潮がそうである。ローマ教皇ヨハネ・パウロ二世はその好例である。ショーペンハウアーを熟知していた彼は、慈悲が仏教の中心思想であることを忘れ、仏教を「厭世的」で「キエティスム〔静寂主義〕的」と見なす西洋的解釈を、いまだに踏襲していた。

近著『希望の扉を開く』［Jean-Paul II, 1994］の中で、彼はこう記している。「ブッダが体験したひらめきは、世界は悪で、人間にとっての不幸と苦しみの源である、という確信に要約できる。この悪から自らを解き放つためには、自らをも世界から解き放つのがよいということになる。つまり、外的現実との絆、すなわち私たちを人間的、心的、身体的に構成するのになくてはならない絆を断たねばならない。この解放が進むにつれ、私たちは世界のあらゆるものに対して徐々に無関心になり、苦しみ、すなわち世界に由来する悪から解放される」。続いて教皇は、「仏教の精神過程の究極」であるニルヴァーナを、「世界に対する全面的無関心」と同一視する［Jean-Paul II, 1994, p. 142. 教皇によるこの批判にスリランカ仏教界は激怒し、教皇のスリランカ訪問をボイコットすると威した。何人かの専門家もこれに関してコメントした。カトリック系の日刊紙『ラ・クロワ』の一九九五年一月号に掲載されたドゥニ・ジラの論文 “Comprendre la colère des bouddhistes”（「仏教徒の怒りを理解する」）を参照］。

以後の章では、これまでとは逆に、キリスト教に敵対する人たちによって、西洋の科学的合理性と完璧な対をなすと見なされた、いわゆる「原始仏教」の「合理主義」というステレオタイプが、不可知論者の間でまったく同じように生き長らえ、二十世紀西洋における真の仏教護教論の誕生の論拠となっていった過程を見ることにする。

第Ⅲ部　神智学と仏教近代主義―一八七五年から一九六〇年まで―

第一章　ロマン主義仏教

一八七〇年代中頃から、ショーペンハウアー思想とともに「仏教厭世主義」の概念が全ヨーロッパに広がり、多くの知識人がこの有名な「虚無の教義」に怖れおののいた一方で、仏教は、その三十年ほど前に熱狂をまき起こしたのとは全く正反対のさまざまな観点から、新たに注目され始めた。この頃になると、新しい仏教観が生まれたが、その出発点となったのは、もはや「合理的」、「無神論的」哲学ではなく、逆に、一方では、仏教の持つ民衆的で敬虔な宗教性の面であり、もう一方では神秘の国チベットという神話をめぐるものであった。そのどちらも、人々の幻想、情緒、夢、感情に訴えるものである。

西洋における仏教受容の新たな段階——それ以前の仏教観と無関係ではないが——を画する二つの出来事がある。オルコット大佐とヘレナ・ブラヴァツキーによる一八七五年の神智学協会の設立と、エドウィン・アーノルド卿による一八七九年の『アジアの光』の刊行である。

最初の出来事は、ある意味で、チベットという神話の再活性化による仏教の「魅力再発見」であり、さらに広義には、仏教「近代主義」と西洋の魔術思想とを両立させる試みである。その背後には当時の社会にのしかかっていた、実証主義科学と教条主義的宗教との対立をいかに乗り超えるべきか、との懸念があった。

　第二の出来事の背後には、社会が世俗化し、キリスト教会がますます影響力を失いつつある中で、キリスト教会全体、ことにカトリック教会で随所に起こったある現象があった。すなわち、「心の宗教」、信心、宗教的感動の再発見という現象で、この動きは、大勢の知識人たちの回心を引き起こした。

　制度外の魔術思想の再来と、教会内での宗教的感動の復活という、同時発生的な二つの現象は、実証主義と科学主義のまさに最盛期に起こった。それは、物質主義の優位に対して二つの異なる領域で起こった、突然の宗教的反発だったのではなかろうか。

　はじめに、社会のもっとも世俗化した階級で起こった宗教「回帰」の流れに着目して、仏教の「ロマン主義的」新解釈を見てみよう。

ベストセラー『アジアの光』

　一八七九年にエドウィン・アーノルドは、『アジアの光』と題する、ブッダの生涯と教えに関する八巻に及ぶ長い詩を発表した。この作品はたちまち、そして長期的にヒットした。三十年間にイギリスでは五十版ほど、アメリカでは八十版を重ね、売り上げは百万部を越えた。一八九四年に英国国教会の牧師ジョージ・コボルドは、『アジアの光』を、「おそらくいかなる作品よりも、英語圏の一般大衆の注意を仏教に惹きつけた本」と評している［Cobbold, 1894, p. 32］。リック・フィールズは、「アメリカ人が最初にブッダの物語と教えを発見したのは、いかなる作品にもまして」アーノルドの本によってである、と見なしている［Fields, 1981 et 1992, p. 69］。ヨーロッパの主要言語に訳され、その後サンスクリット語、ヒンディー語、ベンガル語にも訳され、インドをはじめアジアのいくつかの仏教国でも古典となった。

アーノルドは学者ではなかったが、インド文学に造詣が深かった。インドに数年間滞在し、サンスクリット語を解した彼は、いくつかの作品を発表したが、『インド雅歌』〔旧約聖書のソロモンの「雅歌」にならった命名〕、『信仰の真珠、またはイスラムのロザリオ』、『愛の書』といった題名から、著者の折衷主義的、ロマン主義的宗教色が窺える。インドで仏教の聖地を訪れ、まったく顧みる人もなく荒廃したそのありさまを見て、悲しんだ彼は、ブッダの生涯と教えに関する長文の詩を書こうと決心した。非の打ちどころのないヴィクトリア朝文体で書かれたこの本は、その「奇蹟的」誕生や、シッダールタの少年時代といったあらゆる仏教伝説を取り入れ、ブッダを一種のロマン主義的英雄、世界の真の救世主に仕立て上げた。そのようなブッダをアーノルドは序文で、「思想史上、ただ一つの例外を除いて、もっとも高貴にして愛すべき、もっとも神聖にして慈愛に満ちた人物」と強調している［Arnold, 1981, p. 20］。

「西洋と東洋のさらなる相互理解の促進」［同前、p. 23］を切に願って、アーノルドはブッダの生涯と教えを、キリスト教になじんだ西洋の大衆にとって受け入れやすいよう、根本的に「翻案」した。主人公の生涯のいくつかの場面には、『新約聖書』のよく知られた数節のような響きがある。アーノルドは、ブッダが救済活動を始める前に経験した悪魔による誘惑を、キリストの例に倣って、次のように描いている。「我らが主が樹下に座っていたとき、夜の帳《とばり》が降りた。しかし闇の君主マーラは、そこにいるのが人類の解放者ブッダであることを、そしてブッダが真理を発見し、世界を救うべき時が到来したことを知り、ありとあらゆる悪の力に命令を下した。智慧や光と戦っていたすべての悪魔は、ありとあらゆる深淵から抜け出て、集まって来た」［同前、p. 158］。

ブッダを一種の東洋のキリストとして紹介することにより、アーノルドは読者の知性だけでなく心を、何よりもまず捉えようとした。彼は西洋における、仏教の最初の使徒と言うことができる。その最後の数行からわかるように、彼が伝えようとした仏教は、ことに感傷的、熱情的信仰としての仏教である。「祝福された主よ、力強い解放者よ、あなたについて十全に伝えきれぬ、この文章の拙《つたな》さをお許しください。なぜならこれは、おぼつかなき知性にて、あなたの至高の愛を計ったものだからです。我らを愛したまう御身、兄弟、導師、御法《みのり》の灯火《ともしび》よ、私はあなたの御名《みな》に、あなたに帰依《きえ》します、あなたの善の御法《みのり》に帰依します、あなたの規律に帰依します。オーム。蓮の上に露が輝いています。お昇りください、偉大な太陽よ、私の葉を持ち上げ、私を波に委ねてください。オーム・マニ・ペメ・フーム〔蓮華の上の摩尼宝珠に幸あれ、の意のサンスクリット語。チベット仏教でつねに唱えられる観世音菩薩の真言〕、曙光が昇り、露のしずくは光り輝く海へと消えてゆく」〔同前、pp. 220–221〕。

物質主義の排斥と魔術思想の再来

アーノルドは、「人類の三分の一が、存在の究極目的として空虚な抽象概念と虚無を信じることはありえない」〔同前、p. 23〕と確信しており、「合理的」・「無神論的」仏教という、当時まだ優勢であった解釈とは正反対の立場を取り、ニルヴァーナの虚無主義的解釈を否定した。彼が西洋人に示そうとしたのは、根本的に宗教的で敬虔な、庶民的、ロマン主義的、「前キリスト教的」な仏教であった。この試みが、信じられないほどの大成功を収めたことは、それが時代の雰囲気に適していたことを証明している。多くの西洋人が、合理主義と科学的物質主義にも、教会の形式主義と偏狭な教条主義にも、同じくらい強く反発し、新たな宗教的熱情、「心ときめくキリスト教」の再発見を求めていた。

この情動の回帰はさまざまな形をとった。フランスでは、巡礼や、マリア信仰――ルルド（一八五八年）、ポンメン（一八七一年）、ペルヴォワザン（一八七六年）といった場所でマリアの出現があった――が再び盛んになった。また、往々にして叙情的な調子で、慈愛に満ち、親を慕うように神を慕う精神性が追求され、リジューのテレーズ（一八七三―一八九七）やシャルル・ド＝フーコー（一八五八―一九一六）が、その主導者であった。さらに、もっとも著名な例を挙げるだけでも、ユイスマンス、クローデル、ペギーといった数多くの知識人や芸術家が〔カトリックに〕回心した［Gugelot, 1998］。

こうした「心情」的宗教性の再発見という雰囲気の中で、西洋人で初めて仏教に改宗する人々が現われた［この最初の改宗例については三章で述べることにする］。十九世紀の最後の二十年間になると、仏教はもはやたんなる合理的哲学ではなく、愛も信心も情動も兼ね備えた、れっきとした宗教と見なされていた。それまでのように、科学と理性に何よりも価値をおいていた社会では、仏教は本質的に合理主義的観点から解釈されていたが、宗教的な感動と感情を再発見した社会では、仏教は信心や宗教という観点から再解釈された。古代インドの賢人の教えは、ただ単に知性を啓蒙するだけでなく、心を震わせることもできるということを、人々はたちまち理解した。

ジュール・バルテルミー＝サン＝チレールは見誤ってはいなかった。一八九三年二月二十五日、かねてから仏教を敵視してきた彼は、アカデミーの科学、道徳、政治部門の同僚たちの前に、八十八歳にして最後のカムバックを果たし、仏教の新たな広がりという「道徳的疫病」の危険を告発した。「仏教は過去のものとして、今後は歴史的遺物としてしかるべき位置を占めるべきである。しかし、仏教が人々の心に入り込むことがあってはならない」［Barthélemy Saint-Hilaire, 1896, t. XIX, p. 434］。

この世紀末に、心の中にだけでなく、西洋の幻想の中に、その後長年にわたって仏教が浸透する要因となったもう一つの大きな精神運動、それが秘教主義である。実際、十九世紀中頃から魔術・秘教思想がさまざまな形をとって力強く復活し、世紀末の二十年間に大きく開花した。『聖書』に発想を得た精神主義的新宗教の出現という形で、この現象の最初の兆候が現われたのは、主にアメリカ東海岸であった。そのさきがけとなったのは一八三〇年に『モルモンの書』を出版したジョゼフ・スミスで、以後、「エホヴァの証人」を始めたチャールズ・ラッセル、「キリスト再臨派」の創始者エレン・ホワイト、そして「クリスチャン・サイエンス」の発想者メアリ＝ベーカー・エディなど、多くの場合、超自然的方法で「新たな天啓」を授かったと主張する近代の「預言者」たちが、続々と現われた。

こうした多くの運動の中で、特異な運命をたどったものが一つある。フォックス姉妹は一八四七年にニューヨーク州で、死者と対話すると主張して、「近代精神主義」の流れを広めた。この流れはフランスに移入され、元教師で一八五七年に『心霊の世界』を出版し、交霊術師としてはアラン・カルデックの名前で有名になった男によって、「交霊術」として体系化された。十九世紀最後の三十年間に、交霊術はヨーロッパの芸術家、知識人たちの間に怒濤のように広まり、ヴィクトル・ユゴーをはじめ数え切れないほどの著名人が、半信半疑ながらも熱狂的に、死者との対話に没頭した。

交霊術に続いて、一つの新たな流れが、この秘教的な星雲のただなかに出現した。オカルティズムである。この言葉を創始したのは、『偉大な秘儀の鍵』なる書を一八六一年に出版したアルフォンス＝ルイ・コンスタン、またの名を祭司エリファ＝レヴィというフランス人である。オカルティズムは、占星術、タロット、カバラ、魔術、錬金術などといった数々の「伝統的科学」に支えられた探究と実践の、一つの総体として出現したのである。

入れ替わり立ち替わり現われるこの二大潮流、つまり交霊術とオカルティズムは、十九世紀最後の三十余年間、大いに流行し、その地下組織やクラブは数千を数え、隠れた信奉者は数百万人にのぼった。合理主義者に言わせれば「不合理への危険な回帰」と称されかねないものだろうが、当の推進者たちには、もちろんそうは受け止められなかった。秘教的思想の専門家たちが示したのは、これらの流れがいかに、いわゆる「無味乾燥な科学主義」と「教条主義的で息苦しい宗教」［これらの論考についての概括は Martin, 1994 参照］との間にあって、そのいずれでもない、もうひとつの解決策を提示しようとするものであるか、ということである。

アラン・カルデックは、交霊術を、センチメンタリズムと合理主義の色あいを帯びたひとつの宗教に仕立て上げた。オカルティストの多くは、数々のオカルト現象が本当であることを、「科学的に」立証すると言い張っていた。「概してオカルティストたちは、科学の進歩や近代性を非難するのではなく、むしろそれらを、物質主義のむなしさをあばくためにうってつけの、ある全体的な展望の中に組み入れようと試みた」と、アントワーヌ・フェーヴルは記している［Faivre, 1992, p. 88］。

一方、エドガール・モランは、次のように強調している。「十九世紀の合理主義的な観察者の目には、オカルティズムは不治の病いに冒され、衰微の運命にあるように思われていた。じっさいには、今日から見れば、それはある種の温床であった。一八四八年以来、イギリスで、また数年遅れてフランスで、幽霊についてのじつに古風な信仰が、後進的な農村ばかりか都市の家々の中にも復活し、急速に広がっていた。交霊術は、科学の勝利と宗教の退潮によって、ふさがるどころかますます開いていくある大きな裂け目から、広がっていた。それは死という裂け目である。じっさい、科学的・技術的・資本主義的・ブルジョワ的・都市的な文明とは、同時に、個人の発達をうながす文明であり、個人主義の進展はすべからく——とりわけキリスト教的な不死という来世信仰が退潮するにつれて——、親しい人々の死が引き起こす耐えがたい苦しみや自分自身の死という苦悩、死後の世界についての探究を、大きく広げ、深めることにほかならなかった。そして、死を癒すための最初の治療法を復活させるものとして、最後に到来した交霊術は、近代社会の奥深くに擬古主義が戻って来るきっかけとなった」[Morin, 1984a, pp. 368-369]。

こうしたさまざまな秘教的な流れの中で、一八七〇年代半ば以降、仏教は評価され——そしてふたたび道具として利用され——たのである。すでに見たように、十八世紀から十九世紀への時代の変わり目に、「東洋ルネサンス」の発端となったドイツのロマン主義者たちの多くは、何らかの秘密結社に属していた。それらの秘密結社はおびただしく、さまざまであったが、共通点は、新プラトン主義やユダヤ教のカバラ、キリスト教のグノーシス、中世の錬金術、あるいはライン地方の神秘神学などの思潮に想を得た、ある種の哲学的・神秘主義的折衷主義をはぐくんでいたことである。さまざまな形をとるこの広漠たる思潮は、典型的に西洋的なものとはいえ、いくつかの点で東洋哲学と共通の装いをまとっていた。一元論、ミクロコスモスとマクロコスモスの等価性、知的直観、否定的ないしアポファティックな神学、太古に黄金時代があったという神話、などの点である。

すでに強調したように、ロマン主義者たちがあれほどの熱意をもってインドに殺到した理由のひとつは、そこにある。いまだに未踏査の、この広大な知的、精神的大陸の中に、真の神秘主義の祖国、人類の本源的な叡智の聖なる洞窟を見出したと確信して、彼らがこのはるかなる「東洋」に投影したのは、西洋の秘教的伝統から抽出した彼ら自身の概念の数々であり、ヨーロッパ人の機械的・商業的精神にまだ汚されていない無垢の知恵とやらへの、彼ら自身の夢の数々であった。このロマン主義者たちの「インドかぶれ」は、東洋学研究を打ち上げる発射台の役割を果したかもしれないが、その後のインドの諸言語や諸思想の学術的発見は、哲学の領域におけるいくつかの重大な問題について、東洋と西洋のあいだにある、相容れがたい観点のちがいを明るみに出し、そうした彼らの夢想に早々に終止符を打つことになった。こうして、一八二〇年代以降、数々の有力な秘密結社は「東洋」への関心を失い、キリスト教という広大な領野にふたたび専念するようになった。

十九世紀最後の四半世紀になってようやく、西洋の秘教的思潮といくつかの東洋哲学——なかんずく仏教——とを近づけようとする、ある新しい壮大な企てが見られるようになった。これを企てたのは、一八七五年に設立されたオカルト団体「神智学協会」で、その後数十年のうちに、世界中でめざましい発展をとげた。今もなお、数万人の会員を擁する強力な団体である神智学協会はまた、他のおびただしい奥義入門的な団体や現代の諸宗派の淵源ともなった。同様に、一九七〇年代以降にあちこちで発展した「ニュー・エイジ」や「神秘的・秘教的星雲」の領域にも、イデオロギーの上でかなりの影響を及ぼしたと見られる［次章の結び参照］。神智学協会は、仏教をその教義の中心に据えるようになるが、そのことは仏教に深刻な歪みをもたらさざるをえなかった。二十世紀に入ってこのかた、多くの西洋人が抱くようになる仏教観は、神智学者たちの教義に直接由来している。この「同化作用」はある新たな幻想の源となり、その生々しい影響が今日もいまだに残っているので、これについてじっくりと検討することは、本書の本来の目的にかなうものである。

第二章　神智学協会の誕生と発展

神智学協会は一八七五年九月八日、ニューヨークで、オカルト現象の研究に熱中する人々のグループによって設立され、ヘンリー＝スティール・オルコット大佐が初代会長に選ばれた。しかし真の中心人物は、ロシア生まれの当時四十四歳の女性、ヘレナ・ブラヴァツキーであった。彼女の伝記は、彼女の肝いりで、しかも彼女を聖者扱いする神智学者たちの手で書きなおされたものであり、ヘレナ・ブラヴァツキーの一八七五年以前の半生については、少なからず影の部分が残されている。

ヘレナ＝ペトロヴナ・ハーンは一八三一年、ロシア貴族の家に生まれ、十六歳のとき、高齢の将軍、ニキフォル・ブラヴァツキーと結婚した。翌一八四八年、年老いた夫のもとを去り、それきり戻らなかった。友だちの裕福な伯爵夫人とつれだって、どうやら小アジア、ギリシャ、エジプトをめぐり歩いたらしい。この数年間の「奥義入門の旅」の末に、しばらくロンドンに腰をおちつけ、そこで交霊術のサークル［多くの場合、ひとりの霊媒の周りに集まった人々のグループで、死者の霊との接触を試みた］と革命家の集まりに、どちらも同じくらい熱心にかよった。一八五八年ロシアにもどり、父のそばに数年とどまり、父と和解した。その後、イタリアのカルボナリ党〔十九世紀初めのイタリアの秘密結社。ウィーン体制に反抗し、イタリアの自由と統一を求めて反乱を起こした〕に加わり、一八六六年にはガリバルディのもとで闘ったとされる。重傷を負い、回復するまでパリで過ごしたとされ、そこでフランスの交霊術の一派である、アラン・カルデックのグループに足しげくかよったのは確実である。一八七〇年から一八七二年にかけて、カイロで霊媒をなりわいとし、「奇蹟クラブ」を創ったが、いかさまがばれて、急ぎカイロを発ってパリに向かい、その後アメリカに渡り、またもや霊媒を職とし、神智学協会の創立に加わる直前まで、いくつかのオカルト的な交霊術のサークルに始終出入りしていた。有名人になったヘレナ・ブラヴァツキーは、前半生のあまりぱっとしないいくつかのエピソードを隠そうとして、チベットで七年間過ごしたとも言っているが、これはまっかな嘘である。

容姿はさえないし、貴族の出自とは奇妙なまでにうらはらの粗野なふるまいをしばしば見せるにもかかわらず、彼女はたいていの相手を魅了した。まっ先にこのたぐいの人物を警戒するような相手ですら、例外ではなかった。カリスマ的で人を惹きつける力を持っていた彼女は、当時急激に増えていた「多重人格」をもつ女性ヒステリー患者たち――この現象は、同時代人であり、多くの女性霊媒の症例を研究したサルペトリエール病院の大医学者シャルコーによって完全に解明された――の症状を、すべて兼ね備えていたようである。

最初に彼女の虜になったのは、ヘンリー＝スティール・オルコット大佐であった。彼は一八三二年、ニュージャージーに生まれ、ブルジョワ社会に育ち、厳格なプレスビテリアン派〔長老派教会〕の教育を受けた。行きあたりばったりに転職を重ね、苦痛に満ちた結婚生活のあげく、フリーメーソンの一支部に入会し、合衆国で当時ちょうど勢力を盛り返しつつあった交霊術に、いくらかの慰めを見出した。たまたま交霊現象についての記事を書く機会を得て、ヴァーモント州の小さな村チッテンデンで起こったとされる、不思議な心霊現象について調査することになった。彼がヘレナ・ブラヴァツキーと知りあったのはこの時、すなわち一八七四年十月十四日のことであった。彼女もやはりその現象を見に来たのである。

ふたりのオカルト愛好家はたちまち意気投合した。神智学運動の批判的研究にかけてはもっともすぐれた歴史家のひとりである、ピーター・ワシントンがいみじくも言い表わしたとおり、この友情の「基盤となったのは、ふたりが互いの必要性を本能的に認めあったことであった。大佐に欠けていたのは強い感情とみずからの人生の使命であり、一方、ヘレナは賞賛と収入源に飢えていた。オルコットは、だれか心霊世界の実在を自分に確信させてくれるような人物を必要としていたし、ブラヴァツキーは、だれか確信させる相手を探していた。オルコットはブラヴァツキーの共犯者であったのか、あるいは彼女にだまされていたのか、どちらとも言い切れない。大佐は、みずからの持てる信じたいという欲求を信仰そのものと区別するのが難しい、この種の人物の典型的な例であった」[Washington, 1999, p. 25]。

出会ってまもなく、ふたりはニューヨークで大きなアパートを共用するようになり、そこはすぐに交霊術やオカルト関係者の交流の場として人気を集めた。ショーペンハウアーのように、彼らもサロンの暖炉のマントルピースの上に小さな仏像を置き、当時アメリカの知識人層の間に知られはじめていた仏教の教義への共感のしるしとした。神智学協会の設立が、ピーター・ワシントンの示唆するように、長らく練り上げられた結果であったのか、あるいは創立者たちが断言するように、前日の一八七五年九月七日の、何人かの熱狂的なオカルト好きの会合に由来する、偶発的で自然発生的なものであったのかはよくわからない。

ヘレナ・ブラヴァツキーの神智学

神智学協会の目的は、年月とともに多少変化した。しかし、後代まで受け継がれてゆく三つの眼目は、一八八九年に出た『神智学への鍵』に明確に記されている。この本は問答集の体裁をとり、ヘレナ・ブラヴァツキーが自問自答のかたちで、協会の教義を要約したものである。

「我々の第一の目的は、人種や肌の色や信仰による差別のない、「人類」の普遍的な「友愛」の核となることである。第二の目的は、アーリヤ語およびその他の言語で書かれた「聖典」、ならびに世界の諸宗教と諸科学の研究を奨励し、古代アジアの、とくにバラモン教、仏教、ゾロアスター教の哲学作品の重要性を証明することである。第三の目的は、「自然」の隠された神秘、わけても人間に潜在する心霊的、精神的な力を、可能なかぎりあらゆる局面で、深く追究することである」[Blavatsky, 1946, p. 47]。

神智学協会の創立者たちは、彼らが「唯物論的科学」と「教条主義的な宗教」と称したところの、当時支配的であった二つの思潮と闘おうとした。最初のうち、彼らは交霊術の運動と連携しようとした。彼ら自身の多くも出発点はそこにあり、その運動に哲学的な教義を持ち込もうと試みたのである。しかし、この試みが失敗すると、彼らは交霊術者たちに対してきわめて批判的になるとともに、独自の方法で自分たちの運動を発展させた。当時非常にはやっていたオカルト科学と心霊現象の愛好者たちを、主な会員として迎え入れたのである。

神智学という名称を選択することで、誕生間もない協会は、ある秘教的な思潮の系譜につらなろうとした。ヘレナ・ブラヴァツキーによれば、神智学（文字通り「神の叡智」の意）とは、紀元三世紀のアレクサンドリアの哲学者たちにまで遡るもので、彼らはあらゆる教義を超越し、「真理の愛好者」を自任していたという[この系譜は総じて神話的である。西洋秘教思想の専門家たちは、「神智学的星雲」は十六世紀末の神秘主義的、ゲルマン的な風潮の中で生まれたとする。おそらくそのもっとも著名で代表的なひとりがヤコブ・ベーメで、ブラヴァツキーはその著作を読んでいた。Faivre, 1993 参照]。

協会がモットーとした「真理以上に高尚な宗教はない」[Blavatsky, 1946, p. 14] という言葉は、歴史上存在したすべての宗教を超えて、すべての宗教的、哲学的体系の淵源となった、人類の「本源的な宗教」を明らかにしたいという、協会創立者たちの意欲をよく反映している。それをアントワーヌ・フェーヴルは次のように言う。「狭義のオカルティズムの領域を越えて、人類のあらゆる他の伝統の上に影を落としているという「本源的」な「伝統」を探究すること――それは東洋についてのより良質の知識と、諸大学における比較宗教学の出現との恩恵を受けていた――、そのことが一八六〇年代のなかば以降、多くの秘教主義の代表者たちのあいだで、一種の強迫観念となっていた」[Faivre, 1993, p. 26]。「叡智の宗教」あるいは「テオソフィア」と、彼らが好んで称したこの本源的な伝統とは、秘教の伝授を受けた者から次に伝えられる者へと、歴史の黎明以来ひそかに伝えられてきたものとされ（その秘教的な性格、すなわち秘密とはそこに由来する）、神智学協会の創立者たちは、自分たちがそれを最後に託された者だと主張する。彼らの使命は全世界にそれを知らしめ、その「ヴェールを脱がせる」ことにある、という。

協会設立から二年後、ヘレナ・ブラヴァツキーが出した最初の著書も、それを意図したものであった。その名も『ヴェールを脱いだイシス』（一八七七）という思わせぶりなタイトルで、千部印刷されたが、新聞の酷評［『ニューヨーク・サン』紙は「ゴミ箱に直行の屑」、『スプリングフィールド・リパブリカン』紙は「残りものを温めなおした大皿」と評した］や、東洋学者マックス・ミュラーの容赦ない論難にもかかわらず、数週間のうちに品切れとなった。マックス・ミュラーは、自身も比較研究に情熱をもやし、すべての宗教には共通のひとつの基盤があるという理念を開陳する傾向が大いにあったのだが、この著者にはこの問題について論じる資格がないと非難した。大学教授やジャーナリストたちには見向きもされなかったが、この本は、生活にゆとりのある中流階級の、オカルティズムの愛好者や独学の心霊研究家たちの心を動かした。

ヘレナ・ブラヴァツキーはさらに二冊の本を出版した。『秘密の教義』（一八八八）と『神智学への鍵』（一八八九）である。これらに加えて、一八七九年に神智学協会に入会したアルフレッド・シネットによる、『オカルト世界』（一八八一）と『秘教的仏教』（一八八三）の二冊も挙げるべきだろう。協会の教義はすべて、これらの本に示されている。とはいえ、各書物のあいだにはいくつかの矛盾もないわけではない。大まかに要約すれば以下のとおりである。

ヘレナ・ブラヴァツキーによれば、神智学とは「すべての宗教と絶対的真理のエッセンスであり、たった一滴だけであらゆる信仰の基盤となる。（中略）我らが神智学協会は、ささやかな種子に過ぎないが、水を与えて育ててゆけば、ついには、「永遠の生命の木」に接ぎ木された「善悪の認識の木」となるだろう。というのは、人類のさまざまな偉大な宗教と哲学を研究し、それらを感情や先入観を排して比較することによってのみ、真理に到達することが期待できるのだから」［Blavatsky, 1946, pp. 64-65］。

単刀直入に言えば、神智学者たちはさまざまな宗教を、すべて同列とみなしていたのではない。ユダヤ教は忌まわしい代物で［ユダヤ教に対して好意的な他の引用も参照のこと。Blavatsky, 1946, p. 48-50］、キリスト教はイエスという人物を除けば（同じくイスラム教も何人かの神秘家を除けば）何の値打ちもなく、真の叡智が宿るのは、「人類の魂のゆりかご」であるインドだという。このことが、設立後間もない協会がはやくも一八七九年以後、その本拠地を、はじめはボンベイ〔現ムンバイ〕に、つぎにマドラス〔現チェンナイ〕近郊のアディヤールに（現在も同地にある）置いた理由のひとつであった。

インドのあらゆる教義のなかでも、神智学者たちは仏教への偏愛をあからさまに示している。仏教は、本源的な叡智としての「宗教」にもっとも忠実なままであるがゆえに、もっとも完成されたものと判断された。しかしながら、学者たちによって解明され、アジアの大衆によって実践されている顕教的な（外面的な）仏教と、もっぱら「秘教伝授を受けた者」によってのみ伝えられてきた、真の「神智」を表わす秘教的仏教とを区別する方が、彼らには都合がよかった。もちろん、両者の間にはいくつかの共通点があるが、顕教的な仏教には重大な誤り（神智学者はそれを正すことにやぶさかではなかった）がしのび込んでおり、無学な大衆に教えるためのものだから、宇宙の意味や人間の運命にかかわる究極の鍵を内包していない、というのである。

その鍵とは何か。神智学者によれば、人間とは一つの「心霊的自我」であり、カルマという宇宙的な因果律によって、進化の過程に応じて、無数の生を経つつ転生する。この転生は、人間の進化における七つの異なる時期に応じて、異なる惑星の上でおこる（火星の次は地球、その次には水星というように）。およそ百万年前から、われわれは第四世界の第五期に入った。ブッダは秘教伝授を受けた者として、この第五期のもっとも偉大な人物である。彼こそ、現代の人類を永遠の真理である「神智」に立ち戻らせるためにやって来たのだ。彼はすでに、来《きた》るべき第六期の人間の資質を具えている。たとえば発達した心理的能力、みずからが転生を重ねてきたすべての前世についての意識、広大無辺の善意と叡智などである。数十億年もの進化をたどった果てに、すべての「心霊的自我」はニルヴァーナに到達する。すなわち、みずからの本源である宇宙的、神的根源へと合流する。

神智学協会はまた、死後の世界と転生のプロセスについても、たくさんのこまごまとした情報を提供している。たとえば、あらゆる人間は、次に転生するまでの間、毎回デーヴァシャン（極楽を指すチベット語デワチェンの英語読み）という主観的な楽園に、休息に行くとされる。この楽園での休息は平均して千五百年続き（幼くして死んだ子供は別で、彼らはすぐに転生する）、その後、カルマの法則がふたたび情け容赦なく発動し、それぞれみずからの前世での功罪に応じて生まれ変わる。

「秘教的仏教」を構成するとされた、これら「永遠の真理」なるものを、神智学協会の創立者たちはどこから見つけてきたのか、といぶかしむ人がいて当然であろう。ヘレナ・ブラヴァツキーの豊かな想像力がその出どころだと、協会を誹謗中傷するたくさんの人々は即座に断定した。これらの教えはマハトマ（「偉大な魂」を意味するヒンドゥー教の表現）たちからまさしく口授《くじゅ》されたものだ、と神智学者たちは反駁した。

神智学者が「師」とも「秘教に通じた人」とも「秘教的な指導者」とも呼ぶ、こうしたマハトマたちこそ、協会の機構全体を支える要石であった。ヘレナ・ブラヴァツキーによれば、「彼らは、我々と同じように生まれ、すべての死すべき者たちと同じように死すべき運命にある、生きた人間たちだ。（中略）彼らは我々を指導し、我々は彼らから神智学のあらゆる真理を授かるがゆえに、我々は彼らを「師」と呼ぶ。彼らは偉大な学識を具え、そのうえ、偉大な生涯を生きた神聖な人間たちだ。（中略）我々の著作物は、どの一節もみな、彼らから一語一語、口授されたものだ。しかしふつう、彼らはインスピレーションを与えるにとどまり、文章としての形をととのえるのは書き手に任せている」[Blavatsky, 1946, pp. 272-273]。

ヘレナ・ブラヴァツキー——そして彼女に続く大勢の神智学者たち——は、こうしてモリヤ大師とクート・フーミー大師の啓示を受けていると、後に明言するようになる。神智学のすべての教義についてインスピレーションを与えたとされるこれらのマハトマたちは、神智学者たちによれば、秘密裏に世界を支配するとされる隠れた階級組織、「白い大ロッジ」の最高層のメンバーである。この「大ロッジ」の活動メンバーたちの多くは、アブラハム、モーセ、ソロモン、孔子、ブッダ、老子、ソクラテス、プラトン、イエス、ヤコブ・ベーメ、フランシス・ベーコンなど、万人に知られた哲学者、あるいは宗教の開祖たちである。

ふり返ってみれば、この「見えざる師」という概念は十七―十九世紀の、秘教伝授を特色とする組織のほとんどに見られる。十七世紀に始まった薔薇十字〔神秘的秘密結社〕の運動は、クリスチャン・ローゼンクロイツという、最後の審判にそなえて人間の持てるあらゆる智恵を結集することを使命としたとされる、十四世紀の少なからず謎めいた騎士の栄誉を讃えて創立されたものだが、そこでは「秘教に通じた人」たちの神秘的な友愛なるものの存在が、想定されていた。この神話は、テンプル騎士団〔エルサレム神殿の近くに設立された聖墓を守護するための騎士団〕のそれにヒントを得ている。この軍隊的な宗教団体は十字軍のために創設されたが、ローマ教皇を後ろ盾としたフィリップ端麗王〔フランス王フィリップ四世、一二六八―一三一四〕の迫害にあった。その最後の大団長ジャック・ド＝モレーが火刑台の上で死んで以来、テンプル騎士団が持つとされたオカルト的な知識と力に対する信仰が、西洋人の幻想の中に定着するようになった。

こうしてテンプル騎士団の「秘教伝授を受けた人々」のあとに、薔薇十字の「秘教に通じた人々」――彼らは、デカルト、ライプニッツ、スウェーデンボリら十七世紀の多くの思想家の幻想を燃え上がらせた――、そして十八世紀には、気高きフリーメーソンの「知られざる上位者たち」の系譜が続く。十九世紀半ばごろ、フランスのオカルティスト、アルフォンス・エリファ＝レヴィは、東西両洋の宗教の最高の教えの数々を総合したというある秘密の教義を説く、神秘的な「秘教的な指導者」の噂を依然として言い触らしている。

ヘレナ・ブラヴァツキーは、ありとあらゆるこれら秘教的な理論をせっせと漁りまわった。また、イギリスの小説家エドワード・ブルワー＝リットン（一八〇三―一八七三）は、友人アルフォンス・エリファ＝レヴィの理論を焼きなおしたオカルト小説を書いているが、ヘレナはこのブルワー＝リットンからも直接、影響を受けている。しかし、他の秘密結社がその師の所在をエジプトや中東に位置づけたのにくらべて、神智学者たちが独創的であったのは、師たちのほとんどは今やチベットに暮らしていると主張したことである。この主張は検証不可能なだけに、神智学協会の信奉者たちの目には、いよいよもっともらしく映った。後述するように、チベットは単にきわめて近づきがたい国というだけでなく、外国人の入国を厳しく禁じていたのである。

もう一方で、この地理的な位置づけはなかなか意味深長であり、世界の精神的な重心が東洋へ移動したことを、象徴的に示していた。西洋の秘教的な思潮と「見えざる師」の位置づけを、何世紀にもわたって追ってみると、このように徐々に東へと移行していることが観察され、興味深い。それはともかく、ヘレナ・ブラヴァツキーはこの現象に、ある解釈を与えている。全世界が物質主義や科学万能論の病毒に冒されるのを前にして、「師」たちは、「永遠の叡智」のために残された最後の砦チベットに、隠れ家を見出さざるをえなかったというのである。

それゆえ、協会の神秘の教義について、インスピレーションを与えるとされたのは、アルフレッド・シネットの命名に従えば、「チベットの兄弟たち」といわれる人々であった。ヘレナ・ブラヴァツキーの説明によれば、「師」たちは、神智学の責任者たちとテレパシーによって交信するか、あるいは直接手紙をよこすという。彼女はこうして、自分のもとに来るだまされやすい人たちに、複数の名高いマハトマたちから来たとされるおびただしい手紙や、実にさまざまな文書を見せびらかした。ここでもやはり、神智学者たちの発想のもととなったのは、ある種の死者は生者にメッセージを口授したり、さらには生者を直接「駆り立てたり」して、生者と交信すると主張する、古典的な交霊術の伝統に他ならなかった。宗教史上、神の使いが、ある選ばれた人に新たな聖なる書物を伝えるという啓示は数多く、たとえば『コーラン』は、天使ガブリエルがマホメットに口授したとされ、またヘレナ・ブラヴァツキーとごく近い時代には、『モルモンの書』が天使モロニによってジョゼフ・スミスに啓示されたといわれる。

いずれにせよ、「見えざる師」たちをこうして引き合いに出したことが、神智学協会の成功を保証したのはまちがいない。しかし、そのことはまた、これら謎めいた指導者たちの実在が立証できないのに、それを基盤にして協会の全機構をうち建てたという点で、協会のアキレス腱ともなった。

協会の危機と発展

事実上、最初の大きな危機が突発したのは一八八三年、「チベットの兄弟」のひとりが盗作のかどで訴えられるという不祥事がきっかけであった。その二年前、アルフレッド・シネットは、はじめての著書『オカルト世界』を出版した。ところが、同書に引用されたクート・フーミー大師の手紙の一通が、霊媒のヘンリー・キッドルが一八八〇年八月に講演し、その一カ月後にアメリカの交霊術関係の新聞『バナー・オヴ・ライト〔光明の旗〕』紙に掲載されたものを、ほとんどそのまま引き写したものであることがばれてしまった。シネットに説明を求めたが何の返答もなかったので、キッドルはついに一八八三年、このできごとをおおやけにした。ロンドンの神智学協会会長は運動から離れ、そのときまでマハトマの実在を信じていた大勢の信奉者たちもそれにならった。

しかし、このスキャンダルが協会にもたらしたやっかいな結果は、それだけではなかった。ジョン・ラスキン、ウィリアム・ジェームズ、アンリ・ベルクソンといった錚々たる人たちを会員とし、研究の手堅さで定評があるロンドンの心霊研究協会の注意を引いたのである。同協会は、心理的・オカルト的（現在では「超心理的」と呼ばれる）現象の跋扈《ばっこ》に対して、もう少し科学的厳密さを導入しようと努めていた。同協会は、ヘレナ・ブラヴァツキーによって援用ないし紹介された現象の正体を研究するために、委員会を設置した。彼女が調査を拒めば、信奉者たちの信用をすっかり失う恐れがあった。委員会の委任を受けたリチャード・ホジソン博士は、協会の本拠地があるインドのアディヤールに赴き、六カ月間、調査にあたった。

一八八五年に公刊された委員会の報告書は、神智学協会にとってのっぴきならないものであった。ヘレナ・

ブラヴァツキーとその共犯者たちの用いたあらゆる「トリック」を詳細に述べ、はっきりと次のような結論を下した。「彼女は人々に知られざる見者たちの代弁者でもなければ、ありきたりの山師でもなく、その名を後世に伝えるに値する、もっとも興味深い詐欺師のひとりとして、歴史上に座を占めた」[*Proceeding of Society for Psychical Research*, Londres, décembre 1885, p. 207]。神智学協会の力の源泉であったヘレナ・ブラヴァツキーは、共犯者たちの何人かに見離され——そのうちのあるカップルはアディヤールに住むフランス人で、マハトマたちの手紙を書いたり、ごくふつうに巧妙ないかさまをしたりして、カイロの「奇蹟クラブ」以来、彼女に手を貸してきた——、その生涯最後の六年間を、四方八方から降りそそぐ批判の矢面に立たされて過ごした。オルコットとの仲も多少うまく行かなくなり、運動の内部に独自の秘教的な支派を設け、また、『ルシファー』という新しい雑誌を創刊した。

一八九一年に彼女が没したのち、オルコットと神智学協会のアメリカ支部長ウィリアム・ジャッジとの間で、すさまじい後継者争いが起こった。この紛争は、神智運動の信奉者たちにとっては、マハトマたちの反目という深刻な事態を引き起こした。モリヤ師は無条件でオルコットを支持し、一方でジャッジは、オルコット会長の解任と彼自身の就任をうながすクート・フーミー師の手紙を振りかざした。これらのたび重なるスキャンダルや、神智運動の責任者たちのあいつぐ辞任、無数の内紛にもかかわらず、神智学協会は人気を博しつづけた。創立十年後にはすでに、十カ国あまりに百二十一の支部を数え、活動的な会員は数千人にのぼった。何人もの著名人が足しげく協会に通い、エディソンやアルフレッド＝ラッセル・ウォーレスのような名のある科学者も入会した。おそらく協会は、近代における最も大規模な、秘教主義の覚醒の具体例であろう。

神智学者たちは、あらゆる宗教を包括し、より高次な体系に統合したと主張したが、実際には彼らの教えは、それらすべてを歪曲して作られたものである。その手始めとなったのが、彼らが主たるよりどころとした仏教である。神智学協会が、「顕教的な仏教」（じっさいには現存する仏教）を「秘教的仏教」に変形させるために加えたひずみは多すぎて、ここですべてを列挙することはできない。それゆえ、西洋人の仏教観にもっとも重大な影響を与えた、いくつかの点について言及するにとどめる。

仏教の神智学への同化

とくに、創造主としての唯一神は存在せず、個人の魂も存在しないというブッダの教えは、神智学者によって、一種の有神論と一種の「個人的自我」への信仰に変形させられたが、それは次のような手順を経ていた。ヘレナ・ブラヴァツキーの説明によれば、「神智学と顕教的な仏教との最大の違いのひとつは、南伝仏教に代表されるように、後者〔顕教的仏教〕はいかなる神の存在も、死後のいかなる意識的な生も、さらには、人間の死後にも生き続ける自意識をもったいかなる個人をも、絶対的に否定する点である。（中略）いずれにせよ、奥義を伝授されたアルハット〔パーリ語・サンスクリット語。煩悩を断ち切って、苦しみのない涅槃に到達した人。輪廻からは解脱しているが、「ブッダの覚り」には達していない〔漢訳仏典では阿羅漢〕〕たちは「師」の没後、北方に身を寄せたが、それらの国々で確立された北伝仏教の諸宗派の教えはすべて、今日、神智学の教義と称されているものである。なぜなら、後者は、秘教伝授を受けた人々が持つとされる認識の中に包括されるものだからである」[Blavatsky, 1946, p. 24]。

南伝・北伝の別とは、小乗（ヒーナヤーナ）と大乗（マハーヤーナ）という仏教の二大思潮を示すものだが、ここではもっぱら、神智学協会が仏教の教義に押しつけようとした、恐るべきゆがみを正当化するために使われている。というのも、小乗であれ大乗であれいかなる仏教の学僧も、人格ある唯一神が存在することや、死後も個人の意識が存続することを認めてはいないからだ。しかし、そんなことはどうでもよかった。自分たちの思想を展開するための足場として、仏教を利用しようと決めた神智学者たちにとって、肝心な点は、神智学の教義について来そうな西洋人たちに、それが受け入れられるようにすることであった。

ところが、西洋人たちがどれほど神秘主義やオカルティズムに夢中になったとしても、手放そうとしないであろうものが二つある。「何らかの神的なもの」の存在と、個人の不死なる根源の存在である。それゆえ、これら本質的な二つの点について、仏教を西洋化することが、協会の幹部たちにとっては至上命令であった。そうすることで、彼らは仏教ならではの特殊性をだいなしにしてしまった。というのは、まさにこの二点こそ、ブッダがバラモン教から離脱した理由だったからである。バラモン教では、非人格的な神性の根源であるブラフマン〔梵〕と、死後も存続する個人の魂であるアートマン〔我〕の存在が規定されており、アートマンは長い時を経て、転生を繰り返した末に、ついにはブラフマンの中に融合するとされる。

これまで見てきたように、ある意味では、神智学の教義は仏教よりバラモン教にはるかに近い。それなのになぜ、神智学の主唱者たちは、みずからの理論のよりどころとしてヒンドゥー教の教義を用いず、また「秘教的バラモン教」について論じなかったのか。これについては少なくとも三つの十分な理由がある。

まず第一に、神智学の教義が作り上げられた当時、仏教の方がヒンドゥー教よりずっとはやっていた。ときあたかもショーペンハウアーは死後の栄光の絶頂にあり、ニーチェは古い仏典を熱心に読みふけり、ラフィットはブッダ祭を〔フランス〕共和国の祭礼に制定しようと提唱し、ルナンは「この神なき宗教はすぐれて倫理的であり有益である」［Renan, 1884, p. 374］と叫んでいた。

この最後の側面が、なぜヘレナ・ブラヴァツキーが仏教に魅了されたのかを説明する、第二のすぐれた理由になったように見える。じっさい彼女にとって、総じて宗教制度、わけてもカトリックほどうんざりさせられるものはなかった。それに反して、この「教義なき宗教」である仏教の平和主義と寛容に、彼女は惹かれた。一方、アルフレッド・シネットは後年、次のように説明している。仏教の目的とは「徳それ自体のために、また人々が将来転生したときにもたらされる望ましい影響のために、徳を愛させること」であって、「人は死後、その人が犯した罪以上に罰しようと待ちかまえている審判者の前に出頭し、個々に裁きを受ける、という教義によって人々の想像力に恐怖を与え、教会制度や宗教的なドグマに人々を服従させることではない」[Sinnet, 1893 (1993), p. 270] というのである。

神智学者は、インドであらゆる宗教の信者二百万人について無作為に選んで調査したところ、犯罪の件数はキリスト教徒がもっとも高く、仏教徒がもっとも低いことが示された、と主張する［神智学雑誌『ルシファー』、avril 1888, p. 147]。いかなるたぐいの聖職者にもアレルギー症状を起こすヘレナ・ブラヴァツキーは、インドで実際に出会ったヒンドゥー教のバラモンたちに対しても、キリスト教の聖職者たちに対してと同様、手厳しい態度をとった。その反対に、チベットには滞在したことがなかった彼女は、同地の聖職者には理想化したイメージを抱いていた。彼女にとってチベットのラマたちは――一人も会ったことはなかったのに――真の意味で秘義を伝授された人々であり、聖者であり、無私の賢者であった。

チベットの僧侶たちへのこの特別な崇敬の念が、神智学協会の設立者たちが仏教に惹かれた第三の理由だと思われる。秘密の国チベットと魔術的な力を持つラマたちの神話は、十九世紀最後の四半世紀の間に、すでに西洋にあまねく広まっていた。その上、当時チベットは西洋人の入国をまったく禁じていたため、この件に関して、数々の幻想は誇張され、膨れ上がる一方であった。神智学者たちは彼らの高名な師とやらのために、この禁断の国チベット以上にすばらしい神話的な隠れ家を、見つけられたであろうか。また、心霊学上もっともめざましい手腕を発揮できると称された、これらのラマたち以上にすぐれたオカルト科学の専門家を見出せたであろうか。アルフレッド・シネットはこう記す。「世界には発展度の異なるさまざまなオカルティストが存在し、また、チベットで確立された主要な教団と多くの共通点をもつオカルト的な教団もある。しかし、この件に関しては、われわれのあらゆる調査から、チベットの教団がはるかに抜きん出て、もっとも高度であり、他のすべての教団からもそのように見なされている、と私は確信する」〔Sinnet, 1893（1993), p. 28〕。

流行と異国趣味の効用。寛容でドグマなき宗教。秘密の国チベットと数々のオカルト的な力を持つラマたちの神話。これらの三つが、十九世紀末の神智学者たちが仏教に魅了された理由である。そして、広汎なアンケート〔Lenoir, 1999 参照〕の結果、これらの動機は、その一世紀後にチベット仏教に惹かれる多くの西洋人を駆りたてた動機と、きわめてよく似ていることが確認できた。

仏教の教えの中で、神智学者たちが根本的に改変したもうひとつの本質的な特徴とは、転生の理論である。ブッダにとっては、じっさい、人間とはひとつの過程であり、数々の精神生理学〔精神と生理の相互関係を研究する学問〕的な凝集の、一時的な組み合わせのひとつである。だから、ある生から別の生へのいかなる実体的な連続性も、存在するはずがない。個人的な意識は、死後消滅する。ある肉体から他の肉体へと輪廻するものは、永続的な根源（魂、我、霊などと呼ばれるもの）などではなく――というのは、そのようなものは存在しないのだから――、執着と無知によって形成された数々の心理現象の複合である。

神智学における転生の信仰は、この教義からはるかに遠ざかっている。すでに述べたように、神智学者たちは、永続する個人的な根源の存在を確信しており、それを「心霊的自我」と呼んだ。彼らによれば、転生するのはこの「自我」であり、こうしてさまざまに生まれ変わっても、その間に実体のある統一性が保証される。彼らは、チベットのトゥルク〔化身〕のようなまったく例外的な存在から着想を得て、秘教的仏教、つまり秘教伝授を受けた人々の教えは、死後の意識の根源を認めている、とほめたてた。これはチベット人の考え方を歪曲したものである。チベットの概念では、生から生へと生まれ変わる永続的な根源や個人的な意識の存在は、想定されていない。

ただ、まったくの例外として、究極的な「覚り」の境地に到達したある種の人々は、死の瞬間に人格と意識の統一を維持できる場合がある、と認められている。そのような人々は、もはやカルマの法則に動かされることなく、他の人々が最終的な解脱に達するのを助けようという意図から、みずから進んで転生を選ぶのである。こうした慈悲ゆえの転生者たちは、チベット仏教ではトゥルクの名で知られており（そのもっとも有名なものがダライ・ラマである）、その存命中に、菩薩の誓い、すなわち、生きとし生けるものが地上で苦しむかぎり、自らがニルヴァーナに到達することはなく、生々死々の輪を最終的に離れることはない、との誓いを立てた人々である。

ところが、このチベットの教義はよく理解されぬまま、アナートマン（無我）の教義を受け入れることのできない一部の西洋人に、個人的な意識が死後も存続するとか、ある永続的な根源がふたたび転生するといった考えを、またもや導入することを許し、混乱を生むことになった。

もうひとつ重要なゆがみがある。ヒンドゥー教にせよ仏教にせよ、動物から人間へ、人間から動物への輪廻がありうるとするが、神智学者たちにはこの考えは受け入れがたいものであった。じっさい、彼らはその転生の理論を、進化論という典型的に西洋的な哲学の枠組に組み入れた。魂であろうと心霊的自我であろうと、その呼び名は何であれ、一人ひとりに固有の不死なる個人的根源は、いかなる場合も人間よりも下のレベルに後戻りすることはありえない。反対に、次々と転生を重ねることで絶えず進歩する、というのである。

興味深いことに、動物から人間への輪廻という東洋の理論がヨーロッパ人に発見されたのは、人間の祖先はサルだとするダーウィンの進化論と同時代のことであった。人類の特殊性という名目で、これらの理論を両方とも攻撃したのは、往々にして同じ思想家たちであった。一方、神智学者はといえば、種の進化というダーウィンの理論に賛同しながらも、その理論の基礎となる物質主義的哲学を激しく批判し、また、直線的な進歩という近代的な見方にしたがって、転生も直線的に進むと信じた。ヘレナ・ブラヴァツキーは次のように説明する。「この転生の教義は世界に比類ないものだ。それは各段階を経めぐったあげく、ついには神聖な根源との絶対的な合一に到達するために転生する、あらゆる自我、あらゆる神々しい魂の、不断の進歩を信じることであり、外面的なものから内面的なものへ、物質からはじまって精神にいたる進化を信じることである。（中略）毎回、ますます増大する新たな栄光と認識と力によって、新たな円環を乗り超えて行くこと、それがあらゆる自我の運命である」[Blavatsky, 1946, p. 151]。

ルネ・ゲノンが、その神智学協会に関する著作――容赦ない糾弾の書であった――の中で、まことに的確に指摘したように、ヘレナ・ブラヴァツキーはこの進化論的な転生の教義を、アラン・カルデックが創始したフランスの心霊主義運動から借用した。「生まれ、死に、再生し、たえまなく進歩すること、それが法則というものだ」というのが、そのモットーであった。心霊学の他の諸派は転生をまったく信じなかったが、それに反して、カルデックの一派は、個人の魂は、被造物全体の進化という普遍的な法則にしたがって、生まれ変わるたびに進歩すると主張していた。カルデックのこの考え自体も、さまざまな社会的不平等を説明しようとした十九世紀の何人かの社会主義理論家たち（シャルル・フーリエ、ピエール・ルルーなど）からの借用であり、さらにはその理論家たち自身も、十八世紀後半に生まれた「進歩」の概念（コンドルセ、テュルゴーら）に拠っていた。

意外に思われるかもしれないが、このように、西洋近代における転生の信仰は東洋に由来するものではなく、進歩という観念に与《くみ》するヨーロッパの哲学者たちから生じたものである。それをはじめて明確に記したのは、おそらくドイツの思想家レッシングで、その著書『人間教育』は一七八〇年に刊行された。

転生に関して、この典型的に西洋的な進化論の学説を全面的に支持した神智学者たちは、そこに真の仏教の教義があると人々に信じさせようとした。ところが、東洋の人々にとっては、この、人類の直線的な進歩なる観念ほど異様なものはない。ヒンドゥー教徒も仏教徒も、逆に円環周期的な時間を信じ、それゆえ個人なり人類一般なりの退歩の可能性を完全に認めている。

ルネ・ゲノンはまた、神智学者たちが、太古に黄金時代や完全なる本源的宗教があったという信仰を、この進化論の教義と結び付けようとしている矛盾にも、注意をうながしている。「進歩への信仰が、「太古の教義」なるものへの固執といかにして両立しうるのか、どうもよくわからない。誰であろうと進化を認める人にとっては、もっとも近代的な教義こそ、論理的にもっとも完全なものであるはずだ。ところが神智学者たちは、矛盾を意に介さないどころか、みずから疑問に思うことすらないらしい」[Guénon, 1921 et 1928, p. 108]。

ゲノンの神智学協会に対する容赦ない批判の中には、ときに公平でないものもあった——それほどまでに明確な精神的立場から発せられた批判だった——［たとえば彼は、オルコットとアニー・ベザントの提唱により、インド文化を西洋に紹介するために神智学者たちが払った数々の努力を、正当に評価していなかったし、彼自身もいくつかの仏教的な概念について誤って解釈していたために、ときには根拠のない非難をすることさえあった］。しかし、我々は「神智学は東洋の正統的な思想を代表するものではまったくない」という彼の結論に賛同する。仏教はそこでは、根本的に西洋的な、わけてもキリスト教的な伝統の刻印を残したままの教義を表現するための、一種の口実でしかなかった。じっさい、神智学の登場とともに我々が目のあたりにしたのは、西洋がはじめて意識的に仏教を同化しようとする試みであった。もちろん、このような同化は、むしろ一種の併呑を思わせる。

しかし、それより重要なのは、そこには何か根本的に新しい事態が起きているということだ。ブッダをヨサファットの名のもとに列聖したのは、無意識的な同化であった。仏教を、不幸にも「厭世主義」や「虚無主義」と解釈したのは、何よりも概念的、意味論的誤解が根底にあっての投影のメカニズムによるもので、そうした誤解は、知的にきわめて異質なふたつの世界がはじめて出会ったときには、おそらく不可避なものだったであろう。しかし、神智学協会が主導したこの企ては、まったく違ったものであった。そこには、自身の教義の本体や自身の神話をでっちあげるために仏教を横取りする、ひとつの組織がからんでいる。ここで目撃されるのは、まさしく知的で明確で意図的な同化の企てである。

　では、じっさい、そこから何が生じたのか、どんなことが確かめられるのか。そこに見られるのは、ひとつの新しい西洋的宗教哲学の誕生である。その根本的な基盤は依然として、ギリシャ的・キリスト教的な擬人化、『聖書』から受け継がれた直線的な時間の概念、啓蒙時代から受け継がれた人類の歴史についての進歩主義的な史観である。とはいえ、この哲学は、個人のレベルでも集団のレベルでも、転生を進歩へのベクトルとし、宇宙的な因果律（カルマ）にもとづき、ブッダを完全な人間のモデルとして示し、キリスト教をはじめとする教条主義的な宗教を斥けるために、ブッダの寛容のメッセージをモデルとして説き広めた。そして結局、そのオカルト的な教義全体を正当化するために、チベットという神話を援用した。

　神智学は、おそらく史上はじめてのキリスト教と仏教との混交・同化であり、仏教の概念を出発点として西洋的な哲学・神学を再考し、改革するはじめての試みであった。たとえその結果が、当然のことながら、関係する宗教の代表者たちから惨憺たるものと判定されたとしても――そこではもちろん、この種の混交が双方の伝統にもたらしたあらゆるひずみが強調される――、歴史家にとっても社会学者にとっても、宗教思想に関して近代史上重要な一時期であったことにやはり変わりはない。宗教の近代において、神智学の企ては、東洋と西洋の伝統の混合、つぎはぎ細工《ブリコラージュ》（レヴィ＝ストロースが『野生の思考』で考察したような、雑多な、ありあわせの材料を用いて当意即妙に自分の考えを表現する、神話的思考のあり方〉、諸教混交の到来を意味している。以下に、そのゆくえを追ってみよう。

「セクト」と「ニュー・エイジ」

ヘレナ・ブラヴァツキー亡き後、大方の人々は神智学協会はつぶれるであろうと思っていた。しかしその予測には、もうひとりの女性の知性となみなみならぬ人心操作の能力が想定されていなかった。アニー・ベザント（一八四七―一九三三）である。彼女は、第一世代の神智学者たちを〔協会の〕圏外に追いやることに成功し、四半世紀の間、協会の統率に辣腕をふるった。彼女が会長であった時代、協会の評判は最高潮に達した。彼女はときに先輩たちの教え、中でもとくにキリスト教に関するそれを修正した。キリスト教を激しく排斥するどころか、表向きの教えの背後に由緒正しい「秘教的なキリスト教」が存在すると説いて、東洋の諸宗教と同列に置いた。彼女はこの戦略によって、多くのキリスト教徒を神智学の思想に引きつけることができた。

アニー・ベザントは「マハトマ」たちの教義を退けたわけではまったくなく、これまで同様、「師」たちのメッセージを受けていると主張したが、人類には新たなメシアが必要だと確信していた。一九一一年、彼女は、母のいない、とびぬけて頭のよい、ひとりのインドの若者を、未来の「世界の指導者」と認めた。クリシュナムルティというその青年は、将来の使命のために長期間養成されたのち、神智学の教えを広めはじめたが、三十四歳のとき神智学協会を離れることを決意し、二十年近くにわたって幹部たちが彼に託した希望を、すべて打ち砕いた。しかし彼は世界中で講演を続け、彼自身の教えを伝え、それによって西洋の広汎な人々の尊敬をかちえた。

だが、この「クリシュナムルティ事件」は最初から最後まで、神智学協会の内部に大きな動揺を巻き起こした。もっとも著名なメンバーのひとり、ルドルフ・シュタイナーは一九一二年協会を離れ、自身の運動「人智学」をはじめた。他にも数々の秘教的団体が、神智学協会の勢力圏内に創設された。たとえば自由カトリック教会（一九一六年）、有名なアリス・ベイリーが創った秘教派（一九二三年）、マックス・ハインデルの薔薇十字（一九〇七年）、あるいは新しいところでは新アクロポリス（一九五〇年）などである。

神智学協会の創立者たちの例にヒントを得て、おびただしい秘教伝授的な宗派が、現在もなお、その教義を正当化するためにオカルト的な「師」たちをよりどころにしている。たとえば、一九九五年から一九九七年にかけて七十四人の犠牲者を出した太陽寺院教団がそうであった。主導者のジョ＝ディ＝マンブロは数々の儀式を主宰し、そこでは「見えざる師」と称される、人類の偉大な「秘教を伝授された者」たちが出現するとされた。太陽寺院教団事件で生き残った〔カナダの〕ケベック州出身のティエリー・ユグナンは、その指導者の権威を正当化するために用いられた演出について、次のように証言している。

「これらの師たちは、とても特別な雰囲気に包まれて、とても薄暗い奥の方から、ぼんやりとした、何か到底地上のものとは思えない印象を与える服をまとって、姿を現わした。しかし、実際はまったく違っていた。これらの師たちは誰かが変装していたにすぎず、会員の中から選ばれた選り抜きの人々であった。あらかじめ、音響、歌、音楽や、たがいに一体感を持たされる現象によって、すっかり準備が整えられていた。十人、十五人、二十人、三十人、四十人の人々が一斉に、何か完璧に非現実的なものを聞く、あるいは見る用意ができていた」〔一九九八年に〔フランスの〕第五チャンネルで放映されたテレビ番組のシリーズ『セクト、嘘と理想』第二話「見えざる師たち」（監督：フレデリック・ルノワール、ヨランド・ロシニョール、協力：ナタリー・リュカ）での証言〕。

クロード・ヴォリロン、別名ラエルなど他のグルたちによれば、これらの見えざる師たちはたんなる宇宙人で、ラエル自身をはじめとする特定の選ばれた人々とためらうことなく接触し、人類の偉大な賢者たちとともに、みずからの惑星に招く。この「ラエル運動」の創始者の回想によれば、「食事の場が設けてあった。すばらしい木立の中にとてもきれいな空き地があり、まったく夢みたいだった。私を迎えるために食事が用意されていて、人類が始まって以来存在した四十人の使者たちも一緒であった。こうした使者たちの中には、イエス、モーセ、ブッダ、エリヤ、エゼキエルもいた。要するに、地球に現われたおおぜいの偉大な預言者たちは、みなそこにいて、ずっと生きていて、「クローニング」〔無性生殖によって同一の遺伝子を持つ個体を作ること〕という、人間界では最近発見されるようになった技術のおかげで、科学的に生命が維持されていたのである」〔同前〕。

「見えざる師」たちの神話は、こうしたメッセージや能力の正当化という目的には使われずに、「ニュー・エイジ」という星雲を介して、天使や霊への言及や「チャネリング」〔非物質的・霊的存在との交信〕など、きわめて多様なかたちをとった。この「ニュー・エイジ」という秘教的で諸教混交的な広汎な運動は、一九六〇年代カリフォルニアで生まれ、たくさんのネットワークを介して非公式なやり方で西洋に広がったもので、この運動と神智学の教義の間には、他にも多くの共通点があることが確認されている。二元論の否定、個人の責任の重視、普遍的な友愛への意志、あらゆる宗教はひとつに収束するとの思想、複数の典拠を折衷した諸教混交などである［Champion, 1993, pp. 114-122 参照］。神智学が同時代の諸教混交的・心霊的な数々の思潮に与えた影響は、はるか後にまでおよび、ヘレナ・ブラヴァツキーを「ニュー・エイジの祖母」〔一九九一年五月十三日、ヘレナ・ブラヴァツキー没後百年記念の『リベラシオン』紙の見出し〕にしたばかりでなく、チベット仏教への関心、そしてその教義についての誤った理解までも、今に伝えている。

第三章 「仏教近代主義」と最初の改宗者たち

一八八〇年五月二十五日、セイロン〔現スリランカ〕の港湾都市ガールの仏教寺院に、おおぜいの人々が押し寄せた。そこで繰りひろげられた儀式は他に例のないものであった。仏教誕生以来おそらくはじめて、ふたりの西洋人がブッダ〔仏〕・ダルマ〔法〕・サンガ〔僧〕に「帰依」し「仏教教団に入るための正式の儀式のこと」、在家の信者としての五つの誓い〔五戒〕を唱えたのである。このふたりの「白人仏教徒」の名はヘレナ・ブラヴァツキーとヘンリー・オルコットであった。彼ら神智学協会の創立者は、正式に仏教に改宗することで、仏教に対するキリスト教の限りない優位を確信する西洋人から、日頃侮蔑的な扱いを受けていたシンハラ人〔スリランカのインド・アーリア系民族。総人口の七割を占め、その多くは仏教徒〕社会に強力な信号を送り、この島で同協会を発展させようとした。欧米における運動の拡大にまず関心があったヘレナ・ブラヴァツキーよりも、むしろオルコット大佐の方が、神智学協会の影響を通じてアジア的仏教を「復活」させることに全力を注いだ。

一八八〇年にセイロンに協会を樹立して以来、大佐はじっさい、公然と仏教側の主張に同調し、イギリス植民側の勢力と結託したキリスト教宣教団に対抗した。宣教師たちは教育界をほとんど独占していた（キリスト教系の学校が八百五校であったのに対し、仏教系はわずか四校であった）。キリスト教と植民側の勢力に対してシンハラ人はいらだちを募らせていたが、傑出した政略家であったオルコットはそれを利用するすべを知っていた。彼は仏教擁護委員会を創り、一八八一年、各校で教えられていたキリスト教の教理問答の代わりとなるべき『仏教教理問答』を出版した。その努力は劇的な成果をあげた。一八八四年、彼はロンドンに旅行し、イギリス政府に、仏教徒に対する差別的な法律のいくつかを廃止させることに成功し、ブッダ生誕日がセイロン全島で祭日となった。シンハラ人たちはこのことで彼に深く感謝した。何千人ものシンハラ人が、神智学協会の数十の支部に加入した。一九六〇年代になってスリランカ政府が学校制度を国営化したとき、仏教的な神智学協会の学校の数は四百校を上回っていた。コロンボにはヘンリー・オルコット通りも現存し、大佐の記憶はシンハラ人のナショナリズムの高まりと密接に結びついて、今も残っている。

神智学協会の創立者たちは同じ戦略をインドにも応用し、協会はヒンドゥー教の再生を援助した。そのおかげで、インドにはたくさんの宗教研究センターが生まれた。そのひとつが、のちのベナレスのヒンドゥー大学である。協会はインド文化を西洋に紹介するために無視できない役割をはたし、のちのネルーをはじめ、国民会議派の創立者たちの幾人かは、神智学協会の会員であった。しかし協会は、インドにおいては東洋の諸宗教がその伝統を忠実に守りつつ再生するのを助ける一方で、西洋においては東洋の諸宗教を、みずからが広める秘教的・諸教混交的な教えに組み込むために、この上なく歪曲した。

オルコット大佐とアレクサンドラ・ダヴィッド＝ネール

オルコット大佐の改宗と活動は、その後、シンハラ仏教が西洋に接触しつつ再生する際、その方法に決定的な影響を与えた。というのは、オルコットが尊重したのは、瞑想と僧院生活にとくに重きを置く、いわゆる古派（テーラヴァーダ）に由来する地方的な伝統であったが、そういう地方的な仏教にその「本来の純粋性」を取り戻させようとして、仏教の持つもっと大衆的で信心深い側面を、彼は弱めようとしたからである。

すでに述べたように、当時の東洋学者たちは、現存する堕落した仏教の対極にあると考える、「真正な原初の仏教」を解明しようと躍起になっていた。イギリスの学者で、南伝仏典が記された言語であるパーリ語の大家であったトーマス・リス＝デイヴィズは、一八七七年に出版した著書の中で、原始仏教――彼はそれをプロテスタンティズムに比した――の「合理主義」と「純粋性」を、カトリックに比した大乗仏教の「迷信性」と「腐敗」に対比させた［Rhys Davids, 1877, pp. 208-209］。オルコットによる『教理問答』の出版と同じ一八八一年、リス＝デイヴィズはロンドンに「パーリ経典協会」を設立した。協会の使命は、パーリ語の経典を翻訳・出版することにあり、そのさい基本的にシンハラ版を原本とした。彼は、それをブッダの教えの唯一真正な原典とみなしたからである。

オルコットは大乗仏教、とくにチベット仏教に対しては、リス＝デイヴィズのような偏見を抱いてはいなかった。神話の国チベットの、足を踏み入れることのできない山々の奥に、隠れた師の存在を信じていたからである。しかし彼もまた、合理的な「本来の仏教」を復権させようという野心を共有していた。ヘレナ・ブラヴァツキーとともに仏教に「帰依」したほんの数日後、彼は私的な日記に次のように記している。「一言で言えば、我々の仏教はひとつの信仰から成るのではなく、ひとつの哲学から成る」［Fields, 1981 et 1992, p. 97 に引用されたもの］。したがって、大佐がみずからお墨付きを与え、復権させようとした仏教とは、数々の儀礼や宇宙観、神話、信仰を含んだ宗教としての仏教ではなく、合理的でプラグマティックで、知的で論理的な、真の

「内面的な諸機能を開発する科学」〔Olcott, 1883, p. 12〕としての仏教、つまり、近代性に富んだ仏教であった。「仏教近代主義」――ゴータマのメッセージの根本にある近代的な基層のようなもの――の旗じるしの下に、いまやすっかり分裂し、おびただしい宗派に分かれてしまったアジア各地の仏教的伝統すべてを一新し、再統合したいと熱望したのである。

このような視点から、彼は一八八五年、ビルマ〔現ミャンマー〕に実り多い旅をした後、一八八八年には日本の僧たちの招きに快く応じた。彼は、数カ月の滞在中に七十五回以上の講演をし、のべ二十万人近い聴衆の前で話をしたという。ブッダの教えの根本に立ち帰って、ダルマを復活させることを、彼は説いた。また、西洋で仏教が怒濤のように広まりつつあると説き、対立しているあらゆる流派・宗派が和解するよう勧めた。この歴訪が大成功を収めたのち、彼は熱狂のあまり神智学協会の支部の開設さえためらい、国際仏教連盟の創立に献身するため、神智学協会運動から身を引く許しを、ヘレナ・ブラヴァツキーに求めた。しかし、師たちは別の判断を下し、同僚としてヘレナは、そんなことは論外だと折り返し知らせた。そこでオルコットは、神智学協会の新たな支部を日本に開設することを決意し、パーリ語と南伝仏教の教えを学ぶ任務をおびた三人の日本人僧侶を連れて、コロンボに戻った。

仏教の全流派を近代化し統一するという野望に駆られ、一八九〇年十二月、彼はインドの神智学協会の本部で、アジアのさまざまな仏教流派を集めた会合を開いた。会の終わりに、彼はセイロン、日本、ビルマからの代表者たちに、仏教の根本的な考え方に立ち帰る十四カ条の宣言に署名させた。アジアの流派・宗派はけたはずれに多く、そのごく一部がオルコットの宣言を認めたに過ぎないのだから、彼のこの発議は、その場かぎりにとどまらざるをえなかった。しかしこれによって、仏教史上重要な、新たな一時代が画された。それは仏教統一の端緒となり、わけても、近代性の名のもと、西洋人の直接の影響による、仏教の刷新となった。オルコット大佐は、そうした西洋人たちの中でも先駆者として、まちがいなく重要な役割を果たしたのである。

神智学協会の共同創立者オルコットに続いて、何人かの西洋人が仏教を革新しようと試み、ヨーロッパにおけるこの「仏教近代主義」の熱心な推進者となろうとしていた。その中でもっともきわだった人物のひとりとして、フランスの女性探検家アレクサンドラ・ダヴィッド＝ネールが、異論の余地なく挙げられるだろう。彼女は一八六八年パリで、カトリック信者でブルジョアの母と、ユグノー〔カルヴァン派プロテスタント〕の父の間に生まれた。父はヴィクトル・ユゴーの友人で、一八四八年〔の二月革命〕の革命家であった。アレクサンドラは若い頃からギリシャ哲学や、グノーシス〔霊的認識〕、数々の東洋的精神性の探究に熱中した。二十歳のとき、コレージュ・ド・フランス、フランス高等研究院、国立現代東洋語学校、ギメ美術館図書室に熱心に通い、そこで彼女のアジア探検家として、またブッダの弟子としての使命感が高まっていった。

アレクサンドラは神秘性や秘教伝授も好んだらしく、いくつかの秘密結社にも足繁く通った。二十一歳のときインドに渡航し、一年以上各地を縦横に巡り歩いたが、これは神智学協会の支援と歓待によるもので、彼女は当時、その活動的な会員であった（しかし、その後まもなく、協会とは距離を置くようになった）。こうした東洋への情熱と並行して、アレクサンドラはオペラ歌手としてデビューし、カルメン、マルグリット〔椿姫〕、マノンなどの大役をヨーロッパ各地で演じるようになった。また、男女同権主義者やアナーキストたちの仲間に加わり、活発に活動した。彼女がはじめて出版したのはアナーキズムに関する論考で、著名な地理学者エリゼ・ルクリュが序文を寄せたこの本は五カ国語に訳され、彼女は多少とも名が知られるようになった。

一九〇四年、三十六歳のとき、すぐれた鉄道技師フィリップ・ネールと結婚したが、この結婚は失敗と判明した。一九一一年、彼女は不幸な夫婦関係を忘れ、昔の情熱をとりもどすために、アジアへ旅立つことにした。当初は数カ月のはずであったこの気晴らしの旅は、なんと十三年あまりにわたり、あらゆる角度から仏教を探索する、学術調査と探検になってしまった。彼女のすばらしい伝記を書いたジャック・ブロスが強調するように、帰国したとき、夫が桟橋に出迎えに来なかったことに、彼女は少々驚いてもいる［彼女の最初の伝記『アレクサンドラ・ダヴィッド＝ネール』（Brosse, 1978）は作家で禅僧のジャック・ブロスの手になるもので、一九七八年にアルバン・ミシェル社から刊行された。一九八五年には、ジャン・シャロンによる伝記『アレクサンドラ・ダヴィッド＝ネールの輝かしい運命』（Chalon, 1985）がペラン社から刊行され、たいへんな売れ行きとなった］。

インド、シッキム、チベット、中国、あるいは日本へと、十三年におよんだ巡礼の旅の間に、アレクサンドラ・ダヴィッド＝ネールの東洋諸語と諸宗教の知識は磨きぬかれ、ヒンドゥー教の賢者やチベットのラマたちのあいだで、彼女は学者としてゆるぎない評価を得た。と同時に、女性の役割について宗教的にどう見るか、精神的な進歩の道のりにおいて全人類は平等か、あるいは仏教本来の純粋性を取りもどす必要はないか、といった、彼女が深く心にかけていた問題に関する、恐るべき論客とも目された。たとえば、バラモンというカーストの明らかな優越性を主張する名高いグルの談話に、頭に来た彼女はそっけなく言い返さずにはいられなかった。「もし、バラモンが、みずからをインド内で誰よりも優越していると信じているなら、白人はみずからを全世界におけるバラモンに当たると考えています」と。彼女は社交辞令など持ちあわせず、すぐに癇癪を起こしたので、一部の宗教家たちからは敬遠されたかもしれない。しかしほとんどの場合、教義に関する非の打ちどころのない知識と、彼女がすぐれて近代的な宗教と見なす仏教の革新にかける情熱によって、相手の心をつかんだ。

東洋に旅立つ直前に著した小著『ブッダの仏教』のなかで、アレクサンドラはみずからの願いを記している。そののち全生涯にわたって彼女を駆り立てることになるその願いとは、エリートのための学術書とか、また秘教主義に染まり諸教混交的な傾向のある大衆向けの本を超えて、西洋の人々に「生きた教え」を発見させようというものであった。彼女によれば、仏教の教えは「今日の科学による数々の結論に近似しており、あえて言うなれば明日の科学であり、近代的な心性にぴったりあった、個々人にとって導き手となり、社会にとって光ともなりうる教えである。もちろん、過去の世代にすがりつく必要などまったくない。今や光を求めて、何世紀もの間、われわれの精神を覆ってきた道徳的、宗教的、政治的な強迫観念の殻を、ついに破るときが来た。しかし、ひとつの合理的な教えが力強い助けをもたらしうると信じることは許されよう。その教えとは、人間が、自身の内面にあると感じる数々の性向を照らし出す教えであり、自身の解放への欲求には高い価値があると確信させる教えであり、人間を柔弱にするような諸宗教の甘ったるい感傷性から解き放つ教えであり、人間に、みずからがすでにうすうす予感している——それでいてまだ実際に賛同する勇気がない——真理を繰り返し言い聞かせる教えである。その真理とは、精神的、道徳的、社会的な救済とは個人的な営為であり、いかなる領域にも救い主などいないこと、人間はただひとりで苦しみに向き合い、みずからの力だけでそれを克服せねばならないし、そうすることができる、ということである」[David-Néel, 1911, pp. 7–8]。

シカゴ世界宗教会議

一八九三年九月十一日、世界宗教会議がシカゴで開かれた。宗教の違いを超えたこのような大きな集会は、この種のものとしては、近代では初めてであった。主催したのは自由主義的なキリスト教徒たちで、一八九三年の万国博覧会の合間に、神智学協会の活発な支援をえて実現した。その目的は、世界のさまざまな宗教間の、さまざまな智恵の一致収束を強調し、寛容さと宗教的な友愛を奨励することにあった。カトリック教会が参加を拒んだとはいえ、この集会は世論や報道面で成功を収めた。とりわけ、東洋の宗教が西洋に広まる上で、決定的な一段階を画した大会であった。インドの賢者ラーマクリシュナの若き弟子ヴィヴェーカーナンダは、この会議の開会の辞の中で、あらゆる宗教の根本的一致を宣言し、感銘を呼んだ。西洋人の間での成功に力を得て、彼は数年後、ヒンドゥー教を欧米に広めるために、ラーマクリシュナ・ミッション〔協会〕を設立した。彼はみずからの言葉によって、「技術的な西洋」と「精神的な東洋」という二つの価値を両立させようと試みた。

　同様に仏教も、シカゴ大会におけるもう一つの大きな「啓示」となった。仏教を代表する重要な人物は二人いた。日本の臨済宗の禅僧、釈宗演《しゃくそうえん》と、シンハラ人の二十九歳の若い仏教徒、アナガーリカ・ダルマパーラである。ダルマパーラの両親は、神智学協会の初期からの会員で、熱心な仏教徒かつナショナリストで、ダルマパーラは一八八〇年、十六歳のとき、セイロン滞在中のオルコット大佐の知遇を得た。彼はこのとき、大佐によって緒についた仏教再生の企てに生涯をささげることを決意し、インドの協会本部に足しげく通った。

　シカゴ会議ののち、ダルマパーラはアメリカ合衆国に一年間滞在するよう要請され、仏教の教義を伝えるために多くの場所を回り、各地で聴衆は増える一方であった。アメリカの地でおそらくはじめて、何人かの人々がブッダとダルマとサンガ〔仏法僧の三宝〕に「帰依」した。ダルマパーラはその後の四十年以上にわたる生涯を、西洋での「布教」と、死ぬまで彼の心を離れなかった企てである仏教聖地の復興とにかけた。これを最初に主唱したのはエドウィン・アーノルドであった。神智学者たちはおびただしい仏教諸派を連合させるために、さまざまな「連盟」を画策したが、そのどれにもまして、この企ては全仏教界に一種の熱狂を呼び起こし、それは後日、オルコット大佐の悲願だった多様な伝統の和解と「近代化」のために、大きな力となった。

　シカゴ会議の聴衆のひとり、編集者のポール・ケーラスは、仏教的なものの見方に感服し、仏教の基本的文献を英訳して出版したいと思い、その手伝いのために、釈宗演師に弟子を派遣するよう求めた。師は選り抜きの弟子たちの中から、一人を推薦した。当時二十三歳だった鈴木大拙《だいせつ》貞太郎である。彼はその後十一年間、合衆国にとどまり、日本に帰国すると、仏教についてのおびただしい数の英文の著作を著した。もっともよく知られているのは『禅仏教についての試論』で、彼はこの本によって世界的名声を得た〔英語版は一九三〇―一九三四年刊行。ジャン・エルベールによるフランス語訳は一九四〇年、アルバン・ミシェル刊〕。彼の著書には、仏教の近代性と、西洋人にもっとも受け入れられやすい側面を示さねばならないとの、当時の大部分の仏教徒の知識人たちの心配が、ありありと表われている。

二十世紀初頭の数十年間、彼以外にも釈宗演の弟子たちは合衆国に行き、西洋人の弟子たちの求めに応じて、禅の瞑想のための小グループをたくさん作った。もちろん、一八六〇年代から七〇年代以降、中国から、ついで日本から多くの移民が渡航したおかげで、仏教の存在は合衆国でも知られていた。しかし、つねに一定のペースで仏教信者が増加するようになったのは、二十世紀に入ってからのことであった。それはとくにカリフォルニアで顕著であり、また禅という非常に簡素なかたちを取った。一九三一年、曹渓庵《そうけいあん》〔佐々木指月〕尊師がアメリカ仏教協会を設立し、それはのちに最初のアメリカ禅学院となった。

ヨーロッパでもやはり、仏教の布教活動の口火を切ったのはダルマパーラであった。彼は一八九三年から一九〇四年にかけて数回イギリスに行った。このシンハラ人青年の聴衆のひとりであったゴードン・ダグラスなる人物が、仏教僧として生きる道を選んだ最初の西洋人とされている。彼は一八九九年、コロンボで僧侶としての戒を受け、アソカという名前となり、一九〇五年に死去した。

もうひとりのイギリス人アラン＝ベネット・マクレガーは秘教主義に熱中し、「黄金の夜明け団」〔一八八八年にイギリスで創設された西洋魔術の秘密結社〕の会員であったが、一九〇一年、ビルマで僧侶としての戒を受けた。彼はアーナンダ・メッテーヤの名を与えられ、一九〇三年に国際仏教協会を、ついで一九〇七年に大ブリテン・アイルランド仏教協会を設立した。同協会は一九二六年、その二年前に神智学協会の仏教ロッジ〔支部〕を作った裕福な弁護士クリスマス・ハンフリーの手で再建され、「仏教協会」となった。その機関誌『ザ・ミドル・ウェイ〔中道〕』は今日にいたるまで続き、ますます部数が拡大している。ハンフリーは一九八三年に亡くなるまで、イギリスで、とくに禅、すなわち瞑想に力点を置いて、熱心に仏教の布教にあたった。

ヨーロッパで最初に誕生した仏教団体は、一九〇三年に、東洋学者カール・ザイデンステッカーがゲオルク・グリムとともにドイツで設立した、「古代仏教共同会」である。グリム著『ブッダの教え、理性の宗教』（一九一五）は心に訴える書名でベストセラーとなった。二人はあらゆるアジアの伝統的宗派に対する、真の本源的な仏教を再発見したと確信して、古代仏教共同会を作ったのだが、この活動はある種の派閥と化し、創立者たちの死後、自然に消滅した。一方、碩学パウル・ダールケは一九二四年、修養と瞑想の場として「仏教会館」を設立し、こちらはある程度の成功を収めた。ドイツ人に好まれたのは、禅宗やチベット仏教より、南伝仏教の方であった。彼らの何人かはセイロンやビルマで僧院に入った。ヨーロッパ人で最初の仏教尼僧として知られているのはドイツ人女性で、一九二六年に戒を受け、ウッパラヴァンナーという名になった。

フランスでは、アレクサンドラ・ダヴィッド＝ネールに続いて仏教を熱心に広めたのは、とくに女性たちであった。一九二九年、パリに亡命したアメリカ人女性ラウンズベリー夫人が「仏教友の会」を作った。同会の活動は、両次大戦の間きわめて活発で、ハノイのフランス極東学院の書記であったシュザンヌ・カルプレスの働きかけにより、機関誌『ラ・パンセ・ブディーク〔仏教思想〕』を刊行した。同誌の論説は、「「仏教友の会」の存在理由は、仏教の教義をその純粋さを保ったままで教えること、また、われわれのアジアの兄弟への理解と愛をますます深めることにある。〔中略〕仏教はその明晰さ、偏りのなさ、品位の高さゆえに、合理的で寛大であらゆる桎梏から解放された自由な思想を愛するフランス人の精神を、大いに魅了してしかるべきだ」と説く［*La pensée bouddhique*, juillet 1939, p. 4］。

同誌はあらゆる仏教の流派に開かれていた。同誌によれば、仏教僧として生きる道を選んだ最初のフランス人は、ジョルジュ・マエという名の土木技師で、ラ・シオタ〔南フランス、トゥーロンの近くの地中海に面した町〕で公共事業に携わっていたが、一九三九年二月、四十歳のとき、セイロンで出家した。「仏教友の会」は第二次世界大戦以後は存続せず、結局、フランスで非常に活発であった神智学協会に再吸収されてしまう。

仏教は両次大戦の間、デカルトの国にためらいがちに信者を生み始めた。それは何よりもまず、神智学という回り道を介してのものであった。しかしその進展、わけても芸術家や知識人のサークルへの浸透は著しく、ある種のキリスト教関係者が懸念しはじめるほどであった。たとえば一九三一年に刊行されたアロ神父の著書は、東洋の諸宗教、中でも仏教に対して辛辣で、彼はそれを、現代における大いなる誘惑だとした。しかし結局、このドミニコ会修道士の結論は次のようなものであった。「仏教は、支離滅裂に終始し、そのあげく、知的・倫理的に混沌としたものとなり、ついには、ほとんど無宗教ともいうべき平板な倫理的一元論と、きわめて迷信的な邪教やもっとも忌まわしい呪術との両極のあいだで、完全に解体し、壊滅してしまった。仏教は西洋の病を癒やすような薬ではない。その往時の輝きが過ぎ去って以来、仏教が東洋で何をやってきたかを見さえすれば、それがわかる。仏教がヨーロッパに新たな命を与えることは、けっしてあるまい。その理由は、それ自身が瀕死の状態にあるからにほかならない」［Allo, 1931, p. 219］。

第四章　禁断のチベット

ピーター・フレミングは、ヨーロッパ人が数百年来、オリエント全般、中でもアジアに魅了されてきた理由を、次のように巧みに言い表わしている。「彼らはアジアに、ヨーロッパにはない何か隠された深遠な特質を見出そうとしたのである。それが何なのか、彼らにさしたる確信があったわけではない。ただ、そこには何かが、彼らの中でもっとも尊大な人たちが敬う気になるような何かがある、と知っていただけである」[Fleming, 1961, p. 259]。チベットはこうして何世紀も前から、アジアのどんな地方にもまして、魔術的で神秘的な東洋という、西洋人の夢の結晶となってきた。

ヒマラヤという壮麗な宝石箱の中に封じ込められた、この近づきがたい広大な砂漠の高原は、しかし戦略的にはきわめて重要であり、強力な隣国である中国はその影響力を失うまいと、長いあいだヨーロッパ人旅行者の入国を禁じてきた。そのため、この「世界の屋根」は——これまで述べてきたように——西洋人にとって、十九世紀に「ラマ教」という宗教が再発見される以前からすでに、伝説の地であった。しかし、探検家たちや宣教師たちによって、チベットのラマたちの謎と魅惑に満ちた「力」や、途方もない富やその宗教の寛容さをめぐって、数々の物語が伝えられると、ヨーロッパ人は、僧と魔術師たちが住み、「生ける神」が治める「万年雪の国」に改めて関心を持ち始めた。こうしてチベット仏教と西洋の出会いの歴史は、今日に至るまで発展し、尾ひれがつき、マスメディアに取り上げられてきたとはいえ、本質的には無傷のままの旧態依然たる神話のそれから始まる。

ラサの誘惑

十九世紀後半、ヨーロッパ人は地球上のあらゆる未踏の地を探検したが、ラサ潜入に成功した西洋人は一人もいなかった。一八五〇年から一九〇〇年にかけて、ロシア、フランス、イギリスの十八の探検隊が禁断の都に到達しようと試み、ときに劇的な失敗に終わった。

フランス人ジュール＝レオン・デュトルイユ＝ド＝ランスを隊長とする民族誌学調査隊は、そうした衝撃的な例の一つであった。一八九三年八月、デュトルイユ＝ド＝ランスは、五十人の隊員、六十頭の馬とラクダからなる一大キャラヴァンを率いて勇躍出発したが、ほどなくチベット人たちの敵意に出鼻を挫かれた。彼らは「庇護者」である中国人から、「白人」を一人たりともラサに近づけるな、との命令を受けていたのである。無謀で、外交的感覚におそろしく欠けていたこのフランス人のおかげで、遠征隊はとんでもない目に遭わされた。寒さに加え、馬や食糧を盗まれたあげく、四百人の兵士に護衛されたチベット政府の役人たちにラサに近づくことを断固拒否され、冬のさなかに引き返すことを余儀なくされた。中国国境に向かって数カ月彷徨するうちに、キャラヴァンの人数は三分の二に減っていた。フランス人たちは待ち伏せに遭い、隊長は命を落とした。そのとき彼がつぶやいた次の悲痛な言葉は、この遠征の完全な失敗を端的に物語っている。「山賊たち……徒労……旅立つにはすばらしい天気」［デュトルイユ＝ド＝ランスの探検記は生存者のひとりであったフランス人言語学者J・グルナールの手でまとめられている。Grenard, 1897］。

エチエンヌ＝ジュール・デュベルナール神父の表現を借りれば、宣教師たちにとってもやはり、チベットは「不可能な使命」の同義語となっていた。このフランス人司祭は〔パリ〕対外宣教会の一員で、一八六四年から一九〇五年にかけての四十一年間、チベット潜入を試みて果たせず、最後はデュトルイユ＝ド＝ランス同様に、東部の中国国境でチベット人たちに殺害された［デュベルナール神父の物語は、『チベット――「不可能な使命」』［*Tibet, «Mission impossible»* Fayard, 1990］のタイトルでパリ対外宣教会から公刊された書簡集によって知られている］。

こうして流血の惨事が繰り返され、数々の大胆不敵な企ては痛ましい結末を迎えた。それにもかかわらず、「万年雪の国」はそれまで以上に抗しがたい神秘と禁断の魅力を放ち、西洋の人々を惹きつけた。とはいえ、ヨーロッパ人がついにダライ・ラマの聖なる都への潜入に成功したのは、ようやく一九〇四年になってからで、政治的、商業的利益を動機とする、イギリスの軍事遠征隊によってであった。隊長のフランシス・ヤングハズバンドは詩的夢想などにはとんと無縁の人物で、この地の現実をそっけなく記している。「これまで多くの旅行者がラサを見たいと熱烈に望んでいた。しかし我々は現にこの聖地にいたのである。ポタラ〔宮〕以外は、まったく大したことはなかった」［Younghusband, 1910, p. 68］。遠征隊の医長オースティン・ウォデルの耳には、まったく違った鐘の音が響いていた。彼はチベットの神秘の都を、伝説というプリズムを通して見つめたのである。「数百年の詩情にひたって、「不死の」大ラマの秘密の城砦ラサは、はかりしれぬ神秘のヴェールに幾重にも包まれ、世界の屋根の上にそびえている。向こう見ずこの上ない我々旅行家を惹きつけつつも、その閉ざされた門を越えられるものなら越えてみろといわんばかりに」［Waddell, 1905, p. 7］。

この禁断の都の門はしかし、ヤングハズバンド遠征隊によって、ほんのわずか開かれたに過ぎない。一九一二年、清帝国の崩壊によってふたたび独立国となったチベットは、イギリスおよび強大な隣国である中国やロシアと、国境を堅く閉ざし続けることで合意した。こうして二十世紀前半いっぱい、あいもかわらず「ラマ教」にまつわる数々の話や、チベットのシャーマンたちの人知の及ばぬ神秘なならわしを西洋に伝えることができたのは、チベットに駐在する何人かのイギリス代表団員に限られていた。その中でも最重要人物であったチャールズ・ベルは、チベット語を完璧に解し、ダライ・ラマ十三世の私的な友人となった。彼が一九四六年にロンドンで刊行した『ダライ・ラマの肖像』という小冊子は、センセーションを巻き起こした。

ダヴィッド＝ネールと魔術師たち

一九一三年、シムラ〔インド北部の保養地、当時は夏季に政庁がデリーからここに移った〕で会議が開かれ、イギリス、ロシア、新生中国〔中華民国〕がチベット国境を閉鎖し続けることに合意したとき、アレクサンドラ・ダヴィッド＝ネールは、シムラから数百キロメートルほど離れたシッキムにいたが、彼女はこの決定を意に介さなかった。彼女の企てはイギリスの介入によって何度も失敗したが、一九二四年、ついに、物乞いに変装してチベットの中心部に密入国することに成功した。

「ここで止まれ。それ以上奥へ進むな。……この奇怪な命令は、一握りの西洋の政治家たちが、今日、全世界の探検家、学者、宣教師、東洋学者たちすべてに、おこがましくも厳命したものだ。彼らの手先の役人だけが、その例外として、あいかわらず「禁断の国」と呼ばれるこの国を自由に歩き回っている」と、彼女はその旅行記に激怒して記している。「「ここは通れない」、私は二回、そう聞かされた。そして今、そのことを思い出しながら、夜、森の中にたったひとりでいて、笑っている。「通れない」ですって、本当に？　ひとりの女性が通ってみせましょう」[David-Nêel, 1927, pp. 28–29]。

じっさい、八カ月以上もの波瀾万丈の信じがたい遍歴のすえに、当時五十六歳のアレクサンドラは、養子にしたラマのユンテンとともに「禁断の都」に到達し、それまで大勢の西洋人がかなえられなかった夢を実現した。彼女の旅行記『パリジェンヌのラサ旅行』は一九二七年に出版されると、ヨーロッパ中で（十一カ国語の翻訳がある）たいへんな成功を収め、その勢いは現代でも衰えていない。それ以来ずっと、アレクサンドラ・ダヴィッド＝ネールは世界中に、チベット仏教を紹介し続けた。ユック神父――彼女は若い頃、そのチベット旅行記を「貪る」ように読んだものであった――が前世紀に演じた、チベットの宗教および神話の伝達者、触媒の役割を、彼女は二十世紀の西洋において比類なく果たした。

六十年あまりにわたって、彼女の本はますます読まれ続け、その全著作（チベットとチベット仏教に関するものを中心に約四十の著書がある）は、西洋諸国すべてに広く行きわたっている。ジャン・シャロンが一九八五年に書いた彼女の伝記は、フランスで十五万部を上回る売れ行きとなった。また、アメリカの映画監督スティーヴン・スピルバーグが、一九六九年に百歳で没したこの驚くべき女性探険家の生涯を映画化しようと企てたことにも、彼女の現代性がきわめてよく表われている。

早いうちに神智学協会から距離を置いたとはいえ、彼女が神話的なチベットに魅せられるようになったのは、おそらく同協会の本拠地アディヤールに滞在したときのことであった。その数年前、『ザ・テオソフィスト〔神智学者〕』誌は、アルフレッド・シネットの著書『秘教的仏教』を次のような言葉で評している。「その斬新な点は、チベット仏教の秘密の教義のいくつかの側面について述べたところにある。チベット仏教とは、人類のあらゆる古代信仰の中に潜む、「叡智の宗教」あるいは「人知の及ばぬ教え」の異名に他ならない。それは古代の数々の聖典の、ヴェールに覆われた言語を解き明かす鍵である。この鍵を完璧にマスターした人は、人類が発達させてきた諸宗教の本質の中に、こうした〔古代の信仰の〕最高の高みに達した精神的概念が宿っているのを見出すだろう」［*The Theosophist*, juillet 1883］。

シッキムに長く滞在する間、アレクサンドラは、〔翻訳者として有名になる以前のカジ・ダワ・サムドゥプを通訳として確保しており〕チベット仏教を国の基として堅く尊崇するこのヒマラヤの小王国で、最高の宗教的権限を担っていたマハーラージャの息子を、重要な支持者としていた。彼は、儀式や魔術を熱望する大衆的な宗教感情によってあまりにしばしば堕落しがちな、チベットのタントリズムには革新が必要だという点で、彼女と見解をともにしていた。そこで彼は、アレクサンドラがもっとも名声の高いラマたちと会うのを許し、一九一二年には、カリンポン滞在中のダライ・ラマ十三世に謁見できるよう、取り計らいさえした。彼女は、この出会いを比類のないできごとと見なした。ただし、自分にとってというより――彼女はこの「アジアの教皇」を少々うさんくさく思っていた――、ダライ・ラマ本人にとってである。なにしろ彼は、はじめて西洋人女性に出会ったのだから。

アレクサンドラにとって決定的な出会いとなったのは、数カ月後、チベット国境に住むひとりのチベット人隠者とのそれであった。彼女は彼のもとに三年間とどまり、標高四千メートルの山中の洞窟で寝起きした。そのラマは彼女に、いくつかの類いまれでむずかしいタントラの修行法を教え、そうすることで、理論的な論議を超越した、チベットの精神的な修行法の現実性と有効性に眼を開かせた。彼女は三年間、この隠者と、彼女が養子にし、実際に彼女の弟子となった若いラマとともに過ごした。その間、彼女の唯一の気晴らしは、〔彼女のチベット入国を阻んだ〕イギリス人たちの――なかんずく、彼女を二度にわたって締め出したにちがいないチャールズ・ベル卿の――目の前で、ひそかにチベット国境を越えることであった。

死ぬときまで懐かしがっていたこの隠れ家を後にして、アレクサンドラは日本で数カ月を過ごし、禅道場と日蓮宗の寺院によく足を運んだ。しかし彼女は、チベットが恋しかった。一九一七年三月十二日、彼女が夫に書いた次の手紙は、チベットの風景の神秘的な美しさが放つ抗いがたい魅力――のちに彼女が数々の著書をとおして何百万人もの西洋人に伝えることになる、魂を奪われるようなその魅力――を、よく表わしている。「私は自分の国ではない国へのホームシックにかかっています。あの大草原、孤独、万年雪、「天上」のものなるあの澄んだ大空が、心に浮かんで離れないのです。あの困難な日々、飢え、寒さ、私の顔を切り刻み、唇を大きく腫れ上がらせ、血まみれにする風、凍った泥の中で眠る雪中でのキャンプ、そうしたことはどれもこれも、大したことではありません。こうした惨めさはすぐに過ぎ去り、ただ風の歌だけが聞こえる静けさ、植物すらほとんど生えていない孤独さ、幻想的な岩々と目もくらむほど切り立った峰々、そしてまばゆく輝く地平線との混沌たる世界に、人は永遠に没入するのです。まるで別世界に属するかのような国、巨人族あるいは神々の国。私は今もなお、魔法にかかったままです」。

このとき彼女は、チベットに再度潜入しようと決意した。そして数年にわたって中国で、ラサを目ざして信じがたい探検旅行を企て、それが彼女の名を全世界に知らしめることとなったのである。

一九二五年にヨーロッパに帰ると、今や、チベット仏教に関して最高の専門家の一人と認められるようになったこのフランス人女性探検家にして東洋学者アレクサンドラ・ダヴィッド゠ネールは、チベットとその宗教についての著作と、全ヨーロッパでの講演に、持てる時間のすべてをささげた。彼女の著書の中でも、同時代の人々、さらにはその後何世代にもわたって、西洋の人々の心にもっとも深く焼き付けられた一冊には、『チベットの神秘家と魔術師たち』という示唆的なタイトルがついていた [David-Néel, 1929]。『パリジェンヌのラサ旅行』の大勢の熱狂的な読者は、「チベットの神秘主義的、オカルト的な教義と修行について知りたい」

と望んでいた。一九二九年に出版されたこの本は、そうした求めに応じて書かれたものである。

三百ページにわたって、アレクサンドラ・ダヴィッド゠ネールは、読者を驚くべき旅に連れ出した。そこには、テレパシーを使うラマたち、口をきく死者たち、ロバの子に生まれ変わった怠惰な僧院長、空飛ぶ菓子、人間と対話する鬼たち、不思議な死骸、分身する神秘家たち、洞窟の中で食べ物も暖もとらずに凍りつくような冬を過ごす裸体の隠者たち、雹《ひょう》を降らせる呪術師たちが登場する。もちろん著者は、みずからが叙述するそうした途方もない現象――しばしば自身で目撃したもの――はすべて、チベット古来の宗教であるボン教――それは民間習俗の中では、八世紀にインドから入ってきた仏教の儀礼と混じりあっていた――の魔術師や呪術師たちのしわざであり、偉大なるラマたちの目にはなんら超自然的・奇蹟的な性格を帯びたものではないこと、さらにラマたちは、その種のことは精神的な完成のためには何の価値もないとしていることを明確に示すために、細心の注意を払っている。それでもやはり、チベット伝説に強い印象を受け、驚異を求めていたこの本の読者の多くが、これらの途方もない現象の数々をチベット仏教と同一視することは避けがたく、ヴァジュラヤーナ〔金剛乗〕の教義の形而上学的な深遠さや、「覚り」にいたる瞑想のための数々の修行の厳しさは、二の次にされてしまった。

オカルトと秘教の地

すでに述べたように、ヨーロッパでは十九世紀なかば以来、秘教主義の復活が見られた。おびただしい秘密結社が、あらゆる歴史的な宗教は不完全で分裂した残骸に過ぎないが、それ以前には本源的かつ普遍的な宗教があった、という観念を広めた。あらゆる宗教の統一を説くこれらの秘密結社は、本源的な伝統の鍵――選ばれた人々に、秘密の秘教伝授の儀礼を通じて伝えられるという鍵――を握っていることを誇示した。また、こうした秘密結社を介して、オカルティズムと交霊術が本格的に流行した。ヘレナ・ブラヴァツキーのような霊媒が急増し、ますます多くの人々が、死者との対話や白魔術〔被害を与えることなく、益をもたらす目的で行なわれる魔術。黒魔術と対比して用いられる〕、黒魔術、肉体を離れた霊魂によって伝えられる超心理的な力に、関心を持った。アレクサンドラ・ダヴィッド＝ネールが指摘するように、チベットはこれらあらゆるオカルト的、心霊的、秘教的団体にとって「祝福された地」となっていく。

「チベットのこの磁力をどうやって説明したらいいだろうか。隠遁修行をするラマたちがふるう神通力の評判が、その第一の理由であることは、何の疑いもない。しかし、それでもなお、なぜチベットがオカルト・サイエンスや超常現象にとって選ばれた地として特別に認知されてきたかを、知る必要がある。（中略）自らが現実生活を営む散文的な環境とは相容れない、かけがえのない空想を放棄せざるをえなくなった人々は、それともっとうまく調和するような理想の地に、そうした空想をいそいそと運び込む。最後の手だてとして、人々はそうした空想のために雲の中に庭園を、星空のかなたに楽園を建立する。しかし彼らは、それ以上に躍起になって、それらの空想の住みかを手の届くところに、すなわちこの下界に、人間界に確保する機会を窺っている。その機会を提供したのが、チベットである。チベットは、数々の物語に描かれた驚異の国の、あらゆる特徴を具現している。チベットの風景は、神々や魔神の住む空想の世界を築き上げる人々が、心の中で育んでいる風景を、あらゆる観点から凌駕していると言っても過言ではないと思う」〔同前、p. 9〕。

二十世紀のオカルト文学や魔術的・秘教的文学には、途方もない力と知識とを持つチベットの神秘的なラマが登場するものがあるが、そうした著作すべての中でも、決定的な役割を果たした二冊の本がある。それらの出どころは、秘教的な場――主に神智学協会――だが、その域をはるかに越えて、現代にいたるまで数世代にわたって西洋人に深い影響を与えた。

一九二〇年代にアメリカ合衆国で、『師たちの生活』と題する本が出版された。著者はベアード＝T・スポルディングなる人物で、一八九四年に十一人のアメリカ人学者とともにみずからが参加したという、あるアジア探検について物語っている。学者の常として、彼らはみな、完璧に客観的、合理的、懐疑的であったが、東洋を起源とするある種の宗教現象に頭を悩ませていた。そこである日、スポルディング青年とともに（こうして彼は十二人目の使徒となった）うち揃ってインド、ネパール、ペルシャ、そしてもちろんチベットに行くことにした。インドのファキール〔苦行者〕やテレパシーを使うラマ、空中浮揚の達人、その他数々の奇蹟を演じる人々を訪ね、その化けの皮を剝ぐ――無謀にも彼らは当時そう考えていた――ためである。しかし、こうした東洋の師たちに出会うほどに、彼ら高尚なる科学の使徒たちは、師たちの伝える永遠の真実の前に、鼻を折られ、打ちひしがれ、魅了され、動転させられる。

スポルディングは書いている。「我々は全面的に懐疑的な状態で到着した。これらのできごとから二十七年たったあともまだ、ショックは尾を引いている。しかし、我々は完全に納得し、回心して再出発した。回心のあまり、我々のうち三人が向こうの世界に戻り、師たちの生き方に倣《なら》い、彼らと同じ業《わざ》を成就できるようになるまで、そこにとどまる決意をするに至ったほどである」［Spalding, 1921, p. 13］。

科学者たちの一行が秘教伝授を受けてから数年後、彼らは同時代の師たちばかりではなく（もっともこれらの師たちの中には、五百歳を越える者もいたということだが）、まさに永遠の師たちにも出会った。かくて、オシリス、ブッダ、イエス、マリアなどが、アメリカ人学者たちと対話しに定期的にやって来ても、もう彼らはちっとも驚かなかった。オシリスは三万五千年前にアトランティス〔大西洋上にあったとされる伝説の島〕で生まれたと、ついに判明した。彼はこの「人間の母なる大地」の数少ない生存者のひとりであり、新たな人類の偉大なる奥義を伝授された最初の者であった。イエスその人もまた、インドで秘教伝授を受け、人間誰もが内に持つ「キリスト」、すなわち神聖なエネルギーを人々に啓示するために、みずから「キリスト」としてふるまわねばならないと知ったという。

スポルディングの物語には、数々の感動的な場面がちりばめられている。たとえば我らが学者たちはインドを遍歴しているとき、ウォルドンという名の不運なアメリカ人作家に出会う。彼は、イエスが歴史的に実在したかどうかという問題に、長らく悩まされていた。この哀れな男への同情がこみ上げてきて、探検隊員たちは彼を、ちょうど十二人の使徒たちと角の宿屋で食事をしているイエスに会わせてやろうということになった。「我々は一団の中にイエスが立っているのを見た。誰ひとり言葉にもそぶりにも出さぬうちに、ウォルドンは両の手をさしのべて走りより、イエスの両手を取って嬉々とした表情で言った。「おお、私にはあなたが誰かわかります、わかります。今こそ、わが全生涯でもっとも聖なる瞬間だ」。食後、我々は庭に座り、ウォルドンはイエスに言った。「私たちとお話ししてくださいますか。私はこの瞬間を、一生待っていたのです」」〔同前、pp. 397-398〕。

しかしこの遠征の呼び物は、もちろんラサへの旅と、人類の諸起源を明かす神秘の銘板を託された「偉大なるラマたち」との出会いである。ダライ・ラマ自身が、囚われの身となった彼らアメリカ人たちに、これらの銘板が放浪の僧によってペルシャで再発見され、ラサに保管されるまでに四十年以上もかかったことを説明した。これらの銘板は、「あらゆる文明と宗教的信仰は唯一の源に由来する」ことを啓示している。

このうわごとめいた物語は、まずはアメリカで、次いでヨーロッパで数千万人もの人々のバイブルになることさえなければ、大して注目に値しなかっただろう。一九四六年、エコール・ポリテクニック〔理工系エリート養成大学〕出身のジャック・ヴァイスによるフランス語訳は、以来十数版を重ね、ポケット版で毎年数千部あまり売れている。この本が伝えたチベット像は、人類最大の精神的至宝が隠された近づきがたい秘密の地という伝説に、ぴったり一致していた。もちろん、「偉大なるラマたち」は「秘教を伝授された人たち」であり、数々の秘教的な団体がよりどころとする、かの本源的な宗教的伝統を託された最後の人々とされた。

『第三の眼』と『タンタン、チベットをゆく』

チベット密教を扱った、二十世紀のもうひとつの大ベストセラーの筋書きは、直接チベットを舞台に展開する。一九五六年にロンドンで、一九五七年にフランスで出版された『第三の眼』がそれで、著者はロプサン・ランパなる人物である。この本は、仏教とチベット文化についての十分な知識を援用し、はるかに洗練された筆致で書かれている。出版されるやいなや、非常に広汎な読者を獲得し、仏教で問題とされる多くの論点を一般の人々に広めたが、それらは冷めた料理を慎重に温めなおしたたぐいのもので、スポルディングの著書と同じ秘教的な味のソースがかかっていた。スポルディングの本は、この新たな世界的ベストセラーの著者に、明らかに影響を与えていた。

『第三の眼』は、イギリスに亡命したチベット人ラマの回想という体裁を取っている（中国のチベット侵攻は一九四九年のことであった）。著者は、一九三〇年代のラサで過ごしたその幼年時代と、七歳での僧院入り、そしてそれに先立って、占星術師たちが波瀾の生涯と異国での長い亡命生活を予見していたことを、簡潔明瞭な文体で物語る。僧となってから、若きロプサンは医者になる研修を受け、さまざまな秘法の伝授を受けた。たとえば「星への旅」によって、彼の「分身」は肉体を離れて宇宙の中の好きなところを散策することができるし、「第三の眼」の開眼のおかげで、この青年僧はオーラ（霊能者だけに見えるという、人体からの発光、霊気。

アウラ」を読みとって、相手の本当の考えを知ることができる。ロプサンは数年間、ダライ・ラマ十三世に仕え、その求めによって中国やイギリスの使節たちのオーラを読んだという。

この本は、数々の詳細な地理的、歴史的事実をちりばめて、たくみに書かれていて、事情をよく知る人々でさえだまされかねない。しかし、出版される前から、編集者――この人はヒュー・リチャードソン、マルコ・パリス、ハインリヒ・ハラーの本を手がけた――から相談を受けた二十人ほどの専門家たちは異口同音に、この原稿はまったくのフィクションであり、チベット仏教というより、むしろ西洋の秘教主義にその源がある、と見なしていた。編集者はそこで謎の著者に、小説の形で出版してはどうかと提案したが、ロプサン・ランパから、それをきっぱり拒絶された。ベストセラーを手中にしていると確信した編集者は、とうとうその原稿を実録として出版した。読者にはただ、短い序文の中で、「この並外れた証言が本当のことだと、確実に証明するのは困難だ」と注意を促しただけだった。とくにイギリスとアメリカ合衆国では、新聞記者たちはチベット学者から否定的な情報を得ていたので、マスコミはこの本を懐疑的に受けとめた。フランスでは一九五七年に出版されたが、やはり各紙は半信半疑なようすであった。

『レ・フィーシュ・ビブリオグラフィーク〔書誌〕』の文芸時評担当のジャン・モリアンヴァルは、次のように書いた。「ロプサン・ランパの物語は感動的であり、答えるのがむずかしい問いをたくさん提起している。ここに語られているすべてを、手放しで受け入れることはできない。とりわけ、ロプサンはあれほど苦労してラマになったのに、なぜ故国を離れたのか。その運命は平凡なものではなかった。中国空軍の外科医であった彼は、日本軍に捕らえられ、逃れることができた。広島の後、ロシアとポーランドの捕虜となる。そしてアメリカで暮らした後、今はイギリスにいる。彼の次なる著書と、その弁明が待たれる」。

こうして数々の留保がつけられていたにもかかわらず、この本の売れ行きはたいへんなものであった。イギリスでは一年半で三十万部売れ、ただちに十二カ国語に訳され、いたるところで熱狂的に迎えられた（フランスでは最初の一年間で十万部あまり売れた）。数年のうちに欧米での売り上げは数百万部に達し、『第三の眼』は多くの西洋人にとって新たな聖典となった。「ランパ友の会」が作られ、そこで人々は「星への旅」を習ったり、隣人たちのオーラを読もうと試みた。

また、同書がきっかけとなって、これらを主題としたおびただしい文学書が生まれた。エルジェの『タンタンの冒険旅行』シリーズの新たな一巻でも、ヒントとなったにちがいない。じっさい、同書が出てから四年後に発表された『タンタン、チベットをゆく』には、ランパの物語を思わせる箇所が無数にある（空中浮揚をするうちに幻覚を見た僧、ラマ教寺院の庭で凧揚げをする子供たちなど）。なかでももっとも顕著なのは、けがをしたタンタンの急を知らせに来たミルー〔犬の名前〕を見つける少年僧に、エルジェが「ロプサン」という名を与えたことである。しかし注目すべき重要な点は、チベット仏教に感動する西洋人の相当数が、『タンタン、チベットをゆく』を読んではじめて、この教えに心惹かれたと認めていることである。その上、しばしばその同じ人々が、その後つづいてロプサン・ランパの作品を読んでいる。

これほどの成功を前にして、皆が、その編集者以外はだれも知らないロプサン・ランパの正体を知りたがった。ロンドン警視庁は一九五九年一月、チベット人と称する著者を訪問し、彼がシリル＝ヘンリー・ホスキンというイギリス人であることが判明した。もちろん彼は、外国人滞在許可証も、チベットのパスポートも見せることはできなかった。新聞記者たちの好奇心から逃れるために、その男はただちにアイルランドに移住した。マルコ・パリスとチベット学者グループの委任を受けた私立探偵が、『第三の眼』の著者の本当の経歴をついにつきとめた。シリル＝ヘンリー・ホスキンは堅気の鉛管工の息子として、一九一〇年四月八日、デヴォンシャー州プリンプトンに生まれた。大した学歴はなく、勤め先を転々と変え、一九四〇年にロンドンで看護師をしていたアン・パティンソンと結婚した。戦後は写真店を営むかたわら、のちにベストセラーとなる作品の原稿を書いた。

一九五八年はじめ、イギリスの新聞各紙は、二十世紀におけるもっともみごとな文学的まやかしのひとつとなったこの事件について、大見出しで報じた。最初のうち、シリル・ホスキンは「健康上の理由」で記者と会うのを拒んでいたが、そのうちに、自分は著者の代理人にすぎず、真の著者は正真正銘のチベット人ラマで、「安全上の理由」から名前を秘しつづけていると言いだした。その後、彼は前言を翻し、自分はチベット人だとふたたび確言し、みずからの正当性を説明するために一冊の本を書いた。何年か前に重病にかかり、全世界に「チベット人の秘密」を知らしめるという使命を追求するために、生きることに疲れたあるイギリス人（シリル・ホスキン）の身体を「借り」なくてはならなかった、というのである（『第三の眼』の著者は、すべての主題について神智学のそれを踏襲しており、注目すべきことに、神智学者たちも、かつてヘレナ・ブラヴァツキーの死に際して、同じように、彼女はその使命を持続するために、まもなくひとりの成人の身体の中に宿り、生まれ変わるだろうと断言していた）。

著作権料のおかげで億万長者になったランパは、記者たち（まさしくサタンの手先ども）に始終つきまとわれていると称してカナダに逃れ、同国で二十冊ほどの著書を出版した。それらは『古代人の洞窟』『オーラの神秘』『ニルヴァーナへの鍵』『秘密の宇宙』など、思わせぶりなタイトルが付けられていた。これらの著作はもはや、かつて『第三の眼』がそうであったように、厳格な心霊探究者や仏教に帰依した人々を感動させることはなかったかもしれないが、驚異を愛好し、安上がりに夢を見ようと待ち構えている非常に多くの人々の心を、あいも変わらず捉え続けた。それらの本はとりわけ、広汎な大衆の精神に、あらゆる奇跡が可能なチベットのラマたち（最後のアトランティス人とみなされていた）の神話を持ち込んだ。次に引用するのは、一九六七年に刊行された『古代人の洞窟』の序文からの抜粋で、ランパの成功のもととなった秘教的・魔術的な手法がよく示されている。そこで肝心なのは依然として、神秘のチベットを引き合いに出すことであった。「本書はある長い生涯の結実であり、また、チベット最大のいくつかのラマ教寺院で受けた訓練と、「法」を厳守することで獲得された諸力の結実したものである。それは昔むかし、我々の祖先から教えられた「叡智」であり、エジプトのピラミッド、アンデスの大神殿、そして、そうしたもろもろの秘儀的な知識を納める聖遺物箱として、世界中でもっとも重要な場所、すなわちチベット高原に刻み込まれている」[Rampa, 1967, p. 6]。

一九六〇年代、亡命したラマたちがはじめて西洋に到着したとき、無数の『第三の眼』の読者から大歓迎された。著者の素性が暴露されたことを知らなかったか、あるいは神話を信じ続けることを好んだのか、彼らは秘教伝授を熱望し、空中浮揚の方法やオーラの読み方、「星への旅」のやり方をラマたちに尋ねた。何人かのラマは、ロプサン・ランパのおかげでチベットが広く知られるようになったのを評価し、彼に導かれて相当数の西洋人が、チベット仏教の修行に関心を持つようになったことを知っている［筆者はチベット仏教の信者たちとの対談の中で、このことを確かめることができた。多くの人々が、『第三の眼』を読んだことが精神的な探究のきっかけとなったこと、同書によってチベットのラマのもとに導かれたことを認めているのである。これはアンケートに対する回答でも同様に確認できる。前掲『フランスにおける仏教』参照］。

しかし反対に、彼が、オカルト的な諸力の獲得を、「覚り」の追求よりも強調することで、西洋人に対して精神的な探究の真の意味をことのほか歪めてしまったと考えるラマたちもいる。そうしたオカルト的な力は、自己統御をますます必要とするが、「覚り」の追求は、その逆に、自我の放棄と不可分なのである。現在のダライ・ラマもそのように感じている一人である。ダライ・ラマは、一九六四年から六五年にかけて、インドに亡命したラマたちのドキュメンタリー映画を撮影に来たフランスのジャーナリスト、アルノー・デジャルダンを介して、西洋人に次のような勧告をしている（それをデジャルダンは筆者に、じかに聞かせてくれた）。「あなた方が、チベット人とラマたちをどれほど愛していようと、けっして中国人を悪く言わないように。同様に、機会があるたびに、『第三の眼』は事実を記録したものではなく、ひとりの西洋人の著者によるまったくのフィクションであることを、明確に伝えてください」。

第五章　仏教書の出版と知識人の系譜

神話をチベットから借用した秘教的仏教と称するものが、各層の人々に広汎に広まったのと並行して、二十世紀の百年間一貫して、教養ある人々の間で、アジアのさまざまな伝統の中に表われたブッダのメッセージへの関心が高まってきたことが確認できる。ますます多くの学術研究書、とくに、テーラヴァーダ〔上座部〕、中国、日本、チベット仏教の主要なテクストの翻訳が出版されたことも、こうした関心を高めるのに役立った。

研究の飛躍的発展

ジャン・フィリオザは西洋における学術的な仏教研究の発展を、段階を追って完全に跡づけた［Filliozat, 1987, pp. 371-379］。それによれば、十八世紀中頃、ヨセフ・ド＝ギーニュの業績とともに始まる第一段階は、まずは間接的な外部資料の助けを借りて、きわめて多岐にわたる情報を集めることにより、諸文化の厖大かつ多様な表現を通じて一貫するダルマの統一性を明らかにし、徐々に仏教の概念化にいたる過程であった。すでに述べたように、一八三〇年代以降、「仏教」は学問の対象となった。それ以後、仏教を直接知ろうとする新たな進展が見られるようになった。すなわち、さまざまな国々で現存し伝承されている経典を収集し、ほとんどの場合、現地の学者の助けも借りつつ、それらを翻訳することで、仏教をより正確に知ろうとしたのである。フランスの学者ウージェーヌ・ビュルヌフの業績は、非常に多くの異同がある複数の資料の批判的校合という、決定的な新段階を開いた。仏教の起源がインドにあることを証明し、その歴史的、教義的発展の主要な諸段階の輪郭を描き出したという点で、このフランス人学者は仏教文献学の真の樹立者といってよいだろう。文献の増加とともに、彼の後継者たちの多くは、地理的、言語的に限られた一分野の研究を専門とせざるを得なくなったが、ビュルヌフ以後、それぞれの専門家は、仏教を客観的、全般的に総覧する手だてを持つようになった。

サンスクリット語、パーリ語、中国語、チベット語の資料を同等に駆使して研究調査を進めた、シルヴァン・レヴィ、ルイ・ド＝ラ＝ヴァレ＝プーサン、ジャン・プルツィルスキーといった何人かの非凡な学者を除けば、二十世紀には、研究のはなはだしい専門化が見られるようになった。この最後の段階は、仏教という大樹の枝の一本一本についてもっとよく知るだけでなく、各地の伝統に固有の意味や、仏教がある特殊な文化の中で発達してきたあり方を理解することをも可能にした。

植民地時代という文脈の中で、仏教研究は往々にして、ヨーロッパ諸国とアジアにおけるその植民地との特殊な関係に応じて発展してきた。たとえば、シンハラの原典によるパーリ語経典の翻訳を目的として、一八八一年にロンドンでパーリ経典協会を設立したリス＝デイヴィズは、コロンボのイギリス植民地総督府に八年間在職していた。また、フランス領インドシナでは、フランス人東洋学者たちが一八九八年、ハノイにフランス極東学院を設立し、ルイ・フィノーのもとで一九〇〇年、有名な『〔フランス極東学院〕紀要』を発刊した。

しかし同時に、こうした歴史の偶然によって生じた区分もさることながら、それを超えた、もっと深い裂け目も確認される。すでに指摘したように、カトリックの国々と大乗仏教、プロテスタントの国々と小乗〔上座部〕仏教との間には、ある種の文化的な親和性がある。それゆえ、フランスやイタリアの多くの東洋学者たちが、どちらかといえば中国、日本、チベットの仏教の研究におのずと惹かれる一方、イギリスやドイツ、オランダの学者の大多数が、シンハラや東南アジア諸国の仏教を志向するようになるのも、意外ではない。本書の目的は、こうした学術研究の進展を通覧することではなく、それらが社会に与えた影響を検証することにあるので、〔研究史に関しては〕これら一般論の範囲にとどめよう。

さて次に、西洋の教養ある人々の間でもっとも反響を呼んだ主要な仏教書とは、どんなものであったのかを見てみよう。それは主として、チベット仏教のテクストの翻訳と、禅仏教についてのエッセーである。

『ミラレパ伝』『チベットの死者の書』の翻訳

十八世紀のデラ＝ペンナによる最初の翻訳以来、チベットの主要なテクストのいくつかはヨーロッパのさまざまな言語に訳されてきた。フランス語への最初の訳はおそらく、十九世紀なかば、コレージュ・ド・フランス教授であったフィリップ＝エドゥアール・フーコーによる、『*Gyatcher rolpa*〔ラリタヴィスタラ、遊化《ゆげ》経〕』の訳［Foucaud, 1860］である。しかしこれらのテクストのほとんどは、難解で専門的なため、専門家以外に読まれることはなかったにちがいない。それゆえ、二十世紀になって、偉大な秘教修行者ミラレパの生涯が、まず一九二二年にチベット人の碩学カジ・ダワ・サムドゥプの翻訳と、チベット学者W・Y・エヴァンズ＝ウェンツの編集により英語に、次いで一九二五年にジャック・バコーによってフランス語に訳されて［Milarepa,

1971]、はじめて西洋の多くの人がチベットに伝承されたテクストに熱中するようになった。

ミラレパは十一世紀のチベット人である。弟子のレチュンパによって十二世紀に記録された『ミラレパ伝』は、ちょうどそのころチベットに導入されたタントラ仏教の精髄をつかむためには、比類ないテクストである。その伝記によれば、ミラレパは父の死後、おじによって相続権を奪われ、悲惨な境遇におとしいれられ、家族の仇を討つために、秘術を体得したラマのもとで魔術を習おうと旅に出た。恐るべき超自然力によっておじの一家を皆殺しにし、その財産を無にしたのち、自分の所業を悔いてマルパの弟子になった。マルパは、イスラム教徒の侵入以前、インドの仏教文化の中心であったナーランダ僧院の、かの有名なナローパの後継者であった。マルパには「翻訳者」の異名があるが、それは彼が、主要な仏典をチベット語に翻訳するのに生涯をささげたからである。峻厳無比の師の薫陶を受けて、ミラレパは偉大なヨーガ行者、神秘詩人となり、チベットでは生前から、すでに非常に名声が高かった。

その作品がヨーロッパ諸語に翻訳されたとき、このチベットの隠者が行なったとされる、魔術的あるいは神秘主義的な奇蹟をめぐる無数の物語を前にして、眉一つ動かさない科学的精神の持ち主もいたかもしれない。しかし、多くの西洋人は、その同じ物語に魅了され、その詩情にはさらに敏感であった。今もなお、『ミラレパ十万悟道歌』[Milarepa, 1986-1993] はヨーロッパのほとんどすべての言葉に一定のペースで訳され続けており、しばしば印刷部数も多い。

ミラレパは死の直前に、ある博学の大ラマの訪問を受けた。このラマはミラレパを無学とみなしており、この隠者の成功を妬んでいた。ラマはミラレパに、難解なテクストの意味を大勢の弟子たちの前で尋ね、論争に引きずり込もうとした。次に示すのは、仏教界におけるアッシジの聖フランチェスコ、ミラレパの答えである。これは彼の『十万悟道歌』の一篇を成すもので、決まりきった約束ごとよりも自由を、空理空論よりも実際の体験を優位に置くことを特色とする、かの有名なタントラの道をよく反映している。

優しみとあわれみについて瞑想するうちに、
私は自他の区別を忘れた。
わが魂の高みにいる、わがラマについて瞑想するうちに、
私は威圧的に命令する人々を忘れた。
（中略）
今生と来世について瞑想するうちに、
私は生死の恐れを忘れた。
孤独の喜びを味わううちに、
私はわが兄弟や友の意見を忘れた。
子孫のために詩を作るうちに、
私は教義論争に加わることを忘れた。
始まりも、否定も、生起もないものについて瞑想するうちに、
私はありとあらゆる紋切り型を忘れた。
偽わりなしに空言をさげすむうちに、
私は偽善を忘れた。
謙虚な者の身体と言葉を選ぶうちに、
私はお偉方の軽蔑と尊大を忘れた。

わが身をみずからの僧院とするうちに、
私は町なかの僧院を忘れた。
不立文字《ふりゅうもんじ》の精神を採用するうち、
私は言葉を分析することを忘れた。

[Milarepa, 1971, pp. 234-235]

『ミラレパ伝』に続いて、ラマのカジ・ダワ・サムドゥプとエヴァンズ゠ウェンツ博士は一九二七年、『バルド・トドル』の英訳を、『チベットの死者の書』という、エジプトのそれを思わせるようなタイトルをことさらに付けて出版した。百ページほどのこのテクストは、チベット仏教の手ほどきを受けていない人には近づきがたいものだが、それにもかかわらず世界的な成功を収め、西洋では、キリスト教以外の宗教書としてこれに匹敵するのは『コーラン』、『バガヴァッド・ギーター』、『易経』くらいであった。フランスでは現在、いくつもの翻訳があり、総計三十万部近くも売れた。最新訳のひとつは西洋人のラマ、アナガリカ・ゴヴィンダの手になるもので、ジャン・エルベールが創刊した著名な叢書『生ける精神性』――フランスにおけるヒンドゥー教と仏教の普及に重要な役割を果たした叢書〔本書のポケット版も二〇〇一年にこの叢書に加えられた〕――の一冊として一九八一年に出版されると、部数は七万五千部に達した。

チベット人によれば、『チベットの死者の書』の著者は、八世紀半ばにダルマ〔仏法〕をチベットに伝えたパドマサンバヴァだとされる。ラマが死者の枕もとで読むためのテクストで、死んでから次に再生するまでの四十九日間（象徴的な数である）に遭遇するさまざまな中間状態（＝バルド）〔中有〕で、死者に教えを授け導くために用いられる。この書の第一部には、死の瞬間の心理的過程の数々が描写される。第二部は、「カルマの幻影」が最終的に消滅した後の状態を扱う。第三部は、再生とその前に起こる諸々の過程を問題にする。

この書を読み聞かせることで、前述の中間状態の間に故人が遭遇する数々の幻影、責め苦、悪霊の真の本質と意味を、故人に説明することが可能になる。それらの幻影は、実はみずからの精神の投影にすぎず、過去の行ない（カルマ）の性質とつながりがある。これらの状態の内面的、体験的な描写はあまりに明確で、あたかも死後の世界から戻ってきた人々が物語ったかのようである。エヴァンズ＝ウェンツによれば、それは、極度の瞑想状態で〔生きながらにして〕死後の状態を体験できる、偉大なラマたちが口述した描写である。

しかし、ある種の仏教徒の瞑想者たちにとっては、『バルド・トドル』は、死者のための案内書以上のものである。ドイツ出身のラマ、アナガリカ・ゴヴィンダは『チベットの死者の書』の序文の中で、次のように説明する。「誕生と死は絶え間なく我々の中に入りこむ。一瞬一瞬、我々の中で何かが死に、何かが生まれてくる。さまざまなバルド〔中有〕とは、我々の生の意識のさまざまな状態にほかならない。覚醒した意識、夢の意識、瀕死の意識、死の意識、そして再生の意識の状態……。（中略）したがって、『チベットの死者の書』は単に死者のための案内書ではなく、みずからの進歩の過程を解脱の修行に変容させることで死を超越したいと望む、あらゆる人々のための案内書である」［Govinda, 1980, p. 19］。

エヴァンズ＝ウェンツによって、東洋よりもむしろ西洋で広く知られるようになったこの小冊子は、一九七五年、レイモンド・ムーディ博士の世界的ベストセラー『死後の生』［Moody, 1975］の出版を機に、ふたたび大きな関心の的となった。同書は、「臨床医学上の死」からときには数十分も心臓や脳が停止したのちに「生還」した、百五十人の患者の証言を集めたものである。ムーディによれば、患者たちがみな一様に語るのは、自分の体から脱け出てそれを静かに眺めている感覚であり、次いで暗いトンネルを抜けるとその先はまぶしい光に通じていて、その中に彼らは、自分の全生涯をふたたび目のあたりにする。その後突如、不本意ながら蘇生中の自分の体にもどる、という。こうした証言はこの二十年来、書籍やテレビの放送を介して増える一方で、アメリカ合衆国ではますますたくさんの科学的研究の対象となっている［Eyrsel, 1986］。ところが、臨死体験と総称されるようになったこれらの体験は、『チベットの死者の書』の描写とあらゆる点で一致しており、そのため西洋の多くの人々が、中世にまで遡るこのテクストに関心を持つようになった。『ミラレパ伝』と『チベットの死者の書』の成功に意を強くしたカジ・ダワ・サムドゥプとエヴァンズ＝ウェンツは、さらに二冊の本を出版し、それらもやはり二十数カ国語に訳された。その一冊、一九三三年刊の『チベットのヨーガと秘密の教義』は、神秘とオカルト的な修行について熱心に知りたがる大衆の求めに応じるものであった。わけても一九五二年刊の『チベットの大いなる解脱についての書』は、チベット仏教の偉大な布教者、パドマサンバヴァの伝記をもとにした哲学的にきわめて深遠なテクストで、ユングは、『チベットの死者の書』とならんでこの書にも傾注し、心理学の見地から長文の注釈を書いている。

鈴木大拙『禅仏教についての試論』

鈴木大拙の人物像についてはすでに触れた。一九三〇年代から六〇年代にかけて、欧米の知識人に禅仏教が広まるにあたって、この日本の碩学は大きな役割を果たした。有名な『禅仏教についての試論』は、一九三〇年から三四年にかけて英語で出版され、西洋では禅思想の解説書として、何よりもまず尊重された。この成功はけっして偶然ではない。鈴木大拙は長年欧米に住み、西洋思想を熟知していた［彼自身も、マイスター・エックハルトやスウェーデンボリといった西洋の神秘思想家たちの著作を日本語に訳している］。一九一一年、若いアメリカ人学生で神智学協会の会員であったベアトリス・レインと結婚した彼は、西洋に仏教思想を広めたいという強い願いを、彼女と共有するようになった。彼が心にかけたのは、禅思想を西洋の人々にとって受容可能にするにとどまらず、魅力的なものにすることであった。こうして彼は禅思想を最大限、西洋精神に引き寄せ、キリスト教的神秘主義との数々の類似点を増幅すると同時に、禅が他のどんな形態の哲学や神秘神学よりもすぐれていることを示そうとした。

究極の啓示の経験（覚り）をほのめかして、彼は次のように書く。「私の思うに、禅はあらゆる哲学の頂点だ。それは、宗教的意識がその至高の点に達したとき、不意に到来する心理的事実である」[Fields, 1981, p. 205 に引用]。今日では専門家の中には、彼が行なったのは学術的な普及活動というより、むしろ信者獲得運動だとして、彼を非難する人もいる。日本仏教に精通するベルナール・フォールからすれば、「鈴木の西洋人に対する禅の紹介のしかたには、ある意味で慇懃無礼なところがある。実のところ、彼がアメリカの弟子たちのために描写した禅体験のありさまの多くは、キリスト教的な神秘体験を日本風に脚色したに過ぎなかったが、彼に心酔する対話者たちは、東洋的な装いにまどわされて、そのことを認識していなかっただけだ。その上、彼の言う禅そのものも、伝統的な禅を修正改変したものに他ならず、近代化という時代の要請を受けて生まれた明治新仏教の二番煎じでしかなかった」[Faure, 1994, p. 20]。

しかし、このやり方は効果的で、三巻からなる鈴木の『禅仏教についての試論』は、西洋で数十万部も売れ（フランスでは四万部）、幾人かのヨーロッパ最大の思想家が、この特殊な形態の仏教に敏感に反応した。たとえばマルティン・ハイデッガーはその栄光の絶頂にあったとき、次のように宣言して弟子たちを呆然とさせたとされる。「もし私の理解が正しければ、これは私がすべての著作の中で言おうと試みたことだ」[Brosse, 1992, p. 175 に引用]。彼は禅をきわめて普遍主義的に、また特定の文化抜きに表現したので、禅の瞑想修行に惹かれながらも、キリスト教以外の宗教と関わりあいにならぬよう懸念する、大勢のキリスト教徒たちをも安心させた。

第二次世界大戦後、西洋人の弟子たちの書いた二冊の小さな本が、同時代の人々にかなりの影響を与え、また後年、広汎なカウンター・カルチャー運動から生まれた、次代の禅の信奉者たちの聖書となった。そのうちの一冊は、一九五五年にアメリカ合衆国で『禅仏教における解脱への道』として編まれ、一九六〇年にフランスで『禅仏教』のタイトルで出版されたもので、禅仏教の歴史と哲学についての非常に概括的な入門書である。著者のアラン・ワッツは当時四十歳で、自身も合衆国に住む日本人の師の指導のもとで、すでに二十年あまり禅を修行していた。彼もまた鈴木に近い立場から、禅思想を普及させようとした。

一九六〇―七〇年代の西洋人の、とりわけ敏感な琴線に触れた、同書の主題旋律《ライトモチーフ》のひとつは、禅の個人主義的、絶対自由主義的な性格であった。「禅という言葉によって人が指すものがなんであろうと、文化を構成する諸条件を超越する何らかのものが世界に存在するとすれば、それはまさしく禅である。そしてそのことこそ、禅がひとつの制度とならない、すぐれた理由である。言いかえれば、いにしえの師たちは往々にして、常にあらゆる組織の外にとどまり続けた「普遍的な個人主義者」であったのである」[Watts, 1961 et 91, p. 12]。

西洋人の新たな弟子たちの崇拝の的となったもう一冊の本は、はるかに型破りなものであった。『弓道における禅』[Herrigel, 1953] と題されたこの本は、一九四八年、ドイツで私的に出版され、その後三十年のうちに、徐々に世界的に広まっていった。著者のオイゲン・ヘリゲルは戦前、仙台の東北〔帝国〕大学の教授として六年間日本に滞在し、それを機に日本の伝統的な弓術に入門した。彼は、西洋人にはきわめて稀なことに、ほとんど「禅師」の規律と言ってもいいほどの〔厳しい〕自己統御を、みずからの規範とした。やはり同じように弓術を通して禅に入門したカールフリート＝グラフ・デュルクハイムは、一九五〇年にヘリゲルの本について次のように書いている。「ヘリゲルの奥義伝授の経験が意味するものは、ある遠い世界の未知のならわしについての単なる証言をはるかに上回っている。そこにはかの覚りのひらめきがあり、それは一冊の本が提供しうる、疑いなく最良のものである。著者はじっさい、みずからの体験について、同書で言及された数々の稽古をはるかに凌駕する注釈を加えている」[Wehr, 1997, p. 159 に引用されている]。

ユングとフロムの精神分析からの接近

仏教は、ショーペンハウアーやニーチェをはじめとする十九世紀の多くの哲学者たちを大いに困惑させ、ときには熱中させたが、その後継者たちの大半は、仏教思想にすっかり関心を失っていった。ハイデッガーやメルロ＝ポンティの著書のあちこちに散見される数々の驚くべき文章は、こうした深い心変わりを隠そうともしない。この人気凋落はまた、ヨーロッパのどの国にも、高等教育の課程に仏教哲学の科目がないことにも見て取れる。ロジェ＝ポル・ドロワは、どう見てもかなり奇妙なこの事実を説明するために、たくさんの理由を挙げようと試みた[Droit, 1989]。ここでは事実を確認するにとどめ、その意味について問うのはひとまず措くことにしよう。というのも、それは複雑で、しかもときに矛盾する、いくつかの論理に由来すると思われるからである。

現代前夜、わずかなりとも仏教に関心を持った西洋の哲学者もいたが、それはとくに歴史的、比較文化的な視点からであった。たとえばアンリ・ベルクソンは試論『道徳と宗教の二源泉』の中で、「仏教的神秘主義」について数ページを割いている。この哲学者は、「動的」な宗教の真の表われは神秘主義の中に見出されるとし、「静的」な宗教をそのような「動的」な宗教から区別しつつも、仏教の中にある種の神秘主義を見るのにやぶさかではなかった。

彼は明言する。「しかし我々は、なぜ仏教が完全な神秘主義ではないかを理解するだろう。完全な神秘主義は行動、創造、愛であるはずだからである。たしかに仏教が慈悲を知らなかったわけではない。反対に、それを極端に高揚した言い回しで推奨した。戒律にその模範を加えた。しかしそこには熱意が欠けていた。ある宗教史学者のきわめて当を得た言葉のとおり、仏教は「全面的で神秘的な献身」を知らなかった。付け加えれば――それは根底において同じことかもしれないが――仏教は、人間の行動の有効性を信じなかった。それを信頼しなかった。この信頼だけが力となりえ、山をも動かしうる。完全な神秘主義なら、そこまで行ったはずだ」。ベルクソンにとって、この完全な神秘主義とは、沈思、行動、愛を結びつけるもので、その典型はキリスト教や――アッシジのフランチェスコやアビラのテレサがそのよい例である――、いくつかの現代化されたヒンドゥー教の中にあり、このフランスの哲学者によれば、そのひとりラーマクリシュナこそ、現代におけるもっとも偉大な人物と目された。

仏教は、現代の哲学者たちには顧みられなかったが、逆に何人かのすぐれた精神分析学者を熱中させた。これは何ら意外なことではない。すでに十九世紀に、仏教心理学の精妙さを認める点で、ほとんどの東洋学者や哲学者たちが一致していた。とはいえ、フロイトはブッダに対して敬遠ぎみに論じ、無意識の発見に関して、ショーペンハウアーに――フロイトは彼が仏教徒だと信じていた――借りがあることを認めるにとどまった。

一方、カール＝グスタフ・ユングは、フロイトをあからさまに非難するようになる。フロイトは、ユングによれば、典型的な西洋人の心の奥に潜む、内向的な気質に対するある種の警戒心ゆえに、東洋を侮ったというのである。「我々は内向性を、何か異常なもの、病的な、あるいはさらに言えば非難すべきもの、と見なしている。フロイトはそれを、精神のある種の自己性愛的な、「ナルシス的」な態度と同一視する。彼のこうした否定的な立場は、内向性を、共同体意識に対する侮辱であるとして非難する、近代ドイツの国家社会主義哲学と共通するものだ」[Jung, 1954, p. 21]。

ユングは東洋心理学、とくに仏教心理学について、十篇ほどの重要な作品を書いている。このスイスの心理学者はブッダを、人類でもっとも偉大な天才の一人と認め、そのメッセージのあまりに革命的な特質を強調してさえいる。「全世界にとって精神的な先駆者であるブッダは、見識ある人間は神々の師であり、贖い手であって、西洋の啓蒙主義哲学が主張するような、神々の愚かな否定者ではけっしてない、と主張し、それを実証しようとした。（中略）ブッダは神々を徐々に概念化することで、歴史的過程を混乱させた。真の天才とはつねに、いわば横紙破りに侵入するものであり、混乱の原因である」[Jung, 1985, pp. 123-124]。それゆえユングの見るところでは、ブッダによって弾みがついた「変化の過程」は、「天才が永遠の貯えから引き出した、聞くだに不愉快きわまることどもを消化し血肉化する」のを可能にするために、魔術的、宗教的思考の再来によって部分的に中断された［同前、p. 124］。ブッダの提起する目的——仮借ない自己分析と変容と倫理的関与の労によって果たされる、人間による人間の救済——は、数世代では達成されるべくもなく、その血肉化に数千年もの時を必要としていた。というのは、「人が希求する変容とは、人間の意識の重大な進化なくして、起こりえないものだからである」［同前］。いずれにせよ、それはユングの思い描く分析の究極の目標、つまり、さまざまな心理的構成要素の調和ある統合と、それによってもたらされる十全な意識の状態と真の内面的自由に、多くの面で近似するものであった。

ユングはブッダを賞賛し、そのメッセージには、今日の心理学から見て、驚くべき近代性があることを示しただけではなかった。彼は、自身でもまた、さまざまな仏教の経典の中に、着想の深い源をいくつか見出したと打ち明けている。他のどんな伝統にもましてチベット仏教は、その豊かな哲学と象徴体系——彼はチベットの曼荼羅を長年研究した——、もしくはその心理学ゆえに、彼を熱中させた。わけても『チベットの死者の書』の出版は、彼にとって真の発見であった。「その発表された年以来、『チベットの死者の書』は私にとって、いわば忠実な仲間のようなものであった。私はそのおかげでたくさんの示唆と発見を得たばかりか、じつに本質的な数々の概念をも得た。『エジプトの死者の書』について、人はあまりに少ししか、あるいは余計なことしか語れないが、それと異なり、『チベットの死者の書』は人間的に理解できる哲学を含んでおり、神々や原始人にではなく、人間に話しかける。その哲学は、仏教心理学的批評の精髄であり、その意味では、未曾有ともいうべき卓越性の精髄である」[Jung, 1954, p. 168]。

方法論に多少の違いがあることを強調しながらも、幾人かの精神分析学者はシャーキャ・ムニを、西洋の深層心理学の、東洋における天才的な先駆者と見なしてためらわない。フロイトのもうひとりの重要な弟子――彼もやはり正統的なフロイト派に異を唱えた――であるアメリカの精神分析学者エーリヒ・フロムは、一九五七年にメキシコで「禅仏教と精神分析」のテーマでセミナーを開き、五十人あまりの精神科医や精神分析学者が参加した。来賓として招かれた鈴木大拙は長い祝辞を述べ、その中でとくに、禅仏教における自我と無意識の概念について取り上げた。フロムはこの討論に参加したが、このセミナーでの発言は、後に彼の著書に収録されるにあたって、根本的に手直しされた。それほど、彼の思想はこの出会いによって進化した。彼は、禅と精神分析との間の多くの接点を強調するために、四つの主な一致点を示した。

その第一は、「禅と精神分析とに共通する倫理的方向づけ」についてである。「物欲であれ、名誉欲であれ、その他あらゆる対象に対する渇望を超越することは、禅的成就の条件のひとつである。同様に、それはまさしく精神分析が探し求める目的である」[Fromm, 1971, p. 139]。

第二は、これら二つの体系があらゆる形の権威に対して持つ、確固たる独立性についてである。「フロイトが宗教を批判する主たる理由の一つは、唯一神への服従の中に、罰する者でもあり保護者でもある父への古代的な服従に代わる、まやかしの代替物を見出したことにある。成熟とは自分自身の力以外に頼らないということだが、人間はそれを引き受ける代わりに、唯一神への信仰の中に子供っぽい依存関係を引きずっている、とフロイトは言う。「ブッダの名を唱えたら、口をすすぎに行け」と明言する「宗教」を、フロイトならどう思っただろうか。唯一神も、いかなるかたちの非合理的な権威も認めない宗教を、どう思っただろうか。仏教の真の目的は、人間をあらゆる依存関係から解放し、活性化し、自身の運命に責任があるのは自分自身であり、他の誰でもないことを示すことである」〔同前、p. 140〕。

しかしながら、フロムが次に強調するのは、権威と対立するこの態度は、禅においても精神分析においても、ある「案内役」の一時的な支えを必要とするということだ。それは患者（あるいは弟子）が経験しなければならないことを、すでにくぐり抜けてきた人物である。ここでも、分析家や禅の師は、関係の初期に作られる依存のメカニズムについて明敏でなければならないし、その次の段階では患者なり弟子なりが、その案内役の言葉や人格との結びつきから自由になるよう、促さねばならない。

第四の一致点として、分析家は、「患者が、心を煩わせている数々の仮想を突き抜けて、それまで意識していなかったことに対して意識的になる」のを助けねばならず、そのために、「患者がもはや力尽きて倒れる寸前まで」、あらゆる「合理的説明の企て、あらゆる支え」を遠ざける。同様に、禅の師は「弟子を追いつめ」、とくに数々の公案の手法によって「あらゆる知的な逃げ道」を封じる〔同前、p. 142〕。

結局のところ、フロムがとくに強調しようとしたのは、これら二つの体系の究極の目的の類似であった。それは、禅においては啓示（覚り）であり、精神分析においては無意識の、意識への変容である。フロムはその論述の結論として、次のような熱烈な決意を語っている。「禅の認識と、人々がそれに寄せる関心は、精神分析の理論と実践に、もっとも実り多く、もっともめざましい影響を持ちうる。禅は、その方法論においては精神分析とどれほど異なろうと、注意力を研ぎ澄まさせ、内面的直観の概念に新たな光を投げかける可能性がある。それは、発見されるべきもの、創造的になるべきものに、より高い意味を与えうる。〔中略〕知的分析、権威、エゴの欺瞞に対して絶対的に対立するがゆえに、また、幸福〔安心〕という理念に力点を置くがゆえに、禅の思想は精神分析の地平を深め、広げるであろう。禅は、完全に意識的な知覚の理想として、精神分析が現実を把握する上で、さらに絶対的な概念に到達する助けとなるだろう」[同前、pp. 156–157]。

その一方で、このアメリカの精神分析学者は、精神分析が、禅を学ぶ人に役に立つ可能性をも示そうとした。それは「精神異常的ないしヒステリックな現象、あるいはまた、自己暗示によって引き起こされるトランス状態にもとづく、もっぱら主観的な、偽の覚りの危険に対する救いとして」役立つというのである。「精神分析の解明は、禅を学ぶ人が数々の錯覚を払いのけるための助けとなるだろう。そうした錯覚を排することが、まさに覚りの条件となる」[同前]。

トルストイ、ボルヘス、ハクスリー

すでに述べたように、十九世紀末から二十世紀前半にかけて、おびただしい文学者たちがショーペンハウアーの思想に深い影響を受け、それを通して仏教の息吹にいくらか接した。しかし、これら数十人の文学的天才たちは、プルーストからカフカ、マン、そしてセリーヌにいたるまで、ショーペンハウアーの熱心な読者ではあっても、仏教の経典や教えに心惹かれ直接触れようとする人はほとんどいなかった。とはいえ、ふたりの偉大な例外がある。トルストイとボルヘスである。前者はチベット仏教に大いに関心を持ち、後者はブッダの教えに非常に感銘を受けて、晩年になってシャーキャ・ムニのメッセージを西洋にもっとよく知らしめるために、啓蒙的な本を書く必要を痛感していた[Borges et Jurando, 1976]。しかしながら、こうした作家たちの作品の中に、仏教の影響の直接的な痕跡を探し当てるのは困難である。トルストイには例外的に数箇所あるが、ショーペンハウアー的な厭世主義の刻印の方がずっと顕著である。仏教の影響は、原典によって仏教を発見し、またときには生ける伝統そのものに触れた作家たちに、いっそう明白である。

オルダス・ハクスリーは、おそらく現代作家のうちでもっともよくブッダの教えを学んだ一人であり、その作品は、ペシミスティックな長編小説『すばらしい新世界』〔Huxley, 1932〕以降、ますます神秘主義に傾いた。『永遠の哲学』〔Huxley, 1945〕によって、彼は精神的な問題に関するみずからの信念の数々をはっきりと述べた。ドグマや制度に由来するあらゆる宗教的な断絶を超越する、フィロソフィア・ペレニス〔ラテン語で「永遠の哲学」の意〕の存在を確信して、その大まかな輪郭を明らかにし、そのような普遍的な知恵のもっとも完成された表現として、仏教が立ち現われてくることを示したのである。

ここでふたたび見出されるのは、かつて神智学協会の創始者たちが取りつかれたのときわめてよく似た思考法である。より入念で、より知的に厳密であるとはいえ、ハクスリーの企てはやはり、ありとあらゆる多様性を持つ人類の数々の宗教体系の中から、ひとつの普遍的な知恵を明るみに出そうとする、諸教混交的な試みの域にとどまるものであった。神智学者にとってそうであったように、仏教はここでも、新たなイデオロギーを構築するための中心的なよりどころとして使われた。とはいえ、著者は必ずしも仏教に最悪の歪曲を強いたわけではない。ハクスリーがとりわけ鋭敏に反応したのは、ブッダが「自我をそのあらゆる分節において認識する技術、すなわち身体、感覚、感情、思考を認識する技術のすべて」〔Huxley, 1945, p. 196〕を開陳する方法と、「倫理的であると同時に知的、精神的」でもあり、そして「ある種の賞賛すべき明晰さと簡潔さをもって、ブッダの八つの道〔八正道〕」〔同前、p. 242〕に要約された、救済の手だてであった。

ある作家は、かなり逆説的な方法で、遠く隔たった立場から知的、実存的に仏教を捉え、ブッダの生涯と教えのいくつかの側面を大衆化するのに貢献した。一九二二年に『シッダールタ』を出版したさい、ヘルマン・ヘッセには、歴史的なブッダ（シッダールタはその〔幼少期の〕俗名）の生涯を小説的な手法で描写するつもりはまったくなく、シャーキャ・ムニと同時代のひとりの青年の生涯を通して、みずからにとってもっとも価値ある主題——あらゆるドグマを超えた知恵に対する個人的な探究、家庭的な価値観への反逆、瞑想生活への孤独な入門、金銭や権力などいつわりの価値観の放棄、などなど——を表現しようとした。真に個人主義的な信仰告白であると同時に、秘教伝授的な小説として、『シッダールタ』は世界的大成功をおさめ、これに導かれて、西洋の若い世代は仏教に関心を持つようになった。

ヘッセはのちに、次のように説明する。「私はみずからの新しい経験の数々を、一部東洋的なイメージを使って表現したために、しばしば「仏教徒」と呼ばれるが、これには笑わせられる。というのも、あらゆる宗教の中で仏教ほど自分に遠いものはない、と私は心底感じているからだ」［フランス語訳『シッダールタ』序文（一九八八年版、p. XIII）からのジャック・ブルネによる引用。キップリングは小説『キム』（一九〇〇）の中で、ひとりの好感の持てるチベット人ラマの肖像を非常に自由に描いたことで、同じたぐいの誤解を招き、まったく意図せずに、多くの読者がチベット仏教に突然熱中するきっかけを作った］。

ギンズバーグ、ケルアックの「ビート禅」

二十世紀中葉、ブッダの声にもっとも敏感であった詩人や作家たちの中でもまず挙げるべきは、一九五〇年代に名をはせたビート・ジェネレーションのアメリカの詩人たちであろう。その先頭に立ったアレン・ギンズバーグは、一九五三年に鈴木大拙の著書を読んで禅仏教を発見した。彼は「啓示」（覚り）の描写に捕らえられた。その数年前に自身が体験した「野生の神秘」［ミシェル・ユランの表現で、体系化されたあらゆる宗教制度や秘教伝授制度の埒外での神秘体験を指す］の経験と、それを結びつけたのである。禅に入門する決意をし、まもなく友人のジャック・ケルアックとともに熱中するようになる。ケルアックもやはり、ソローを読み、つづいて何冊かの大衆向けの本を通じて仏教に行き着いた。そうした本の中に、仏教に改宗したアメリカ人ドワイト・ゴッダールの『ブッディスト・バイブル』があり、それが座右の書となった。ギンズバーグは、「覚り」を神秘体験と同じものと思い、それを再体験したいと熱望したが、ケルアックは禅の瞑想修行を試み、毎日少なくとも二十分、結跏趺坐《けっかふざ》した。もうひとりの仏教好きな若き詩人ゲイリー・スナイダーとの出会いを通して、彼らは禅仏教の真の実践者たち、とくにアラン・ワッツを知ることができた。

一九六〇年、ケルアックは『黄金の永遠の書』［Kerouac, 1960］を出版した。これは、カトリックと仏教の奇妙な混合を、とりわけ叙情的な文体で表現したものであった。スナイダーの方は、禅の教えと修行にすっかり感銘を受けて日本へと旅立ち、そこで数年暮らして禅のテクストをいくつか英訳した。ギンズバーグとケルアックは、過度に主観的で理想化した仏教を作り上げ、彼らとしてはそれに満足していた。そのため、ふたりの新しい友人アラン・ワッツは、一九五八年に発表した有名な記事の中で、「ビート禅はあいかわらず過剰な自意識の影であり、禅の香気を持つにはあまりに主観的、あまりに強烈すぎる」と、容赦なく批判した［Watts, 1958, pp. 3–11］。

第Ⅳ部　さまざまな弟子たち

―一九六〇年から一九九〇年まで―

第一章　カウンター・カルチャーとチベット仏教のテレビ放映

一九五九年三月のある日、ジャック・ケルアックとアレン・ギンズバーグは、急に鈴木大拙博士に電話しようと思い立った。彼らは博士とは、それまで一度も会ったことがなかった。博士はすぐに二人を迎え入れた。辞去するにあたって、ケルアックは「これから先、一生あなたのそばで過ごせるとよいのですが」と言った。博士は「いつか」と答えたが、その数年後には世を去ることになった。まさにこの出会いの日、書店ではケルアックの『ダルマの放浪者たち』という著書が発売されていた［刊行は前年］。新仏教への熱狂ぶりが色濃く染み出た、一九六〇年世代の文化革命と精神的ユートピアを告げる本である。その登場人物のひとりはこう叫ぶ。「私は壮大なリュックサック革命の幻を見る。数千人、いや数百万人ものアメリカの青年たちが、リュックサックを背に放浪し、山に登って祈り、子供たちを笑わせ、老いた男たちを喜ばせ、少女たちを幸せにし、老女たちをもっと幸せにしようとしている。彼らはみな、禅に憑かれていて、あちこち歩き回っては、たまたまわけもなく頭に浮かんだ詩を書き、また、風変わりで思いもよらない行動によって、あらゆる人々とあらゆる生物に、永遠の自由というヴィジョンを与え続ける」［Kerouac, 1958］。

じっさい数年後、何十万人ものアメリカの青年たちが、当時支配的であった社会的・宗教的価値観に反逆し、麻薬や音楽、タブーなき性を通して強烈な体験を味わおうとした。また、知の新たな地平を求めて、リュックサックを背負い、ヒマラヤへと旅立つ者も多かった。宗教的形式主義に囚われない自由人として「イエス」が再発見され、瞑想やインドのグル〔ヒンディー語で師の意〕が流行となり、いたるところで「新たな宗教意識」が生まれた。

東洋の精神性と心理学の融合

アングロ・サクソン系の社会学者たちは、この「新たな宗教意識」の出現を、一九六〇年代の欧米各国社会の全般的危機という観点から分析する。アメリカ合衆国ではベトナム戦争を機に「アメリカン・ウェイ・オヴ・ライフ」が危機を迎え、フランスでは一九六八年五月の学生革命によって「ブルジョア社会」の危機があらわになった。ロバート・ベラーは、こうした若者たちの反乱が生まれたのは、個人の次元でも社会の次元でも、功利主義的な個人主義では、豊かさゆえの数々の矛盾を、意味のある体系として説明できないからだ、と指摘した［Bellah, 1976］。そこで、いわゆる「カウンター・カルチャー運動」が、新たな意味の体系を作り上げようと模索した。

カウンター・カルチャーはあいかわらず個人――現代における既定の事実である――を前面に押し出しはしたものの、利益の獲得をかたくなに追い求めるのではなく、意識の目覚めを追求しようとした。この新たな倫理原則においては、各人はもはや単一の人生観や外面的な規範に従うのではなく、その時その時、真摯に自分自身や他者と向き合って行動する。S・M・ティプトンはこれをたくみに要約している。「それぞれがみずからの道を行くべきだ」［Tipton, 1982, pp. 185–213］。このスローガンは大いに受けた。さらにいえば、この新たなカウンター・カルチャーの倫理が暗黙裡に作り上げられつつあったちょうどそのとき、サルトルやフーコーのような哲学者たちが、「状況の倫理」と「主観性」ということを言い出したのも、おそらく偶然ではあるまい。

若者たちがある種の近代的価値観を問い直し、聖なるものをめぐる強烈な個人的・共同体的体験にあこがれたまさにそのとき、教会の側は、キリスト教をひとつのモラルにまで縮めてしまうような、世俗的で合理的なヒューマニズムの方向に進んでいた。こうして「役人」と化した司祭や牧師像の対極にある「魂の師」との、直接的、感動的なふれあいを求めていた新しい世代にとって、教会は情熱もなければ意味もからっぽな、官僚的な制度と受け止められた。この、教会の「内なる世俗化」――フランソワ＝アンドレ・イザンベールの表現――に対する批判に加えて、ロバート・ベラーやC・Y・グロックらアメリカの社会学者たちは、教会が、戦後の経済成長にともなう功利主義的なものの見方に「加担」したと批判した。教会は、個人が富裕になるのを保証し、社会的地位に応じて尊敬の度合いが決まるような世俗的な見方を支持したために、そのような経済的モデルと功利主義的な考え方を今や問題とする青年たちの信用を失った。

このようなわけで、一九六〇年代のはじめ以来、アメリカのカウンター・カルチャーは東洋に注目し、内面的体験や自己実現〔支配的文化における社会的成功の対極〕、コスモスとのつながり〔開発による自然破壊の対極〕、あるいはグルとの一体的感応〔官僚的な組織の対極〕など、数々の精神的価値を東洋から取り入れようとした。大勢の若いヒッピーたちは、みずからの文化から逃れ出て、強烈な感覚を味わおうとして、はじめのうちは麻薬を使っていたが、やがて、「再下降」〔元の状態に引き戻されること〕する不都合や常習による苦しい症状をもたらすことなく、瞑想体験によってもうひとつの「意識状態」に到達できる東洋へと方向転換した。

多くの社会学的研究の示すところによれば、カウンター・カルチャーに由来するこの新たな宗教意識は、消費社会のあらゆる特典を享受していた、多くは高学歴の特権的な青年たちのあいだに出現した。その後、とくに一九七〇年代なかばの経済危機のせいで、カウンター・カルチャーが青年層全体へと拡大するとともに、中間層と上層（エンジニア、建築家、医師、弁護士、ジャーナリスト、芸術家など）に広まった。

東洋の叡智がもてはやされたのには、それらが心理学と精神性との橋渡しをするものと見られたことが大きかった。正統的フロイト派が根本的に反宗教的であるのに対して、それに異をとなえるユングをはじめとする人々は、西洋の神秘主義的、秘教的、象徴的な伝統を復権させ、プシュケ〔魂〕の概念を、人間の数々の精神的渇望を包括的に考察できるまでに拡大することによって、精神分析の実践を豊かにしようとした。その一方で、多くの精神療法家たちが、東洋に同様の鍵を求めて旅立った。時代の目撃者であり、注意深い観察者であるハーヴェイ・コックスは、次のようにたくみに説明している。

「精神分析学は、魂の科学を自負して得意になっている。ところが実際には、西洋世界で現在行なわれている精神分析理論（およびそれに由来する治療技術）のほとんどは、「魂」について考察するのに、まさに苦労している。それらの理論は、じつは近代科学にもとづくものだが、「魂」や「プシュケ」という言葉は、昔からずっと帯びてきた宗教的な負荷を、頑として保ち続けている。（中略）今日の心理学者たちはみな、多かれ少なかれ啓蒙の世紀の子であり、精神性とは迷信のひとつの表われだという、傲慢な侮蔑の念を受け継いでいる。心理学の発達史とは、心理学者たちと、彼ら自身の持つ西洋の宗教的伝統とのつながりを、ことごとく断絶させる過程に他ならなかった。そして、この疎外された情況の中で、魂の科学に新たな基盤を見出す必要をふたたび痛感したとき、彼らが目を向けたのは、いつでも東洋の方向であった」[Cox, 1978, p. 92]。

また、もっと正確を期すなら、キリスト教西洋とは反対に、東洋においてはつねに心理学的次元が強調され、内省の技法、あるいは身体、プシュケ、精神の統一をめざす技法がおびただしく解明されてきたことを、はっきりさせるべきだろう。このようなわけで、東洋の知恵が数千年にわたって発達させてきた種々の心理的・身体的な技法によって、精神分析の手法を豊かにしようとして、一九五〇年代末以来、何百人ものアメリカの精神療法家がインドに向かった。そこから生まれたのが身体と精神、人間とコスモスとの間の失われた絆を復活させようとする、実存的あるいはホリスティックと呼ばれるいくつもの新しい療法である。一九六一年、インド哲学と、こうした新傾向の心理学に関する研究センターが、カリフォルニアのエサレンに設立された。これが、のちに「ニュー・エイジ」と呼ばれることになるものの第一の礎石となった。精神性と心理学とを融合したこの流れは絶えず増大し、自己啓発を主軸とする無数のグループや精神療法家たちの、発想の源となり続けた。

だから、一九六〇年代後半以後——一九六五年の移民法によって、アジアからの移民の新たな波に対してアメリカ国境が開かれた——合衆国に赴いたインドのグルや仏教の師たちの大多数が、カリフォルニアの諸大学のキャンパスで花盛りとなったこれらの新しい精神療法センターに招かれたのも、偶然ではなかった。

ヨーガと武術

アメリカ合衆国でもヨーロッパでも、もうひとつの現象のおかげで、多くの西洋人が東洋の知恵に関心を持つようになった。それは、両次大戦間にヨーガや数々の武術が発展したことである。フランスでは、哲学教授でジャーナリストとなったフェリクス・ギュヨーによって、一九三六年にハタ・ヨーガが導入された。彼はケルネイツという変名で数冊の書物を著したのち、一九四五年に最初のヨーガ学校を創立した。また一九四八年には、もう一人のパイオニア、リュシアン・フェレを主唱者として、西洋ヨーガ・アカデミーがパリに設立された。

ハタ・ヨーガの修行はヒンドゥー教のあらゆる次元の教えから純化されたもので、他の西洋諸国でも数冊の書物が出版され、大評判になるにつれて広がる一方であった。たとえば、ベネディクト会修道士のデシャネー神父が、一九五六年に出版した『沈黙の道』[Déchanet, 1956]という本は十万部を越え、多くのキリスト教徒に、このインド伝来の身体訓練を実践するよう促した。一九六六年に出たエヴァ・リュシュポール著『ハタ・ヨーガの知識と技法』[Ruchpaul, 1966]も同様の熱狂を巻き起こし、ヨーガはまさに流行現象となった。翌年、フランス・ヨーガ連盟がパリに設立され、一九七七年に改称されて、全国ヨーガ教師連盟（FNEY）となった。我々の社会学的アンケートによれば、仏教を修行する人々のかなりの数が、以前にヨーガの経験があり、ハタ・ヨーガの呼吸法や身体訓練を通じて瞑想の修行に親しんでいた。

数々の武術についても同様である。「最大限有効に心身を駆使する原理」を追究した日本の武術の大家、嘉《か》納治《のうじ》五郎《ごろう》は、一八八二年に柔道を創始し、一八八九年にはみずからフランスに紹介した！　とはいえ、柔道がフランスで本当の意味で発展するのは、一九三五年に川石《かわいし》酒造之助《みきのすけ》師が渡仏して以後のことであった。彼は合衆国に五年間滞在したことがあり、西洋的な考え方を熟知していた。一九四六年、フランス柔道連盟が発足し、一九五六年にフランス柔道・柔術・類似競技連盟（FFJDA）となった。一九六九年に川石酒造之助が没したとき、同連盟にはすでに十万人以上の有段者がいた。現在ではその数は五十万人を越え、フランスは西洋諸国の中でも、柔道の影響のもっとも著しい国となった。

その他の西洋諸国で柔道より人気がある空手は、数百年かけて形成されたもので、創始者は未詳である。二十世紀初頭からハワイに紹介され、第二次世界大戦後、みるみるうちにアメリカに広がった。一九四八年、ロバート・トライアスが最初の国際空手連盟を設立し、一九六三年、シカゴで第一回国際空手選手権大会を開催した。この間、一九五二年から五四年にかけて、二年にわたって日本の大家、大山倍達《おおやまますたつ》が合衆国を巡回し、空手はアメリカ人の心をすっかり奪ってしまった。彼は素手で雄牛を打ち殺したり、何十人ものプロレスラーやプロボクサーと対決して勝利をおさめたり、「数え切れないほどのレンガや板、瓦を割ったり」[Lombardo, 1993, t. I, p. 202] して、ブルース・リー以前に「東洋のスーパー・ヒーロー」のイメージを紹介した。各地の道場は満員となり、黒帯七段という飛びぬけた段位に達したエルヴィス・プレスリーをはじめ、何人ものスターたちが熱烈な実践者となり、広告したおかげで、空手人気は拡大した。

空手は一九四八年、フランス最初の柔道の黒帯の一人であったフランス人、アンリ・プレーによって、ヨーロッパに紹介された。一九五四年、プレーはフランス空手・フリースタイルボクシング連盟を設立し、同連盟は一九六〇年にＦＦＪＤＡに吸収されたが、一九七〇年に再度独立して、フランス空手・テコンドー・類似武術連盟（ＦＦＫＴＭＡ）となった。

日本起源の大きな武術で、西洋にすっかり定着した三番目のものが、合気道である。おそらく、その精神と技法において仏教にもっとも近いのは、合気道であろう。一九二〇年代、武の精神を深く進化させようと、植芝盛平《うえしばもりへい》によって創始されたもので、それを創始者は次のように表現している。「数々の武道は、もしそれらが力による勝利のために役立つとすれば無益であり、世界を破壊へ導く道具であってはならず、それらの意義は、宇宙の心をみずからのものとし、世界に平和を広めることにあると、私は悟った」。かくて、植芝によって完成された技法とは、「ある生き生きとした創造的な力にもとづく円運動として表現されるもので、宇宙の諸法則に調和し、自然で流れるようなリズムに抱かれ、あらゆる武の関係に内在する闘争的な次元を溶かしてしまう。いかなる意味でも勝ち負けの概念が入り込んではならない。防御は、攻める側のエネルギーと、兄弟としての和解の念が昂まる中で、攻撃を「内面から」統御し、いかなる害意もなくそうとする、攻められる側のエネルギーとの結合（合気）によって成立する」［同前、p. 23］。

合気道（フランスには一九五一年に紹介された）と禅の実践との間には、ほんの一歩の隔たりがあるにすぎず、一九六〇年代末にヨーロッパで禅が発展して以来、数千人の西洋人が、それを跨ぎ越えている。

西洋の人々を東洋の身体技法に親しませ、ときにはある種の精神的次元を伝えたという点で、「ヨーガと数々の武術は、仏教から送り込まれたトロイの木馬であった」と述べたのは、グルノーブルの精神科医ジャン＝ピエール・シュニッツラーである。彼の歩んだ道のりは、まさにその例証であった。彼は一九四六年、ショーペンハウアーを読んで、インド思想、とくに仏教の研究へと導かれた。一九五〇年代、柔道を習ううちに、「この練習の奥に隠れた精神的なメッセージを深く追求する」必要を、あらためて感じるようになった。「仏教友の会」と、ルネ・ジョリーの主宰する「グレッツ・センター」〔パリの東郊外グレッツ・アルマンヴィリエ〕を介して、ソルボンヌで哲学を研究する二人のテーラヴァーダ〔上座部〕仏教僧と知り合ったが、その一人が数年後、フランスで最もよく売れたブッダのメッセージの入門書［Rahula, 1961］の著者として有名になった、ワルポーラ・ラフラその人であった。青年医師は仏教徒になることを決意し、東洋のならわしどおりに二人の僧に帰依し、沈黙して座り瞑想することの手ほどきを受けた。これは一九五八年のことで、ジャン＝ピエール・シュニッツラーはおそらく、瞑想を日常生活の中心に置こうとした、フランスで最初のブッダの新弟子のひとりであった。

秘教伝授のドキュメンタリー

もう一人のフランス人、ロベール・ゴデは、各種の武術に熱中し柔道の本を書いたが、一九五二年、伴侶のマルグリートとともに、2CV《ドゥーシュヴォー》〔シトロエン社の小型乗用車〕でアジアの聖地に行こうと決心した。この驚くべき大旅行を物語る著書の序文に、彼は次のように書いている。「私は予言者ではない。革命家でもない。ただ、一人の人間として、我々の文明を破滅から救うには、人類は新しい生き方をしなくてはなるまい、と考えただけである」[Godet, 1954]。ロベール・ゴデは同世代の多くの青年たちと同様に、しかも彼らに十年も先んじて、このような刷新は東洋から、わけてもチベットの師たちから以外にもたらされるはずがない、と確信した。一九五五年、彼は自身の師と出会った。その人物とは、中国によるチベット侵攻のためにシッキムに亡命した、あるチベット人ラマであった。

一九五〇年十月、中国人民解放軍がチベットに侵入した。一年後、中国の張国華将軍は二万の兵士を率い、勝ち誇ってラサを包囲した。チベット精神界・世俗界の若き指導者、ダライ・ラマ十四世テンジン・ギャムツォは当時まだ、たった十五歳であった。国際社会から完全に見捨てられた若き元首は、中国政府との折衝を余儀なくされた。一九五四年、北京に赴き、毛沢東からじかに、以後チベットは中国に併合されるが、文化的アイデンティティは守ることができる、との保証を得た。

しかし、チベットを中国化・「近代化」する政策は、中国の指導者層によってすでに綿密に計画されていた。一九五九年三月、ラサの人民は占領軍に対して蜂起し、ダライ・ラマは深夜、亡命の道を選んだ。インドに着くと、ヒマラヤに近い小さな村、ダラムサラに居を定めた。主だった高僧たちのほとんどは、彼と行動をともにしたか、あるいはそれ以前に亡命していた。チベットを舞台に悲劇が繰り広げられた。数年のうちに六千の寺院が取り壊され、数十万の僧と尼僧が無残に虐殺されたり拷問を受けたりした。チベットの女性たちは不妊にされた。中国兵は何千もの美術品や古写本など、チベットの伝統的世界を想起させる一切のものを破壊した。

中国人入植者が流入しはじめ、彼らは、住民の五人に一人が命を落としたとされるチベット人の人口を、遠からず上回るようになるだろう。

一九五九年以来、国連は中国を非難し、民族絶滅をはかる犯罪国家と認めたが、いかなる強制的措置を取ることも拒否した。ダライ・ラマは、武力による抵抗はさらなる弾圧の強化をもたらすだけであると確信し、チベット国民に非暴力を説き、忍耐を勧めた。この間に亡命チベット人の共同体が組織され、主だったラマたちの大半は、チベット仏教がラダック、ネパール、シッキム、ブータン各地に擁するおびただしい寺院に移った。チベットの指導者の一人、カルマパ〔十六世〕は、毛沢東の約束を信じず、この悲劇が起こる前にあらかじめ、写本の中でももっとも貴重なものや多くの法具を、シッキムに運び出すことに成功していた。

チベットの悲劇はしかし、予期せぬ結果を生んだ。ヴァジュラヤーナ〔金剛乗〕の西洋への伝播である。それまで外部との接点をまったく閉ざされていたチベットは、たしかにこの上なく悲劇的な方法によってとはいえ、世界に開かれ、以後チベットのラマたちは西洋人にとって手の届く存在となった。このできごとは、それが及ぼす影響の重大さを推察できる精神的探究者にとって、素晴らしすぎる機会であった。ヒマラヤへの道は、「本物の魂の師」を求める西洋カウンター・カルチャーの申し子たちには、どうしても行かずにはいられない巡礼の地となった。

若きジャーナリストでテレビのプロデューサーであったアルノー・デジャルダンは、それまでにヒンドゥー教徒やスーフィー教徒の精神性に関するドキュメンタリーを数本制作したことがあったが、ふたたびインドに行き、亡命中の偉大なラマたちをフィルムにおさめようと決意した。一九六四年、妻や子どもたちと車でダライ・ラマのもとに行き、西洋の人々にチベット密教の豊かさと奥深さを発見させるために、通常は秘密に行なわれる秘教伝授の儀式を撮影する許可を求めた。眼を閉じて、長いあいだ沈黙したのち、チベットの指導者は

「イエス」と答えた。はるばる八千キロメートルも来た甲斐があった。

『チベット人のメッセージ』上・下二篇は、最初は一九六六年六月に放送され、すっかり魅了された多数の視聴者の要望に答えて、同年十月、再放送された。『フィガロ』から『ユマニテ』まで、『フランス・ソワール』も『テレラマ』も、各紙こぞって絶賛した。「チベット人はトランキライザー〔精神安定剤〕を必要としない。彼らの宗教が平和と幸福を保証しているのだから」と題して、『レクスプレス』は、このドキュメンタリーをめぐる長いアンケートに誌面を割いた。「このチベット人のメッセージは、神秘的で難解ではあったものの、比類ない省察と崇高なイメージに富んでいた。あの数々の呪術的なダンスと、叡智のきわみに達した賢者たちのつややかな顔は、われわれの記憶に長くとどまるだろう」と、ギヨーム・アノトーは『テレ・セット・ジュール』〔三三九号、一九六六年七月九日付〕に書いた。『ル・カナール・アンシェネ〔鎖につながれたアヒル〕』〔二三八三号、一九六六年六月二十二日付〕も、アルノー・デジャルダンの仕事を惜しみなく賞賛した。そして数カ月後、その著書が発行されたとき、ジャーナリストのクレマン・ルドゥーは同じ諷刺新聞〔『ル・カナール・アンシェネ』〕でふたたび主張している。

「この前の『チベット人のメッセージ』をあなたは覚えているか。あの番組には、ギー・リュクス〔一九一九―二〇〇七、テレビ司会者〕が司会する娯楽番組や、ミシェル・アルノーおばさんの料理番組とは別のものに飢えている人なら、誰しも夢中にならないわけがなかった。あのチベット人たちに興味をそそられ、困惑した人は、私がしたのと同じことをしなさい。つまり、アルノー・デジャルダンの近刊を読むといい。（中略）彼がいなかったら、私は、タントリズム〔密教〕には限りなく真剣で実験的な点があるということを、いまだにまったく理解できなかったことであろう。（中略）そして、いちばん厄介なのは、タントリズムの入門者たちには、人を裁いたり、とがめたり、断罪したりすることが禁じられている点である。ちぇっ！　私にはニルヴァーナにいたる権利がないだろう。〔諷刺が売り物の〕私にかろうじて許されるのは、せいぜい意地悪な中立くらいのところなのだから……」。

アルノー・デジャルダンのドキュメンタリーが一九六八年に再放送されると、それに誘われて数十人のフランスとスイスの青年が、あの魅惑的な師たちに会いにヒマラヤへと出発した。彼らの一人が、最近有名になったマチウ・リカールである。彼はもともとパストゥール研究所で分子生物学を研究していたが、のちに仏教僧となった。彼は父〔で哲学者の〕ジャン＝フランソワ・ルヴェルとの対話の中で、デジャルダンの映像を見たのち、チベットのラマたちと出会うために旅立ちたいとの願いがいかにして生まれたかを、語っている。

「私は、みずからの説く教えをそのとおりに体現した存在を見たという印象を受けました。（中略）彼らの様子はそれほどきわだっていました。それがなぜなのか、私にはまだはっきり捉えきれませんでしたが、もっとも感銘を受けたのは、彼らが、もはや西洋ではほとんどお目にかかれないたぐいの人物、つまり聖者、完全なる存在、賢者の理想像と一致していたことです。それは、アッシジの聖フランチェスコや、古代の偉大な賢者たちから、私が思い描いていたイメージであり、私にとっては、すでに死語となっていたイメージでした。なにしろ、私はソクラテスに会いに行ったり、プラトンの弁論を聴いたり、アッシジの聖フランチェスコの足もとに座ったりすることはできないのですから。ところが突如、生ける叡智の例証であるかのような存在が出現したのです」[Ricard et Revel, 1997, p.22]。

アルノー・デジャルダンは、アレクサンドラ・ダヴィッド＝ネール（彼女のおかげで彼は仏教を発見した）に続いて、チベット人の真の「精神的至宝」について、数百万の西洋人の目を開かせた。ダライ・ラマはフィルムの最初の数本を見て、作者に打ち明けた、「あなたは滅びつつある何ものかを示そうとしている」と。古来の伝統的な姿としては、おそらくそのとおりだろう。しかし、この亡命中のチベットの指導者は、「チベットの精神」が数十年後、この地球の四方へと広がって行くことを、まだ知らなかったにちがいない。

しかしながら、偉大な賢者パオ・リンポチェは、そのことを若きダライ・ラマに、亡命の数週間前に告げていた。彼はある奇妙な夢にとりつかれ、それを語ったのである。「私は太陽が暗くなるのを、そして暗黒の夜を、チベットの上に襲いかかる恐るべき夜を見ました。その暗闇がわが国全体を脅かすようになる一方で、たくさんのきらきら輝く星が、地球の表面をあまねく照らすのを見ました。ダルマはおそらくいつの日か、チベットから消滅してゆくでしょう……。しかし、それは全世界を明るく照らすためでしょう」というのが、そのラマの結論である［この話は、パオ・リンポチェにもっとも近しい西洋人の弟子のひとりで、すぐれた『チベット史』(Fayard, 1997) の著者でもあるロラン・デエが、私に伝えてくれたものである］。

第二章　坐禅の広まり

チベット仏教のブームが、とくに一九七〇年代末に怒濤のように広がる以前、西洋人は坐禅の修行を通じて、仏教の瞑想に入門しようとした。すでに述べたように、鈴木大拙博士の著書が刊行されて以来、禅は一部の教養人層によく知られていた。一部の西洋人思想家、とりわけ精神分析学者におよぼしたその影響は無視しがたい。

しかし、一握りのアメリカ人を除いて、師の指導の下での実存的〔主体的・自覚的〕な道として、禅が採り入れられる例は、きわめて稀であった。その原因の多くは、当時西洋でもっともよく知られ、もっとも広がっていた臨済禅の特殊性にある。この禅では周知のように、師が弟子たちを前進させるために問いかける、「公案」とよばれる数々の謎に力点が置かれる。このタイプの教えは、師と緊密な関係を結ぶことを必要とし、ある人の心的宇宙から他者のそれへと伝えることが容易ではなく、西洋人で、そうした教えを鋭敏に感じうる人はめったにいない。

臨済禅とは反対に、曹洞宗は、沈黙のうちに座って瞑想することを修行の中心に置く。だから西洋においては、曹洞宗の禅師が欧米へ渡来したのにともなって禅が発展したというのも、驚くにはあたらない。両大陸にはそれぞれ、その「偉大な使徒」がいた。アメリカ合衆国には鈴木老師と呼ばれた鈴木 俊隆《しゅんりゅう》（鈴木大拙とは別人）、ヨーロッパには弟子《でし》丸泰仙《まるたいせん》師である。

アメリカの鈴木俊隆老師

一九五九年五月二十三日、鈴木〔俊隆〕老師はアメリカの地に着いた。当時五十三歳で、結婚しており、二児の父であった。東京の曹洞宗の寺院の僧侶で、上層部の命で、サンフランシスコにある寺の面倒を見るよう、一時的に派遣されたのである。その寺に通うのは、それまではほとんど日本からの移民に限られていた。まもなく彼は、抜群の精神的な影響力を発揮するようになるが、それに加えて、この新来の僧侶はたいへんな切札を持っていた。英語を流暢に話し、西洋文化に熱中したのである〔じっさい、彼は日本にいたとき、皇太子の家庭教師をしていたあるイギリス人女性と知り合い、彼女を弟子にしていた〕。

二年たらずのうちに、彼は数百人のアメリカ青年たちを改宗させ、沈黙のうちに座って瞑想することを、日課として忠実に実践させるまでにいたった。鈴木大拙は絶えず、禅の究極の目的として、「サトリ〔覚り〕」と呼ばれる例の啓示について語ったが、鈴木老師はそのような言葉は一切使わず、そのかわり、「坐禅」のために座る必要をつねに説いた。「ただ座れ」とは、禅に入門したいという新来者たちへの、彼のいつもの言葉であった。友人の哲学教授が、彼が亡くなる少し前に、なぜ「覚り」についてまったく口にしないのか、と彼に尋ねた。彼の妻がいたずらっぽくつぶやいた。「なぜって彼は覚ってなんかないもの」。鈴木老師は妻を扇子ではたくふりをし、がっくりした様子で、指を唇につけてささやいた、「しっ！　彼に言っちゃだめじゃないか」。

それから、はじけるように笑い出した。「覚りが大切ではない、ということではないのです。しかし、禅の要点として強調すべきなのは、そういうことではありません」と、老師は相手に説明した［これは、鈴木俊隆の著書（Suzuki Shunryû, 1977）の序文で、ハストン・スミスが紹介している逸話である］。

鈴木老師は、アメリカ人が「どんな代償を払っても」覚りを体験したいと渇望している、と見きわめるのに、さほど手間どらなかった。そのような態度は、精神的修行の見通しを誤らせることにしかつながらない。求道においては「期待しないこと」、無欲であることが、まさに不可欠の条件なのである。禅を知的に理解することにともなう、ありとあらゆる罠をも同様に意識した上で、彼が終始一貫教えの中軸として力点を置いたのは、坐禅の修行であり、姿勢、呼吸、心の静けさを得る方法であった。無常という概念にとりわけ敏感であった彼の、主たる「哲学的メッセージ」とは、「初心」をつねに保たねばならないと、絶えず修行者に思い起こさせることにあった。

その唯一の著書となった小冊子を、彼は次のように結んでいる。「私たちは、アメリカ合衆国にも、仏教にも、みずからの修行にさえも、執着してはならない。私たちは初心を保たねばならない。それは、万物はたえまない変化の中にあるということを知り、一切の所有から解放された精神である。実在するものなど何もなく、現にある形や色とて一時的なものにすぎない。一つのものは他のものへと、とどめようもなく流転する。雨のやむ前に、鳥の歌が聞こえる。深い雪の下にも、スノー・ドロップや新芽の芽吹くのが見える。東海岸では、私はもうルバーブ〔大黄〕を見た。日本では春にきゅうりを食べる……」［同前、p. 180］。

あふれる新弟子たちのために、鈴木老師は一九六一年、サンフランシスコに禅センターを設立し、さらに一九六七年、長期滞在修行者たちの主要なセンターとして、タッサジャラ山僧院を建立した。癌に冒された老師は、もっとも近いアメリカ人の弟子のひとりリチャード・ベーカーに、一九七一年十一月二十一日、嗣法《しほう》（後継者としての認定）を保証し、その二週間後、六十五歳で没した。その遺産として遺されたのは、アメリカ全土に散在する数十の大きな禅瞑想センターと、そしていうまでもなく、単純さと具体的な実践とから成る、新たな「禅の精神」である。それは、彼と同姓の高名な人物（鈴木大拙）のそれとは、奇妙なまでに対照的なものであった。

他にも多くの老師が、一九六〇年代から七〇年代にかけて、アメリカ合衆国に教えを伝えに来た。そのすべてを列挙する紙幅はないが、何人かを挙げるなら、前角大山《まえずみたいざん》老師、片桐《かたぎり》〔大忍《だいにん》〕老師、安谷白雲《やすたにはくうん》老師、嶋野栄道《しまのえいどう》老師などである。同様に、生粋のアメリカ人で、合衆国における禅の発展に重要な役割を果たした者も、何人かいる。たとえば、慈友《じゆう》ケネットや、ベストセラー『禅の三柱』の著者フィリップ・カプローなどである。しかしもちろん、鈴木老師のもたらしたものとその影響は、異論の余地なくもっとも決定的であった。

ヨーロッパの弟子丸泰仙

第一次世界大戦直後、たいすえ（未詳）という名の日本人禅僧が、大乗仏教と禅の実践が、ヨーロッパ人にぜひとも必要な精神の糧であると確信して、ヨーロッパを縦横にくまなく歩き回った。しかし改宗者は一人も現われず、ヨーロッパの大首都の一つに仏教センターを設立する計画を、諦めざるをえなかった。彼は五十年、「歴史」に先んじ過ぎたのである。

グルノーブルで精神科医、精神分析医として開業していたジャン＝ピエール・シュニッツラーは、瞑想の修行を毎日続けていたが、一九六七年夏の初めに、運動療法医の友人から電話を受けた。

「僕が何をしていると思う？　フランス語がひとことも話せない日本人の仏教僧が我が家に着いたので、庭の奥にあるキャンピングカーに落ち着いてもらっているよ……」。

トマ・ロルドは、徹底的に米飯食を基礎とした食餌法「禅マクロビオティック」を信奉するグループの一員であり、その前年、この小グループで日本に滞在中に、弟子丸泰仙と知り合いになった。この一風変わった男は、並外れたカリスマ性を発揮して、彼らフランス人たちを即座に魅了した。一九三二年、十八歳の時に、遊行の禅僧・澤木《さわき》興道《こうどう》に出会って以来、弟子丸泰仙にはただ一つの望みしかなかった。禅僧になることである。師は、彼を思いとどまらせ、結婚して在家者として生活するよう勧めた。弟子丸は、坐禅を日常的に実践しつつ、師の忠告に従った。戦後、彼は再びこの願望を蘇らせたが、叶わなかった。一九六五年十二月、臨終の床において、澤木興道はついに弟子丸の出家を許した。時に弟子丸はすでに五十歳を越えていた。

ほどなく弟子丸は、旅行中のフランス人グループに出会い、いつの日か日本を離れ、アメリカで禅を教えたいという志を打ち明けた。トマ・ロルドは、何かあったらと、グルノーブルの自宅の住所を手渡した。しかし数カ月後、この禅僧が一文無しで、荷物はといえば座布と袈裟と師の形見の備忘録だけを携えて、自宅の玄関に突然現われたのには仰天した。弟子丸は職業（実業家であった）を棄て、妻と成長した三人の子供を残し、船に乗り、ついでシベリア鉄道を乗り継ぎ、ヨーロッパに向かったのである。弟子丸泰仙がフランスの地を踏んだのは、鈴木老師と同じ五十三歳の時であった。彼は、アメリカに行く前に、ちょっとフランスに立ち寄ろうと思っただけであった。

夏の真っ盛りに、トマ・ロルドとジャン＝ピエール・シュニッツラーに駆り出されたまばらな聴衆を前に、彼はフランスでの初めての講演を、グルノーブルで何回か行なった。ほとんど理解できない英語とおぼしき言葉で話したが、幸い通訳がついていた。秋には首都パリに赴くことに決め、ダイエット食品の店の奥にある倉庫に住まい、地べたに眠り、日本式指圧マッサージをほどこしながら、わずかな生活費をまかなった。数カ月後には、パリ近郊のグレッツの中心部にあるルネ・ジョリ宅に身を寄せた。

弟子丸泰仙は、その人柄と、非常に単純かつ効果的な方法で坐禅の修行を教えたことにより、人々を魅了した。弟子の数を次第に増やし、一九七〇年にヨーロッパ禅協会と呼ばれる最初の協会を設立し、これは一九七九年以後、国際禅協会となり、広く知られるようになった。坐禅の修行と教育は、個人の住居ではすぐに手狭になり、一九七二年、パリのペルネティ通りにフランスにおける最初の道場を開いた〔実際には、最初はサントギュスタン通りに開かれ、次にメンヌ通り、そしてペルネティ通りに移った。魚谷三千代氏の教示による〕。以後、道場は全ヨーロッパに増え、フランスに到着してからわずか五年後には二十ほどになり、一九七七年にはおよそ十カ国で五十を越えた。一九八二年、彼が急逝したとき、道場は百以上あった。現時点では二百近くが数えられるが、その半数弱がフランスにある。

弟子丸泰仙は一九八〇年、トゥーレーヌ地方に、八十ヘクタールの敷地を持つ、曹洞禅では世界最大のラ・ジャンドロニエール寺院も開山した。ここで一日六時間の坐禅を修行し、彼の教えを受けるために、一九八一年には、ひと夏で延べ約千五百人がヨーロッパ中から集まった。弟子丸泰仙亡き後も、古参の弟子たちが指導する接心《せっしん》は毎夏開催され、約十五カ国から数百名が参加している。

弟子丸泰仙の驚くべき成功は、一方では磁石のように人を引き付ける彼の性格と教育家としての才能にあり、他方では坐禅の修行に絶対的優位性を置き、主知主義と宗教の形式尊重主義を排斥したことにあるであろう。「仏教の本質は、坐禅の修行にある。坐禅の修行がなければ、禅はない。（中略）修行のない見かけ倒しの寺院は、いくら立派でも、観光客相手の儀式用の寺院に過ぎず、まさに墓場だ。瞑想なくしては、禅に関する書物は何の価値もない。しかし、坐禅を修行するなら、たとえ寺がなくても、たとえ僧侶でなくても、たとえ監獄の中でも、それが真の禅である。坐禅とは、正しい呼吸法、正しい精神状態、正しい姿勢である。それは思考を停止させることではなく、たえず姿勢が崩れないようにしながら、思考をあるがままにまかせることである。というのは、姿勢と呼吸に注意を集中していれば、精神状態は自然に正しくなり、知恵が無意識の内にあらわれる」と記している〔Deshimaru, 1984, pp. 149-150〕。

それゆえ、弟子丸泰仙にとっては、正しい姿勢を保つことが何にもまして重要であった。正しい姿勢にたえず留意しなければ、いかなる進歩もありえない。

弟子丸泰仙は、十五ほどの著作と翻訳がある多作な著述家で、また書家でもあり、頑強そのもので、そのエネルギーは無尽蔵に見えた。しかし最後は痛ましかった。かかりつけの医者の話では、膵臓ガンに冒されながらも、その現実を数週間のあいだ認めようとしなかった。というのも、彼は、ガンは我執に関連した病いであり、「立派な坐禅の修行」こそが、それを予防する最良の方法であると何度も繰り返し公言していたからだ。それでも突如として病状の重さを自覚し、急いで日本に帰ったが、帰国後数日して亡くなった。

国際禅協会の後継者問題は悲劇的で、数多くの離脱者を生んだ。弟子丸師は、弟子の誰にもダルマ〔仏法〕の相続（＝嗣法）を与えていなかった。恩師澤木興道の後継者の一人、成田〔秀雄〕老師を伴って日本から戻ってから、そうするつもりだったのである。しかし、弟子の大半は、誰であれ弟子丸師以外の人から嗣法を受けることを拒んだ。それでも最古参の弟子のうち五人は、成田老師から嗣法を受けることにした。というのは、日本での規定では、この嗣法がなければ、禅の得度を授け、新しい弟子を僧伽《サンガ》に受け入れることは不可能だからである。それゆえ、この五人は国際禅協会を離脱し、独自の道場を設立した。その一つが、その後大きく発展するイタリアのファウスト・グアレーシの道場である。成田老師から嗣法を受けることを拒否した国際禅協会の主要責任者は、一九八四年まで制度上の「無人地帯」に留まっていたが、投票で選ばれたロラン・レッヒ、ステファン・ティボー、エチエンヌ・ザイスラーの三人は結局、丹羽廉芳禅師〔当時の永平寺管長〕から嗣法を受ける決心をした。

時として激しかったこの一連の議論は、制度上の問題および日本の伝統との関係を前に、弟子丸師の弟子たちの大半が抱いていた深い不安を表わしている。彼らにとって、弟子丸師の生存中は、伝統とは弟子丸その人であった。だからこそ彼が亡くなるや、多くの者は、仏教教団の中での自分の位置、自分のアイデンティティがわからなくなってしまった。

しかしこの不安は、弟子丸自身の制度上の地位の曖昧さの反映でもあった。彼は嗣法も受けずにヨーロッパに飛び出し、日本の教団権威者には批判的で、彼らに対する不信感を自らの弟子たちに植えつけた。日本の教団側も、最初の頃は弟子丸泰仙を危険な冒険家と見なし、距離を置いていた。日本の教団側が彼に正式な嗣法を授け、得度を授ける資格を有する伝統的な師として認定したのは、ヨーロッパでの布教の成功が確実なものとなった、一九七五年になってからのことである。

弟子丸の死から十年後の一九九二年に、当時の国際禅協会会長ロラン・レッヒは、協会と日本の関係について、「不幸にも生きた坐禅の修行よりも儀式に明け暮れる、日本の硬直した禅僧組織に対しては、何らの従属関係も存在しない」[Sangha, 1992, n°. 3, p. 44] と記している。要するに、嗣法は形式的に行なわれ、それによって国際禅協会は、フランスにおける「伝統的」仏教と認識されたが、その主導者たちは、協会は外部の制度あるいは権威から完全に自由で自立していると見なし、絶対に従属しようとしなかった。弟子丸の弟子たちの間には、嗣法を受けずに得度を授け続ける者がいて、状況はいっそう複雑である。

こうした、伝統といかに向き合うかという重要な問題については、『フランスにおける仏教』と題する社会学的研究 [Lenoir, 1999, pp. 284 sq ; 330 sq] で扱ったが、それ以上に弟子丸泰仙の、複雑で物議を醸しがちな人格の問題がある。「彼からは、ある種の磁気のような、白熱した激しいエネルギーが発散していて、誰もが無感覚ではいられなかった」と、作家であり、禅の専門家で、弟子丸の弟子であるジャック・ブロスは回顧している。「彼の激怒、容赦ない断固たる態度、ぐさりと刺す単刀直入な言葉の荒っぽさは、恐ろしかったし、ときにはショッキングであった。しかし、怒った後でも、先生はどっと笑い出し、一杯飲まないかと誘った。こんな師をどうして非難できただろうか。彼はいつも相手の敏感なところをすぐに探り当て、そこにピタリと触れてきた。だから、人は彼の見かけの粗野は、実際には慈しみであるとすぐにわかった。彼を取り巻く側近たちは、不満をもらし愚痴をこぼしながらも、この容赦ない引率者にヘトヘトになりながらついていった。禅の歴史を学んだことがある人は、彼が中国禅でいう「自由人」、「無位真人」であり、曹洞宗〔原文にはMa-tsu宗とあるが、不明。文脈からして訂正した〕、黄檗《おうばく》宗、臨済宗のれっきとした後継者であることを認めていた」[Brosse, 1992, p. 168]。

型破りの、とはいえ弟子たちには申し分のない師であった彼は、他の西洋の仏教徒たちからは、ことにその女好きと酒好きを非難された。五年間、弟子丸泰仙の弟子であったが、その後遠ざかり、カル・リンポチェに師事したジャン＝ピエール・シュニッツラーは、かつての師の両面をこう叙述している。

「偉大な資質を具えた人であった。献身的で、力があり、エネルギッシュで、寛大であったことはまちがいない。ユーモアに満ちていて、人間味豊かであった。誰もしていなかった時期に、瞑想を教え、大きな要請に応えた。同時に、「姿勢」についての完璧主義は、私には少々きつ過ぎたし、おそらく禁欲の手本ではなかった。一部の弟子たちには、ウィスキーを飲んで彼を模倣するのは易しかったに違いない。しかし、それは禅の叡智を探究することとは遠くかけ離れていた」。

ティク・ナット・ハンの「社会参加型仏教」

一九六〇年代から七〇年代にかけて、日本の伝統に直接触れてみたいと、数十人のヨーロッパ人が日本に向かった。そのひとり、スイス人の青年建築家ジョルジュ・フレー（太寛常慈）は、一九六四年に来日し、一九六八年、神戸の寺に入って、山田無文《やまだむもん》師のもとで七年間、臨済禅を修行した。ヨーロッパに帰ると、一九七五年、アルデーシュ（フランス南部）にヨーロッパ大陸ではじめての臨済禅のセンターを設立した。このセンターは坐禅の集中講座（接心）を催すだけでなく、弓術や茶道の講習会も開き、四百人あまりが入会した。フランス人女性リュース・バシュー（浄信先生）もやはり日本に長く滞在し、一九八八年に森山大行《もりやまだいぎょう》師から、曹洞宗の嗣法を受けた。フランスに帰るとアルデーシュに、「ラ・ドゥムール・サン・リミート」（無限の居）という小さな修道センターを設立し、ある程度の影響を及ぼした。

最後に、ヴェトナム出身のまったく型破りの偉大な禅師、ティク・ナット・ハンについて触れよう。この傑出した僧は、社会参加の必要を意識する僧および在家の仏教徒のために、一九六五年「アンテレートル」（「相互依存の」の意）修道会という独自の宗派を設立した。一九六六年、彼はその政治的立場に加え、母国における熱烈な人権擁護運動のせいで、亡命を余儀なくされてフランスに居を定め、一九八二年に「ル・ヴィラージュ・デ・プリュニエ」（すももの村）を創立した。現在そこには、百人あまりの西洋人とヴェトナム人が在住している。彼の言葉に耳を傾ける西洋人は、この十年あまり増える一方で、今日では五千人以上のヨーロッパ人が、各地の「アンテレートル」センターに入会している。毎年夏にル・ヴィラージュ・デ・プリュニエでは、教義と瞑想についての大きな講習会がいくつも催される。

ティク・ナット・ハンは亡命して以来、毎年アメリカ合衆国にも赴き、百あまりのグループを作り、おびただしい聴衆を前に教えを説き広めている。作家、詩人、語り手、哲学者として、ティク・ナット・ハンは八十冊以上の本を書き、そのうちの二十冊ほどがフランス語に訳されている。ダライ・ラマとともに、今や彼は西洋人にとって、近代的でヒューマニスティックな「社会参加型仏教」を代表する、もっとも偉大な人物である。

禅修行するキリスト教徒

一九二九年、ドイツ生まれのイエズス会士フーゴー・ラサールは、あるカトリック小教区の主任司祭として、三十一歳で東京に着任した。一九三八年、広島に転任し、一九四五年、原子爆弾の投下を直接目撃した。衝撃を受けた彼は平和の闘士となり、人々の相互理解のために活動することになる。この活動を通じて彼は、日本の仏教により近しい関心を持つようになった。禅の修行に心を惹かれ、熱心に修行を積み、三宝教団〔安谷白雲により一九五四年に設立された禅仏教宗教法人〕の嗣法まで受けた。日本国籍をとり、愛宮真備《えのみやまびき》と名を変え、世界中を回って、キリスト教徒――それもしばしば聖職者たちのグループに、坐禅の修行を教えた。一九九〇年、九十二歳で没した彼は、キリスト教的な禅の先駆者といえるだろう。

ラサールより二歳年長で、一九八八年、やはり九十二歳で没したもうひとりのドイツ人、カールフリート＝グラフ・デュルクハイムも、キリスト教的な禅の熱心な推進者であった。彼は一九二一年、オイゲン・ヘリゲルの弓術についての記事を読んで禅を発見した。それが非常に印象に残ったので、一九三八年に来日したとき、ヘリゲルと同じ師に就いて弓術を習おうと決意した。しだいに禅に熱中していきながらも、キリスト教を固く信じていた彼は、マイスター・エックハルトと禅についての小著を書き、一九四三年、その日本語版〔『マイステル・エックハルト：独逸的信仰の本質』理想社〕が刊行された。「エックハルトと禅はおそらく同じことを言おうとしている、と私は感じる。しかし、何がもっぱら問題なのであろうか。おそらく人は、両者のどちらにおいても同様に、秋の晴れた朝の山頂にある、あの水晶のように澄みきった空気を吸った思いをするであろう。両者に、自由で開かれた心を感じるだろう。自分が堅固な大地の上にいると同時に、高い所からあらゆるものを見下ろすように感じ、それでいながら、自分は世界の中心にいる。そして世界は、まるでその核心が見えてくるほど、明晰で透明になる」［Wehr, 1997, p. 140 からの引用］。

一九四八年にドイツに帰ると、デュルクハイムは、西洋人むきの修養課程によって禅の伝統を伝えようと苦心した。しかし彼が意図したのは、この課程を、西洋の精神療法、キリスト教、坐禅の修行を組み合わせた、もっと大きな展望の中におさめることであった。こうして彼は、一九五〇年代初め、「奥義入門療法」と称する独自の方法を完成させた。禅の瞑想は、明らかにキリスト教に根ざした、この奥義入門療法を支える柱のうちの一本とされた。「坐禅の姿勢をとって黙って座ることは、本質的存在と内面で合一するのに役立つ、奥義入門のための練習のひとつである。この練習の中で、まずはじめにすべきことは、この合一の妨げとなる障害を払いのけ、そこへと導くものを目覚めさせることである」［Dürckheim, 1978, p. 104］。

デュルクハイムが作ったこの有名なリュッテ・センターはシュヴァルツヴァルトのまん中に位置し、一九五〇年代なかば以来、内面から湧き上がる何かを探し求める数千人の西洋人を迎え入れてきた。大勢のカトリックの司祭や修道士が、デュルクハイムの指導のもとで禅の瞑想を学び、そのうちの何人かは、その後それぞれ各地に、キリスト教の禅センターを作った。デュルクハイムの弟子たちの中には、一九八一年にドローム〔フランス南東部〕にセンターを開設したジャック・カステルマーヌのように、のちに師の教えを世界中に広めた人たちもいた。

第三章　西洋のラマたち

坐禅はこれまで——そして今もなお——多くの西洋人に、ひたすら瞑想のみに徹した、西洋文化にまったく違和感なく取り入れうるような修行に入門することを可能にした。じっさいこの修行は、その根幹にある仏教の伝統から切り離すことが可能であり、そのことがさいわいして、一切の〔宗教〕制度にアレルギーを起こす無神論者にも、カトリックの聖職者にも、同じくらいすんなりと受け入れられた。

しかし逆に、仏教の伝統にみずからの根をおろしたいと心から感じる西洋人も、一定数はいた。彼らは、哲学や沈黙して座る修行法を仏教から単に借用するだけでなく、「仏教徒になる」ことを欲した。伝統的、宗教的な奥行きの深さは、彼らを尻込みさせるどころか、逆に惹きつけた。こうした人々や、ヴァジュラヤーナの儀式の奥深さに引き込まれるのではなく、とりわけラマたちに魅了された人々は、精神的な探究がしばしば支離滅裂に陥ったとき、彼らを包み込み、落ち着かせてくれる伝統をチベット仏教の中に見つけた。ある人たちにとって、それはドラッグ、精神療法、ニュー・エイジ、禅といった他の道を一度探索したのちに、二番目に踏み入れた道であった。西洋において、ヴァジュラヤーナの発展が遅かった理由の一半は、ここにある。

いつでも優に十年は同時代人の先を行くビート・ジェネレーションの先駆者たちは、このときもまた、禅がアメリカ合衆国でけたはずれのブームとなった頃には、もう禅に見切りをつけ、一九六〇年代のはじめには、インドに亡命したチベットのラマたちに会いに出かけていた。こうして一九六二年、仏教の聖地を巡礼したのち、アレン・ギンズバーグ、ゲイリー・スナイダー、ピーター・オルランスキー、ジョーン・キガーは、ダライ・ラマに謁する機会を得た。ギンズバーグとオルランスキーは、このチベットの宗教的指導者に、ドラッグと精神性との関係について長々と質問し、ダライ・ラマは二人に、二つのアプローチの間にはいかなる断絶があるかを説明した。一方、禅の修行に二人より没入していたスナイダーとキガーは、さまざまな瞑想の姿勢についてたずねた。ビート・ジェネレーションの詩人たちの何人かはその後、チベットの偉大なラマたちに従うようになる。こうしてギンズバーグは、チョギャム・トゥンパ・リンポチェが一九七〇年代はじめにアメリカに移住すると、その弟子のひとりになった。

一九六〇年代、チベット仏教に惹かれた西洋の人々は、ラマたちに会うためにはインドやシッキム、ネパールに行かなくてはならなかった。ダライ・ラマや、カルマパ（カギュ派の長）、サキャ・ティジン（サキャ派の長）、デュジョム・リンポチェ（ニンマ派の長）といった各宗派の長たちは、その精神的な資質からも、位階の高さからも重んじられた。チベットの位階の上では必ずしも彼らと同等ではないが、ほかにも何人かの偉大なラマがいて、その並外れた精神的な輝きによって、最初の西洋人たちの注目を一挙にひきつけた。フランス人を何人か例に挙げれば、マチウ・リカールばかりでなく、ジェラール・ゴデ（一九六〇年にベナレスで没したロベール・ゴデの兄弟）ら数人が、ニンマ派のラマでダージリンの小さな家に住むカンギュル・リンポチェの人柄に惹かれ、その弟子になった。他にも、のちにラマ・ドゥニ・テンドゥプという名を持つようになったドゥニ・エスリクをはじめ何人かは、カギュ派の支派の長でダージリン近くのソナダにあるつつましやかな僧院に暮らすカル・リンポチェの放つ輝きを発見した。

一九六〇年代末から七〇年代はじめにかけて、チベット仏教が西洋に広まっていったのは、二つの理由による。まず第一に、一九六〇年代末、西洋からインドに向かった先駆者たちが、自分たちの師であるラマを西洋に招き、そのラマたちが弟子の求めに応じて数々のセンターを作った。第二に、何人かのラマは、たいがいかなり若いうちに、それもしばしば英語や西洋文化を学ぶために、それぞれの宗派の長によって西洋に派遣され、赴いた先でさっそく西洋人の求めに応じて、やはり同様に多くのセンターを開設することになった。

ダライ・ラマとカルマパは、それより少し遅れて一九七〇年代なかばに来訪し、こうしたさまざまなラマたちが果たした、ダルマを伝えるという初期活動を、さらに確固たるものとし、また拡大した。本書では、西洋におけるヴァジュラヤーナを今のような姿にした、この二重の動きを、ごく大づかみに——というのはそれは一冊の本でも論じきれないテーマなので——考察するのが妥当であろう。

二つの一般的なことが言える。

第一に、数人の若いチベット人ラマたちが、留学のために、ついでダルマを伝えるために、イギリスとアメリカに渡ったのに対して、チベットの師たちが、西洋人の弟子たちによってセンター設立のために招かれた先は、何よりもまずフランスであったが、奇妙なことにその弟子たちは、必ずしもフランス人とは限らなかった。

第二に、チベット人は西洋の仏教への改宗を、ある人たちが想像するように「計画的に行なった」わけではけっしてない。次に述べる二大類型において、センター設立の発端となったのは、ほとんどつねに西洋人たちであった。

リンポチェたちの活動

一九〇五年、チベット東部のカムに生まれたカル・リンポチェは、たゆみない瞑想修行に生涯をささげた、チベットのヨーガ行者の典型的人物である。その姿は格別にか弱く、顔はやせ細り、はかりしれない内面的な力と慈愛が、きわめて壊れやすい器に湛えられている感がある。西洋の弟子たちの多くは、この特異きわまる風貌に心打たれた。精神的完成の域に達した師として名声が高まり、ダライ・ラマをはじめチベットの高位聖職者はみな、その助言と教えを乞うた。中国のチベット侵略後、彼はブータンに移住し、その後、インドのソナダに、三年三月三日間の長期瞑想修行のためのセンターを作った。西洋の人々がはじめて彼と出会ったのは、この地であり、一九六七―六八年のことであった。その中に二人のフランス人がいた。アンヌ・ベリーとドゥニ・エスリクである。

ドゥニ・エスリクは一九四九年生まれで、ルネ・ゲノンの著作を通じて精神的なことがらに熱中した。一九六八年にバカロレア〔大学入学資格〕試験を受け、アルノー・デジャルダンの映画に感動し、その夏にインドに「本当の魂の師」を探しに旅立った。その折、カル・リンポチェを知り、以後いわば生涯の師として離れることなく、チベット語を学んで、西洋における師の翻訳者となった。

カル・リンポチェは、多くの弟子たちにヨーロッパとアメリカ来訪をせがまれ、一九七一年、はじめてインドを出て大旅行をした。他の宗教をきわめて篤くうやまい、西洋における仏教伝道のもっとも偉大な使徒の一人となった師が、最初に滞在したのはイスラエルであった。ユダヤ教とキリスト教の聖地で黙想するためである。次にローマに向かい、そこで教皇パウロ六世に迎えられ、その祝福を求めた。それから、西洋人女性で最初に弟子となっていたアンヌ・ベリーの招きに応じてパリに行き、そこに中核となる少数の弟子たちを残して、ヴァンクーヴァーへと飛び立った。彼が最初のダルマ・センターを開いたのは、この地である。それからアメリカ合衆国、イギリス、スコットランドに赴いた。

この最初の旅行は、師に出会ったすべての人たちにあまりに深い感銘を与えたため、師は、ヨーロッパとアメリカに瞑想センターを作りに来てほしいと、ひっきりなしに催促されることになった。しかし、師が気にかけていたのは、十五人ほどの最古参の弟子たちの、かなうことなら西洋で三年間という長期瞑想修行を師の指導のもとで行ないたい、という求めに応えることであった。そこで一九七五年、最初の瞑想修行センターを作ることにした。場所はブルゴーニュにあるプレージュ城の敷地内で、弟子となったフランス人の夫婦、クリス・ガロとディディエ・グランジェ＝ド＝プレージュからその前年に寄進されたものであった。二人は一九七一年、スコットランドで師に出会い、その娘エルメスは、のちに「長期瞑想修行」を行なった最年少の西洋人女性となった。

一九七六年九月、男女各九人の十八人の西洋人が、二カ所のセンターに分かれて三年間の「長期瞑想修行」を始めた。彼らがそれを終えたとき、カル・リンポチェは全員に「ラマ」の称号を与えた。こうしてドゥニ・エスリクは、ドゥニ・テンドゥプという名を持つ、フランス人で最初のラマとなった。

このほかにさらに四回の瞑想修行が、カギュ・リン（プレージュのセンターに付けられた名称）で行なわれ、カル・リンポチェの没する直前、壮大なチベット寺院が建立され、ブータン人の芸術家たちの手で装飾された。その間も、カル・リンポチェは数十もの大きな瞑想修行センターを西洋に開設し、そのそれぞれに精神的な指導を担当するラマを常住させた。

一九七二年に弟子となったジャン＝ピエール・シュニッツラーが原動力となって、イゼール県（フランス南東部〕に二つのセンターが作られた。その一つ、カルマパの認可（一九七五年）したカルマ・ミギュル・リンには、ラマ・トゥンサンの指導するセンターが置かれた。もう一つの、カル・リンポチェの認可（一九八〇年）したカルマ・リンは、もとカルトジオ会の修道院だった場所にあり、リンポチェは一九八四年、その精神的な指導をラマ・ドゥニ・テンドゥプにゆだねた。カル・リンポチェは一九八九年に没したが、二年足らずのうちにそのトゥルク〔転生者〕が見つけ出された。一九九〇年生まれのその少年は、何度も西洋に旅をして、師のおおぜいの昔の弟子たちを、早くも惹きつけている。

ドルドーニュ県〔フランス南西部〕、わけてもコート・ド・ジョールは、一九七〇年代に、ヴァジュラヤーナの数々のセンターがとくに集中する場所になった。チベットの偉大な師たちが、このフランスの地に大挙して移ってくるきっかけとなったのは、フランス人の母を持つ一人のアメリカ人の仏教への信仰であった。その人物はバーナード・ベンソンといい、発明家として成功を収め、アメリカで財を成し、一九六〇年代末に妻と七人の子供たちと、コート・ド・ジョールの素晴らしいシャトーに住むことにした。アルノー・デジャルダンと友人になった彼は、一九六八年、インドに行こうと決めた。彼はカンギュル・リンポチェと出会って感動に打ちのめされ、チベットのラマたちに、西洋を訪れて彼らの「精神的な宝」をもたらすよう、説得を試みた。バーナード・ベンソン自身がその経費をまかなった。

こうして次第に、かなりためらいながらも――そしてカンギュル・リンポチェ自身は決してインドを離れなかったが――、何人かの偉大なラマやチベットの高位聖職者たちが、フランスを、そしてドルドーニュ県を訪れるようになった。一九七四年、カルマパとデュジョム・リンポチェは、シャバン城の広大な敷地に複数のセンターを開設することに同意した。バーナード・ベンソンは何棟かの宗教施設を建て、周囲の農場を買い取った。

もうひとりの篤志家、ジェラール・ゴデも、同じくらい積極的に新たなセンターの建設に参加した。彼はエコール・ポリテクニックの卒業生で、兄弟であるロベール・ゴデ同様、仏教に改宗する前はヨーガや武術に熱中していた。彼はとくに、自分の師カンギュル・リンポチェ（一九七五年没）の息子で、精神的な輝きをはっきりと発揮しはじめたトゥルク・ペマ・ワンギェルを援助し、彼がフランスに住み、ニンマ派の大規模な瞑想修行センターをシャントルーブに作るのを助けた。その一方で、パオ・リンポチェもドルドーニュに招聘し、同師は一九七五年、コート・ド・ジョールから数キロメートルにある古い農場に、小さなセンターを作った。一九八〇年、ジェラール・ゴデはすっぱりと仕事をやめ、トゥルク・ペマ・ワンギェルの指導のもと、バーナード・ベンソンの数人の子供たちとともに「長期瞑想修行」を行なった。一九八六年、彼は僧侶となる誓いを立て、以後フランスにダルマを広めるために生涯をささげた。

その間、カルマパはダグポ・カギュ・リン・センターを創り、一九七四年、その長として二人の高位のラマを任命した。カルマ派の四人の摂政の一人シャマルパと、その兄弟ジグメ・リンポチェである。数年のうちにこのセンターは、ヨーロッパにおける仏教の聖地の一つとなり、数千人の西洋人が毎年夏、修行と教義の講座に参加しに来ている。一九七五年、ニンマ派の高僧デュジョム・リンポチェも、カギュ派のセンターから数百メートルのところに、やはりセンターを作り、一九八一年から八六年までの最晩年をそこで過ごした。一九七八年、ニンマ派のもう一人の偉大なヨーガ行者で、カル、カンギュル両リンポチェと並んで名高いティンゴ・ケンツェ・リンポチェが、多くのフランス人の弟子たちとトゥルク・ペマ・ワンギェルの要請により、シャントルーブ近くのラ・ソヌリにセンターを開いた。カム〔チベット東部〕生まれのこのリンポチェの体格は、カル・リンポチェとは正反対で、不壊《ふえ》の山を思わせた。カンギュル・リンポチェ亡き後、ケンツェ・リンポチェの弟子となり師についての著書もあるマチウ・リカールは、次のような言葉でその人となりを描いている。

「十五年間、昼も夜も私は彼のそばで過ごしてきました。一九九一年に没するまで、彼が教えを説いたり、旅行したり、農民であろうが王侯であろうがさまざまな人と会うとき、私は随行しました。この十五年間で、私が彼に否定的な思いを抱いたり、疑ったりしたことは一度もありません。もちろん、ある人物の精神的な深さを測ることなどできはしませんが、あれほどまでの大いなる慈悲、とらわれのなさ、忍耐から、窺い知ることはできます。チベットの伝統に従い、ティンゴ・ケンツェ・リンポチェは若いころ、二十年間一人で洞窟にいました。こうして彼は変容し、その精神的な力を発達させ、次いで、慈悲について説くのではなく、慈悲「そのものである」ことによって、それを伝えることができるようになったのです」〔マチウ・リカール、『ラ・クロワ〔十字架〕』紙、一九九九年三月六日付〕。

一九七五年、カルマパは、五十六歳の瞑想修行者ラマ・ゲンデュンに、長期瞑想修行者たちの指導をするため、西洋に出発するよう要請した。ヨーガ行者はあっけにとられ、反論した。自分は人生のほとんどをチベットの洞窟で瞑想して過ごし、西洋のことなど何ひとつ知らず、その種の任務にはまったく準備不足である、と。「あなたは精神生活を統御できるようになるために、生涯をささげた。だからこそ、西洋の人々はあなたを必要としている」とカルマパは答えた。

ダグポ・カギュ・リン・センターに着任して十年もたたない一九八四年、ラマ・ゲンデュンは大きな瞑想修行センターを一つと、二つの僧院を——一つは男性のため、一つは女性のために——、クレルモン・フェランの北、通称ル・ボーに開設した。そこはその二十年前、アルノー・デジャルダンが、自身のアシュラム〔元来ヒンドゥー教で在家・出家の信者たちが共同生活をする場所を指す〕を作った地でもあった。一九九七年にラマ・ゲンデュンが没するまでに、数百人のフランス人をはじめ、イギリス人、ドイツ人、スウェーデン人、アメリカ人、ブラジル人、オーストラリア人が、その指導のもとで三年間の「長期瞑想修行」を行なった。今もなお、八十人以上の弟子たちが、ラマ・ゲンデュンの後を継いだ西洋人の指導のもとで長期瞑想修行中であり、かつて長期瞑想修行を行なったうち六十人あまりが、出家者としての誓いを立てている。オーベルニュ地方の真ん中にあるル・ボーはこうして、西洋で「長期瞑想修行」と仏教的な僧院生活が行なわれる最大の場所となった。

年月がたつにつれて、同じようななりゆきで西洋の弟子たちに招かれるままに、あらゆる宗派のラマたちが、フランスや西洋各地に来住するようになった。こうして一九七四年、その数年前に若いフランス人の弟子と結婚していたペンデ・リンポチェにより、サキャ派がはじめて、フランスのノルマンディー地方に拠点を持った。

ダライ・ラマの属するゲルク派には、仏教を西洋に広める二人の偉大な伝道者がいた。その一人はゲシェ・ラブテンといい、ダラムサラでダライ・ラマの私的な補佐役をしていたとき知り合った弟子たちの招きで、一九七四年にスイスとフランスに赴いた。彼は何回か教えを説き、聴衆に強い印象を与えた。インドに帰国すると、ダライ・ラマは彼に、スイスにあるリコンのチベット僧院の院長に就任するよう依頼した。当時、弟子たちはヨーロッパ中にあふれており、ゲシェ・ラブテンはスイスのフランス語地域にあるペルラン〔巡礼者〕山に、一九七七年、自身のセンターを作った。またカナダやアメリカ合衆国に、新たに多くのセンターを作り、一九八六年に没した。

もう一人のゲルク派のラマ、トゥプテン・エシェはまったくちがった、型にはまらないもっとゆるやかな形で、ヴァジュラヤーナを欧米に広めるのに重要な役割を果たした。彼は一九六五年以来、アメリカ人の弟子たちと接触を保つうちに、他のたいていのラマとはちがって、布教こそが自らの真の使命であると感じるようになり、一九七五年、弟子のラマ・ソパとともに、大乗伝統保存財団（ＦＰＴＭ）を設立した。ラマ・エシェはまばゆい輝きがあり、カリスマ的でユーモアに満ち、これからのダルマの保存は、西洋において自分が伝える中身の質にかかっていると確信しており、十年たらずのうちに世界中に六十あまりの学習センターを作った。

フランスでは特にヴァジュラ・ヨーガ研究所をトゥールーズの近くに作り、数人のラマ学僧を住まわせた。また、二十人ほどの西洋人を擁するナーランダ僧院を作った。彼の没後二年目にあたる一九八六年、ラマ・ソパは、弟子のスペイン人夫妻の間に生まれた少年を、そのトゥルク〔化身〕として認定した。ダライ・ラマから公式に認められたその子は、テンジン・オセル・リンポチェと名付けられ、僧としての教育を受けるために両親とともにインドに派遣された。

新世代のラマたち

ヴァジュラヤーナの西洋への伝播の第二段階は、一九六〇年代を通じて、若いラマたちが西洋の大きな大学に散っていったことである。そこに見られる人物像にも、大きく分けるとやはり二つの類型が確かめられる。

最初の類型は、僧としての教育を終えた若いラマたちが、チベット学者や大学からの要請により、チベット語やチベット文化を教えるために、西洋の主要都市に派遣されたケースである。たとえばダクポ・リンポチェは一九六〇年、二十八歳でパリに赴いた。長年、国立東洋現代語学校（ＩＮＡＬＣＯ）で教え、一九七八年になってようやく、数人の学生の求めに応じて、ヴァジュラヤーナを伝えることを承諾し、パリ近郊に小さなセンターを開いた。今や彼は、衆目の一致するところ、フランスに在住する最も偉大なゲルク派の師の一人である。彼の最初の弟子たちが彼のことをそう認識するまでに、二十年近い歳月が必要であった。チベットのラマたちには「もって生まれた活発な信者獲得熱」［Obadia, 1999, pp. 148–154］があると言われるが、彼の例は、けっしてそうではないことを物語っている。

大きな度量を持つもう一人のラマ、ナムケ・ノルブ・リンポチェは、イタリアでまったく同じ経験をした。

一九六〇年、二十三歳のとき、著名なチベット学者G・トゥッチの招きでナポリに来て、一九六四年から九二年まで、大学でチベット史を教えた。イタリアに住むようになって十五年以上もたったある日、一人の学生からヴァジュラヤーナについて公開講義をしてほしいと求められ、そうしたところ、人々は彼の精神的な知識の広さと深さに驚いて、なぜもっと早く教えてくれなかったのか、と尋ねた。彼は、「だれにも求められなかったから」と答えただけであった。彼は各地に多くのセンターを作り、今日ではゾクチェン〔大究竟、大完成〕という、修行者をすみやかに覚りに導く、伝統ある超宗派的教えについての、もっとも偉大な師として全世界に知られている。

タルタン・リンポチェは一九六八年、三十三歳のとき、チベット人ラマとして初めてアメリカ合衆国に住むようになり、何よりもまず、著作と編集の仕事に精魂を傾け、チベット文化の保存と、ヴァジュラヤーナと西洋人間科学との対話の樹立をめざして、一九七三年、バークレーの高台にニンマ派研究所を作った。

第二の類型は、まだ教育を終える前に亡命した若いトゥルクたちである。当時、こうした将来の「精神の師」たちを、チベットの伝統的な文化環境の外でいかに教育するか、ということが問題であった。昔ながらのやり方で、インドやシッキムの僧院で育てるべきか、それとも反対に、もっと西洋的な教育を与えるべきか。チベットの高僧たちは中間項を選んだ。つまり、幼い子供たちにインドで、チベット式と西洋式の二重の教育を施し、そのあと西洋の大学に派遣して、哲学、心理学、比較宗教学を学ばせたのである。

そうした中でもっともよく知られている一人が、ソギャル・リンポチェである。一九四七年生まれの彼は十三歳のときから、インド北部にあるイギリス人のキリスト教学校で、典型的にイギリス風の教育を受けるのと並行して、さまざまな師の指導のもとで集中的な宗教的鍛錬を積んだ。一九七〇年代はじめ、ケンブリッジに留学し、西洋文化についての堅固な知識を得た。七〇年代なかば、彼はみずからの属するニンマ派の錚々たる高僧たちに通訳として随行し、イギリス、フランス、アメリカ合衆国に行った。その善良さ、満面の笑み、そして何よりも英語の自在さと教育者としての抜群の感性ゆえに、最初の弟子たちは彼に惹きつけられた。こうして彼は一九七九年ロンドンに、一九八一年パリに、リクパ〔チベット語で「知性・学術」の意〕・センターを創設した。現在、同センターは、十カ国あまりに広まり、その創始者の著した『チベットの生と死の書』が一九九三年に刊行されて世界中でミリオンセラーになって以来、センターも非常に発展している。

チョギャム・トゥンパの小説のような生涯

アメリカ合衆国にチベット仏教を広めるのに大いに貢献したのが、チョギャム・トゥンパ・リンポチェである。彼は一九八七年、四十八歳で没したが、あまりに短いその生涯は、まさに小説そのものであった。ちょうど二十歳のとき、若くして院長の地位にあった僧院を中国人に占拠され、彼はかろうじて逃れてラサに向かった。しかし、ダライ・ラマの亡命を知り、インドへ進路をとった。九カ月にわたる、信じがたいほどつらく危険な旅を続けたあげく、三百人の避難民のうちで生きてインド国境にたどり着いたのは、たった十四人であった。

彼は、ダライ・ラマが幼いトゥルクたちのためにニューデリーに設置した学校で、精神的な相談役となった。その学校を建てるのに協力したのはフリーダ・ベディというイギリス人女性で、当時六十歳くらいの男女同権主義者で、もとは熱心なインド民族主義者であったが、チベット支持に転向していた。このエネルギッシュな女性と知りあい、英語を完璧に身につけた彼は、一九六三年イギリスに派遣され、オックスフォードで比較宗教学を学んだ。彼の精神的な輝きは他の学生たちを惹きつけ、多数の弟子ができた。彼は一九六七年、スコットランドに、仲間のアコン・リンポチェとともに小さな瞑想修行センターを開いた。サムエ・リン〔「サムエ山」。サムエは八世紀末に建立されたチベット最初の僧院〕といい、西洋で最初のヴァジュラヤーナのセンターであった。一九六八年の暮に長期瞑想修行を行なうためにインドに帰り、自分の宗派の長たるカルマパに、ヨーロッパの人々がヴァジュラヤーナに熱中していることを報告した。

彼は、キリスト教徒と仏教徒の対話に深くかかわっていたトラピスト会の修道士、トマス・マートンと知り合った。そのわずか数日後、マートンは不慮の事故で亡くなったが、チョギャム・トゥンパに、生涯続く強烈な印象を残した。彼がマートンと話したのは、のちに彼が、西洋人の「精神的物質主義」と呼ぶものについてであった。西洋の人々は、求道のために必要な数々の努力を傾けることなく、精神性を「消費」してしまうのである。事実、彼の眼には、西洋世界は深い意味でダルマを体得することができないように思われ、そんな中で伝道を続けることにはたして意義があるのか、という深い疑問を抱いていた。カルマパは、西洋で胚胎したばかりのその仕事を続けるか、中断するか、全面的にトゥンパの裁量にゆだねた。

一九六九年にスコットランドに戻ってからもずっと、トゥンパは進むべき道を決めかねていた。そんなとき、大きな自動車事故の巻き添えになったのである〔ユングのいわゆる「共時性なる驚くべき現象」〔偶然の一致、符合。ユングは、精神治療の過程で意味のあるできごとが同時に生じるような現象がしばしば見られることに注目し、考察した〕であろう！〕。二十四時間の昏睡から覚めたとき、彼は自分が以後、半身不随になると知った。この事故が、彼の生涯の重要な転機となった。その何日かのち、トゥンパはじつに重大な決心をする。西洋の生活様式に全面的に合わせながら、根本において譲歩することなく、ダルマを西洋に伝えるという決意である。それは彼にとってはすなわち、みずからの誓い〔戒〕と僧衣を捨てることを意味した。数カ月後、彼はダイアナという若いイギリス人女性と結婚し、アメリカに出発することにした。

一九七〇年、コロラド州ボールダーに住むようになった彼は、ダルマダートゥ〔法界〕というセンターを創った。そこで彼が提示した仏教の教えは、小乗の基盤から出発して最後にはヴァジュラヤーナのタントラ的秘教伝授にいたる、数年にわたって段階的に進められる課程であった。この点で、トゥンパは未来を予見していた。さんざん苦い経験をしたあげく、今日では西洋にあるチベット仏教のセンターのほとんどで、仏教のもっとも初歩的な基礎を身につけていない西洋人に、偉大な秘教的な奥義を伝授しようとしても何の役にも立たない、ということが一様に確認されている。一九七三年にトゥンパは、三カ月間共同で集中的に瞑想を行なう、ヴァジュラダートゥ〔金剛界〕入門セミナーをはじめた。彼は最初のセミナーに二、三百人の参加者を予期していたが、二千人もの人が来た。一九七四年、彼はまた、アジアの宗教芸術の教育とチベット語文献の翻訳を主な目的とする、ナローパ研究所を作った。

トゥンパはたいへんな成功をおさめたが、批判も雨あられと降りそそぎはじめた。とくにその出所となったのは一部の伝統的なチベット人たちで、彼らはこの青年ラマが採用した生活様式を理解せず、彼がタバコとアルコールを嗜むのを厳しく非難した。一九七四年、カルマパは現地に赴き、トゥンパにみずからの使命を全面的に確信させた。それ以来、彼は教えを説く機会をますます増やし、数多《あまた》の本を刊行し、アメリカはもとよりヨーロッパやカナダにも多くのセンターを開き、一九八二年、カナダにその本拠地を置いた。彼は一九八七年に心臓発作で没したが、多くの人々、もっとも身近な弟子たちにさえ、その死は渡米以来の過度の飲酒のせいとされた。

一九七六年以降、トゥンパはトマス・リッチというイタリア系アメリカ人の青年を補佐役に指名し、後継者としていた。彼がその青年と出会ったのは一九七一年のことで、その場ですぐに青年への深い愛情に捉えられたのである。トマスは正式に「摂政」に任命されてオセル・テンジンとなったが、トゥンパの弟子たちの多くはチベット人のラマを好んだようで、全員一致で彼を支持するにはほど遠い状態であった。しかしトゥンパは、みずからの異文化受容の論理をとことんまで追究するつもりであり、西洋人が自分の後を継ぐのを見たいと願っていた。彼自身も、来世はアメリカ人の少年の身体に転生すると、すっかり思い描いていたようであった。

トゥンパの没後二年たらずのうちに、教団の内部でとんでもないスキャンダルが発覚した。オセル・テンジンがエイズにかかっており、相手に警告もせず、なんらの予防措置も取らずに、大勢の男女の弟子たちと性的関係を持ち続けていたことがわかったのである。助けを求められたチベットの権威者たちは、オセル・テンジンに「長期瞑想修行」を行なうために出発するよう命じた。彼は、自分は「ヴァジュラヤーナの修行による魔術的な力に護られている」と感じていた、と自己弁護した。彼が去って一年後、彼と何回か性的関係があった弟子の二十歳の青年がエイズのために亡くなったが、その青年自身も、若い女友だちにウィルスを感染させていた。

この新たなスキャンダルが起こってまもない一九九一年、今度はオセル・テンジンが没した。その死の当日、カギュ派のおもだった高僧の一人、ジャムゴン・コントゥル・リンポチェは、トゥンパの長男——当時二十七歳で、すでに六年以上もインドとネパールで集中的な鍛錬を受けていた——を、父の開いた数々のセンターの長に任命した。その一年後、カギュ派のもう一人の摂政であるタイシトゥ・リンポチェが、チョギャム・トゥンパのトゥルク〔化身〕を見つけたと発表した。彼はアメリカ人ではなくチベット人で、インドとネパールの僧院で、伝統的な最良の師たちのもとで育てられることになった。

第四章　テーラヴァーダ仏教の実践

現在、禅やヴァジュラヤーナが西洋人の心を動かしている度合いに比べれば、はるかに小さいとはいえ、テーラヴァーダ仏教の西洋における最近数十年間の広がりについても、いくらか言及しておくべきであろう。すでに記したように、テーラヴァーダは、早くも二十世紀初頭からドイツとイギリスに伝わった仏教の一派である。

しかし、それに西洋人が惹かれたのは、数々の儀式や瞑想の修行よりも、むしろブッダの教えに近いと見なされた、その純化された教義のためであった。それに改宗したり、僧侶の道に入ったりした何人かの例外を除けば、西洋人で本当にテーラヴァーダ仏教を実践した人は、一九七〇年代の終わりになるまでほとんどいなかった。当時、すでに禅が高く評価されており、チベット仏教もめざましく広まりつつあったのとは対照的である。スリランカ（旧セイロン）、ビルマ〔現ミャンマー〕、カンボジア、ラオス、タイに広まったテーラヴァーダ仏教は、僧院生活に重点をおき、人々に親しまれている数多くの宗教的祭礼もさることながら、ヴィパッサナ（直訳すれば「深い洞察」）と呼ばれる瞑想の技法を発達させてきた。今日、何人かの西洋人がテーラヴァーダの伝統を通して実践しようとしているのは、主としてこの内省の技法である。

ヴィパッサナ瞑想の技法

西洋人に瞑想を教えた東南アジア出身の最初の師の一人、アジャハン・チャー尊者は、タイに生まれた。一九三九年、二十一歳で出家し、七年間、伝統的な僧院生活を送った後、放浪僧となってタイ全国を行脚しはじめた。鉄の規律をみずからに課し――身体を長く伸ばして横臥することは一度もなかった――、だんだんに瞑想に熟達し、一九五四年、故郷の村の近くに小さな僧院を開いた。

出家して日が浅く、真の瞑想の師を求めていた若いアメリカ人のスメド尊者が、一九六七年、彼の弟子になった。一九七五年、スメドをはじめ、彼の僧院に入った何人かの西洋人の僧たちは、アジャハン・チャーの認可を得て、英語を院内の言葉とする僧院を隣村に創立した。こうして生まれたのが、「ワット・パット・ナナチャット」（「森の国際僧院」）である。

一九七七年、ある仏教会から招かれてロンドンに行くにあたって、アジャハン・チャーは西洋人の弟子四人に同行を求めた。そして、彼らを現地に残し、スメドの責任のもとでサセックス地方に僧院を開かせることにした。現在、その僧院には百人ほどの西洋人の尼僧と僧がいる。アジャハン・チャーは北米に招かれ、アメリカ合衆国、カナダ、さらにはオーストラリア、ニュージーランド、南アフリカ、スイスに数々のセンターを新設した。格別に厳格な僧院生活に入った数百人の西洋人の弟子たちをあとに残して、彼は一九九二年に没した。

タイで出家したイギリス人ウィリアム・パーファーストが、すでに一九五〇年代からイギリスにヴィパッサナ瞑想を紹介しており、アジアからの移民によってイギリスに建立された数々のテーラヴァーダ仏教の寺院や僧院の連合を目的とする、イングリッシュ・サンガ・トラスト（EST）も、彼が設立した。このESTの傘下に、いくつかの俗人のための瞑想センターが、徐々に誕生していった。一九七〇年代の終わりには、何人かのタイ人やビルマ人の師が、西洋人の瞑想への関心を知って、俗人のためのさまざまな協会を作り、ヴィパッサナ瞑想を集中的に行なう研修会を催した。ビルマの僧サヤギ・ウ・バ・キンは、ラングーン〔現ヤンゴン〕に国際瞑想センターを創設し、弟子たちとともに、十日間の集中的な瞑想法を完成させた。こうしたヴィパッサナ・センターは、西洋で最近十年ほどの間にますます大きな成功を収め、瞑想の期間がかなり短いので俗人が入門しやすくなった。

それとはまったく違ったかたちで、スリランカやインドで修行を積んだイギリス人の僧、サンガラクシタ尊者が、一九六七年、俗人のための全世界的な仏教徒の協会、フレンズ・オヴ・ウェスタン・ブッディスト・オーダー（FWBO）を創立した。このかなりユートピア的な動き――数家族がそこで共同生活をしている――は、西洋の多くの国に広まったが、北伝仏教から南伝仏教まで多くの宗派から借用した、さまざまな技法や儀式を混ぜ合わせたものである。仏教徒としては格別に新参で、反キリスト教的なこの運動は、数々のアジアの伝統的な宗派からは、かならずしも好意的に受けとめられてはいない。

また、一九七〇年代から八〇年代にかけて東南アジア諸国を襲った悲劇〔ヴェトナム戦争、カンボジア内戦など〕によって、西洋への大量の移民が生じたことも、テーラヴァーダ仏教がヨーロッパやアメリカ合衆国に根を下ろす一因となった。こうして、数十のヴィパッサナ・センターが一九六〇年代末以降、北米に、おもにシンハラ人亡命者たちによって開設された。インドシナ半島からの亡命者がおびただしい数――おそらく二十万ないし三十万人――にのぼるフランスでも、カンボジア、ラオス、ヴェトナム人のパゴダ〔正確にはヴィハーラ〔寺〕〕が数多く建てられた。

はじめのうち、こうした祈りの場は、同じ文化を共有する亡命者たちの亡命先での文化的空間として、厳密に彼ら専用の場であった。しかし数年前から、禅仏教やチベット仏教の好評も手伝って、いくつかのパゴダが門戸を開き、フランス人のために教えを伝えるようになった。その顕著な例が、カンボジア人管長サムデーク・ブル・クリの権威のもとにある、クメール人のパゴダである。このアジア人の師は、その開放性と絶大な影響力によって数十人のフランス人の弟子の心を惹きつけ、そのうちの何人かは、僧侶としての誓いを立ててさえいる。これらのパゴダのほとんどはパリ近郊にあり、カンボジア人の僧たちはクレテーユにワット・ケマララムという僧院も建立した。

大乗仏教を主調とするヴェトナム仏教の領域で、非アジア系のフランス人のために開放されている主なパゴダの一つが、やはりパリ近郊のジョワンヴィル・ル・ポンにある。一九七四年に作られたリン・ソン・パゴダは、たくさんの宗教的、文化的活動を行ない、多年にわたるその精力的な活動が実を結びはじめ、ますます多くのフランス人に感銘を与えつつある。さらに付け加えておけば、西洋における最初期のパゴダの一つは、第一次世界大戦当時フランスに徴用されたヴェトナムの兵士たちによって、一九一七年にフランスのフレジュスに建立されたものである。

第Ｖ部　仏教ヒューマニズムの展開

―一九八九年から二十一世紀へ―

序

——一九八九年の出来事——

一九八九年は、本書のテーマにかかわる、きわめて注目すべき象徴的な年である。

第一に、この年、フランスや多くの西洋諸国において、仏教の「使徒」としてもっとも重要な人物であったカル・リンポチェが没した。彼は、往時の伝統的なチベット仏教を伝える最後の偉大な後継者たちの一人であり、その存在感だけで、前にした群衆を一人残らず仏教に改宗させるような、あの比類ない精神の師たちの一人であった。もちろん、これからも別の賢者たちが出現するであろう。しかし彼らは、全生涯をチベットの洞窟の中で瞑想修行して過ごすことはなく、自身も今後その受益者となるであろう西洋文化と、単に接触するだけでなく、そのまっただなかで育てられることになるであろう。西洋で今後存続していく仏教は、これまでとは異なるさまざまな様相を呈するであろう。そして、それらが西洋の「精神的物質主義」〔物質主義的な基調の中でいくぶんかは精神面も考慮する立場〕の中で、また、伝統に固執して縮こまり、行き詰まってしまうのか、あるいは、近代性の挑戦を受けて立ち、二十一世紀の人類に本当の叡智を提示することができるのかは、依然として予断を許さない。いずれにせよ、カル・リンポチェの死に象徴されるように、一九八九年は、仏教の西洋への普及に関して、ひとつの時代の終わりを画する年となった。

第二の象徴的なできごとは、この年、ダライ・ラマがノーベル平和賞を受賞したことである。それ以来、このチベット人の指導者は、地球上でもっともよく知られた人物の一人となり、西洋の民衆の心に、圧政下のチベット民族のみならず仏教全般の代弁者と映るようになった。彼がヨーロッパやアメリカに旅行するたびにメディアが注目し、数百万人の西洋人の関心を、二千年以上も前のブッダのメーセージ――クロード・レヴィ＝ストロースが好んだ呼び方によれば「樹下の智慧」［Lévi-Straus, 1955 et 1973, p. 475］――へと惹きつけた。ダライ・ラマを介して、ブッダはマスメディア時代に登場することになった。仏教で重んじられる数々の価値――非暴力、慈悲、プラグマティズム、寛容――がたえまなく強調され、その「近代性」が脚光を浴びた。そこにハリウッドが〔映画『セブン・イヤーズ・イン・チベット』『リトル・ブッダ』などで〕一役買って出て、感動が理性とあいまって、多くの西洋諸国で通常の伝道による改宗を上回るペースで改宗が進み、仏教がまさに社会現象となった。

ブッダとそのメッセージ、その代表者たちに対するこうした関心が巻き起こったのは、一九八九年のベルリンの壁の崩壊という、二十世紀最後の大きな政治的イデオロギーの終焉を完璧に象徴するできごとと、まさに同時であった。共産主義もまた、西洋の数々の宗教的なユートピアの系譜に連なるものであり、その失墜は、世界が容赦なく夢から覚めてゆく過程が、また一段階進んだことを意味する。

マルセル・ゴーシェはこう記している。「だが、我らの世紀末における精神的な大事件とは、まさに一つの死であったのかもしれない。我々は、その影響の大きさを真に理解することなく、地上における救済への革命的な信仰が死んでゆくのを、目のあたりに見た。我々は歴史を神聖化する可能性が消えうせるのを見た。というのは、信念が現実から否認されたためというより、むしろ信念を持ちうるということ自体が崩壊したがゆえに、共産主義の大義は死んだからである。我々の宗教的局面は、この消滅の尺度から判断されねばならない。二世紀にわたった一時期が終わったが、この間のすさまじい多義性〔試行錯誤〕は、我々が宗教から脱出する過程の持つ非直線的な性格を、必要とあらば証明している」[Gauchet, 1998, p. 18]。つまり、ユートピアやイデオロギーが廃墟と化した、この広漠たる原野が背景にあったからこそ、仏教が西洋に浸透したのである。ところが次に見るように、仏教は、人間性の変革を図るにあたって、世界や社会に働きかけることより、自我に働きかけることを優先するという点で、西洋とは正反対の立場をとっている。仏教が推奨する革命とは、まず第一に、そして何よりも、個人の意識革命なのである。

しかし、共産主義の終焉は、偉大な世俗的宗教の最後の一つが終わったことを意味するだけではない。パトリック・ミシェルがいみじくも明らかにしたように、その影響はさらに別の、ある象徴的な次元にまで及んでいた。「現代世界を最後のせとぎわで築いていた緊張の極として、共産主義は一個のイデオロギーや慣習には還元できないものであった。それはさまざまな行動や態度ばかりか、その基礎となる数々の「信念」を、またその糧となったであろう数々のユートピアを誘導していた。だから現代のすべての社会は、共産主義の崩壊以上に、共産主義の存在自体をその不可欠の前提とする、この超準拠〔よりどころのよりどころ〕の消失という課題に対処しなくてはならない」[Michel, 1997, p. 12]。

二十世紀のほぼ全般にわたって、東側陣営対西側陣営という二極性が、ある種の思考の指標を構成し、それによって秩序と安定という虚構が維持されてきた。ベルリンの壁の崩壊以来、世界はあらためて、あるがままの姿、つまり根本的に不確実なものとして、我々の前に立ち現われている。その結果、個人的、集団的な不安が生じ、工業技術の進歩によって引き起こされた、新たな生態環境上の脅威の数々に人類が直面しているだけに、その不安はいっそう深まっている。新たな倫理的指標が探し求められ、意味の総合的な再構築が求められている。

ブッダのメッセージは、非永続性〔無常〕、相対性、変動の哲学として、絶対的真理の概念や伝統という権威に必ずしもすがることのない意味を提示し、個人的、集団的な責任性というひとつの倫理を提唱するものとして、ダライ・ラマによってマスメディアに紹介され、まさに時宜にかなって西洋に届いたように見える。第二章で、最近十年あまりの間に仏教の瞑想がどのように行なわれ、また、ますます多くの人々のサークルにどのように広まったのかを通観する前に、第一章では、キリスト教や数々の政治的イデオロギーからも、西洋の哲学や心理学からも、手つかずのまま残されていた空間に、仏教がいかにして入り込んでいったかをまず検討してみよう。そして最終章では、現代におけるチベット仏教の普及や、ダライ・ラマの世界平和についての発言もまた、チベット文化の要にある神話と結びついた、ユートピア的でメシア待望的な論理の枠内にあることを、確かめることとなろう。

第一章　新たな精神革命

典型的に西洋的なやり方では、世界に対する働きかけを、自我に対する働きかけよりも優先しがちだが、反対に仏教は、内向性と自我に対する働きかけという点で、東洋的な態度をよく反映している。叡智をめぐるギリシャの諸学派やキリスト教の数々の修道院が証明するように、多くの西洋人がこれまで内省を行ない、観想生活を送ってきたことも事実であり、これら二つの支配的かつ典型的な性格が強まったのは、少なくとも西洋に関してはルネサンス以降であることを、カリカチュアに陥らぬよう強調してもよいであろう。ところが、西洋的な姿勢は今日、まったく異なる二通りの意味で、その限界を示している。

精神性の復権

数々のイデオロギーの失墜は、まず、人類の進歩と救済を、もっぱら政治的、主意主義的〔理性より意志や欲求を根本とする哲学的立場〕、集団的な概念として考える方法の、数々の限界を明らかにした。それをジャン＝フランソワ・ルヴェルは、次のように指摘している。「啓蒙の世紀、そしてその後のマルクス、レーニンの科学的社会主義の主導的な思想とは、幸福と正義との結合は、今後はもはや個人的な知恵の探究を通じてではなく、社会全体の再構築を通じてなされる、というものであった。そして、この新しい社会を構築するためには、まずは古い社会を完全に破壊しなければならないとされた。革命の概念が近代的な意味を帯びるようになったのは十八世紀末のことであった。個人の救済はそのとき以来、集団の救済の下位に置かれるようになった」[Revel, 1996, p. 38]。個々人を幸福にしようとして、共産主義はこの論理をとことんまで推し進め、人類史上おそらく最大の全体主義的な機構を生み出した。その痛恨の挫折以来、知恵の探究と個人の幸福の追求という、長い間かげに隠れていた問題が、西洋でふたたび表面に浮かび上がってきた。数々の大きな宗教的、政治的な意味の体系が崩壊した後、近代人は今や、みずからに課す数々の実存的な問題の答えを、たった一人で探さねばならない。

この十年あまりの間に、フランスをはじめヨーロッパのいくつかの国で、哲学や精神性への関心が、ふたたび異例の盛り上がりを見せた理由が、ここから理解できよう。この関心はつきつめて言えば、「よりよく生きる」ための現実的な心がけとして表われている。哲学書の中でも売れ行きがよいのは、抽象的な理論より実用的な知恵のたぐいであり、宗教書でも、教義や道徳より個人の精神性についての本が売れている。人々の要求はすっかり、愛、死、徳、幸福といった主題へと向かい、もっともよく読まれる著者とは、なによりもまず、古代の哲学者や東洋の賢人たちである。なぜなら、西洋でこのように知恵の影が薄くなったのは、この二百年来、政治に優位性が与えられてきたためばかりではないからである。知恵をいきいきと保ち、発達させるはずの伝統、すなわち哲学が、知恵を捨ててかえりみなかったことにも、その原因がある。

哲学的な叡智であり、かつ精神的・実践的な道であるという、二重の強みを持つ仏教の隆盛は、この文脈の中で評価すべきであろう。ミシェル・ユランはそれを次のように説明する。「仏教哲学への関心は、西洋哲学が現在置かれているきわめて危機的な文脈の中で理解する必要がある。じっさい、二百年このかた西洋哲学が主題としてきたすべての命題は、痛烈な打撃を受けた。本質的自己としての主体、時空間における諸現象の組織〔体系〕としての世界、現実全体を組織〔体系〕化する思想としての唯一神という、カントのいわゆる三つの先験的観念が圧延縮小されてしまった。みずからの根をむしばんでしまったヨーロッパの哲学思想は、今日たいへんな窮地に陥っている。思想は実証科学に対して劣等感をつのらせ、世界を解釈する努力を実証科学に任せてしまった。一方で、思想はある種のニヒリズムへと進み、もう一方で、言語分析といった地味で技術的な問題へと収縮してしまった。他にもさまざまな側面はあるにせよ、仏教哲学が、現在西洋で大きな魅力を発揮している理由のひとつはここにある。じっさい、仏教はこうした非神話化による打撃を免れている。というのは、仏教においては、本質的な主体は存在せず（人間は永遠の生成変化の途上にある）、仏教の時間・空間の尺度は無限であり、仏教には創造主としての唯一神という思想はないからである。さらに、仏教は世界について、総括的で全体化した解釈を提供しようとはしない。見方によっては仏教は、哲学的な問いを、現代の西洋哲学思想が捨ててかえりみない、意味と救済の問題にふたたび結び付けることを可能にしている」〔『レクスプレス』誌、一九九六年十月二十四日号、フレデリック・ルノワールによる取材〕。

一九七三年にはじめてヨーロッパを訪問して以来、ダライ・ラマは西洋人のこのような要望をよく理解し、しばしば仏教を、非信者にも全面的に受け入れられる「世俗的精神性」として表現した。仏教がつねに「内面的革命」、すなわち自己に立ち返り、自己に働きかけることを推奨してきたことを思い出させ、まさにそこにこそ、個人的、集団的な幸福の鍵があると強調している。

彼は最新刊の著書で、次のように説いている。「戦争や暴力、犯罪といった、私たちの外部からもたらされるものであろうと、心理的、感情的な苦痛のかたちで、私たちの内部から現われてくるものであろうと、私たちの問題は、私たちがみずからの内面的次元について無知であり続けるかぎり、解決されないであろう。民主主義、自由主義、社会主義といった数々の偉大な理想が、百年以上にわたって実行に移されてきたのに、なぜ、その一つとして、それらによって得られるはずであった普遍的な利点をもたらすことができなかったのか。この無知というものによってこそ、それを説明できる。疑いもなく、ある革命が必要だ。とはいえ、それは政治的、経済的、いわんや技術的な革命ではない。今世紀、その種のことは十二分に経験したのだから、今後私たちは、もっぱら外面的な取り組みでは、満足な結果は得られないと知るべきである。私が提案するのは、精神的革命である」[Dalaï-lama, 1999b, p. 31]。この、個人個人が自己改良を始めれば、世界が変わるであろうという考えは、西洋人の心をますます惹きつけている。

また、仏教の持つ大きな力のひとつとして、仏教は、幸福についての叡智を推奨するにとどまらず、数々の具体的な手段、技法、方法論を提示して、個人がみずからの内面世界を踏査し、自身に働きかけ、自身の心の傷を癒し、能動的な慈悲に到達するのを可能にするという点がある。さらにまた、もっともらしい精神的言辞を警戒するようになった西洋人のために、生きた例証として、こうした技法の有効性をみずからの光芒によって証明する、一群の星ともいうべきすぐれた精神の師たちを輩出している。

なぜ仏教が多くの西洋人を、それも、古代人の表現を借りれば「よき生」――近年、アンドレ・コント゠スポンヴィルとリュック・フェリーによって名誉回復された表現である[Comte-Sponville et Ferry, 1998. アンドレ・コント゠スポンヴィルは、知恵の問題にあらためて光をあてた最初の哲学者のひとりで、ブッダのメッセージは彼の発想源のひとつとなった]――を求める個人ばかりでなく、情動や精神、心理に携わることを職務とする専門家たちをも惹きつけるのかが、ここから理解できるであろう。第Ⅲ部第五章ですでに述べたように、ある種の心理学者や精神分析学者たちは、内省や内面的和解についての仏教の方法論に、強い関心を寄せてきた。

十年ほど前から、神経生理学の専門家たちも、チベットのラマたちが人間の精神を探索する方法に、熱中している。ヨーロッパやアメリカから、この種の科学者たちがかなり大勢インドに来て、ダライ・ラマと定期的に会っている。こうした対話の主催者は、パリに住むチリ出身の研究者フランチェス・ヴァレラである。彼は神経生理学者で、フランス国立科学研究センター（ＣＮＲＳ）の研究ディレクターであり、ピティエ＝サルペトリエール病院の、認知を研究テーマとする精神生理学の研究チームを率いている。多くの著書があるが、そのうちの何冊かは認知科学と仏教との関係を扱っており［Varela, 1992, 1995, 1998］、認知科学の専門家たちが仏教にこれほど立ち入った関心を寄せる動機について、次のように説明している。

「西洋人は自然現象の因果関係の研究については、きわめて高度に進歩したが、仏教の精神的な師たちは精神現象の知識において、私たちよりはるかにまさっている。西洋の科学者は、たとえば物体の落下という現象の理解に固執したが、仏教の瞑想哲学者は二千五百年前から、精神現象を因果関係として理解することに固執した。じっさい、仏教は総じて、こうした内面的生活、心、精神を綿密に探索するための方法論の上に成り立っている。この、厳格かつプラグマティックに進められる内省行為の修錬は、精神現象を研究する一つの科学的な道程である。その道に長じた仏教瞑想者は、人間精神に関する知識の専門家だ。じっさい、精神的、情動的現象の洞察と統御は、外界の現象の洞察と統御に強く固執してきた西洋に、もっとも欠けているものの一つである。その逆に、仏教は、人間の内面性についての真の科学である」［『レクスプレス』誌、一九九六年十月二十四日号、フレデリック・ルノワールによる取材］。

普遍的責任の倫理

西洋人にとって仏教は、単に「内面性の科学」というだけでなく、個人として、また集団としての責任にかかわる真の倫理とも見られるようになった。次に触れるのは、世界に対して働きかけるさいの西洋的な姿勢にひそむ、第二の大きな限界についてである。

人間による自然の支配を正当なこととする『聖書』の掟にのっとって、西洋は十七世紀以来、自然を完全に統御するという、プロメテウス的な企てに乗り出した。驚くべき技術革新をともなったこうした力業《ちからわざ》によって、伝染病の根絶や治水、かつては不治と見なされた病気の治療など、一言で言えば世界を人間に合わせることが可能になった。しかし、それはまた、原子爆弾や森林伐採、温室効果、水質汚染、数千種の動植物の絶滅、「狂牛病」のような新たな食物伝染病など、数々のいまわしい結果を引き起こし、遺伝子組み換えなどの深刻な問題を突きつけている。十九世紀の人々が味わった科学の進歩に対する万能感に、不安が取って替わった。

それ以来、地球を脅かす無数の脅威に直面して――史上初めて、人類は自滅しうる能力を持つにいたった――、新たな意識と、個人として、また地球人としての新たな責任の倫理を求める声が、西洋ではますます高まっている。エドガール・モランは、地球は私たちの唯一の船であり、無二の祖国であることを思い起こさせ、絆の回復（re-liaison）という意味での「新たな宗教（religion）」に期待を寄せている。その宗教とは、「神はなく、しかし神の不在において、神秘の遍在があらわとなり」、「啓示もなく」、「基本的真理も究極的真理もなく」、「摂理も輝かしい未来もないが、私たちを連帯責任によって互いに結びつける」、「〔神による救済の〕約束はなく、しかし根源のある」、「保護、救助、解放、友愛の宗教」、「不確実性を引き受け」、「深淵に臨んで開かれ」、そして「この惑星を救い、地球を文明化し、人類の一体性を全きものとし、その多様性を護るという合理的な使命を内包する」〔Morin, 1993, pp. 206-207〕宗教である。

ハンス・ヨナスにならって、ポール・リクールは、未来の世代のための使命としての責任の概念を強調する。「新たな事実とは、人間はいまや人間にとって危険な存在となったということである。人間はみずからの基盤である生命と、かつては居住空間である都市をとり囲む保護者であった自然とを危険にさらすことで、みずからにとって危険な存在となった。この重要な命題である、託された使命という概念から、当然の帰結として、ただちに次のような第二の命題が導き出される。人間がとりわけ滅びやすいものとなった以上、節度、自制、さらには行動を控える訓練こそ、モラルのもっとも重要な指針となる」〔Ricœur, 1991, p. 261〕。

バーツラフ・ハヴェル〔チェコ大統領〕もまた、アメリカ議会で行なった演説で、次のように述べた。「私たち人間世界を護るものは他ならぬ人間の心、人間の思考、人間の人間らしさ、人間の責任の中にあり、それ以外のどこにもない。人間の意識の領域内の全面的革命なくして、人間の存在の領域内でさえ、なにひとつ肯定的に変わりえず、私たちの世界は、環境、社会、人口、あるいは文化の面で危機へと向かい、取り返しがつかないことになる」〔一九九〇年二月二十一日、アメリカ議会における演説から〕。

これらのテーマは、驚くべきことに仏教の中にその反映を見出せる。じっさい、ブッダのメッセージが強調するのは、あらゆる現象が相互に依存しているということである。ブッダは、真の革命は意識の革命の中に存することを思い起こさせ、自己、他者、そして環境を尊重する、（あらゆる生き物に敬意を払う）正しい態度という倫理を推奨し、慈悲を強調している。

ダライ・ラマは、このブッダの哲学をもとに、現代世界の数々の問題に正面から取り組もうと試み、個人としての、そして集団としての責任の倫理をたゆみなく説き奨めている。「人類の人口の多さそのものが、私たちにはもはや、他者をないがしろにすることが許されないということを示している」と、彼は最新の著書でも説いている。「私が「普遍的責任」と呼ぶところの感覚をつちかうことが肝心不可欠と、私が確信する理由はそこにある。（中略）私たちがみずからの行動の普遍的次元を知らず、他者の福利をなおざりにするとき、自分たちの利害が他者のそれとは無関係のように思われるのは避けがたいことである。私たちは、人類という家族の根本的な一体性に思いを致さなくなる」［Dalaï-Lama, 1999b, pp. 192-194］。ダライ・ラマが、この普遍的責任という概念や、慈悲という観念を提唱したことで、多くの西洋人は、複雑で技術化され、すっかり調子が狂ってしまった世界のはらむ数々の危険を敏感に意識し、個人的、集団的覚醒の必要を確信するようになった。

仏教は、世俗的な近代人の心にもう一度、意味と救済の問題を導き入れることを可能にする内在的な哲学、プラグマティックな精神性として、また、幸福についての個人的、集団的なモラル、そして普遍的責任の倫理として、ダライ・ラマによって強力にメディア化され、多くの西洋人の目に、二十一世紀が大いに必要としているにちがいない完全なヒューマニズムと映っている。

第二章　ダライ・ラマと仏教のメディア化

数々のイデオロギーの崩壊に由来する心もとなさは、反作用として、確かに信じられるもの、なかでも宗教的な確信への回帰を引き起こした。今日、政治の世界で宗教的なものが再活性化される現象がおびただしく見られるのは、そのためである。さまざまな過激主義が世界中で高まり、また、ローマ・カトリックの例のように、ある種の伝統的な宗派で教義をめぐり論議が硬化する理由も、そこにある。この表裏一体の現象が、ふつうなら宗教的なことにはほとんど関心を持たないメディアの興味を惹きつけた。じっさい、カトリック教条主義者たちによって焼かれた映画や、狂信的なイマーム〔イスラム教の導師〕から死刑を宣告された作家、あるいは中絶や避妊薬の使用をめぐるローマ教皇の遺憾な発言以上に、メディア向きのものがあるであろうか。要するに、これらの波——さまざまな「セクト」も忘れてはならない——に乗らない宗教は、編集部を退屈させた。

仏教は、西洋ではまさにあらゆる極端な教条主義に代わる積極的な選択肢の一つと見られ、突如、魅力を発揮して意表をついたために、この数年来メディアを困惑させ、関心を惹いている。仏教全般、とくにチベットの指導者〔ダライ・ラマ〕に、メディアが文字どおり熱狂するようになったのは、映画『リトル・ブッダ』が封切られ、ソギャル・リンポチェの世界的ベストセラー〔『チベットの生と死の書』〕が出版された一九九三年以降のことと言ってよいであろう。

ダライ・ラマの近代性

仏教について書かれた多くの記事や印刷物の中で、必ず強調されることは、何よりもまず、ブッダのメッセージの近代的な性格である。この「近代性」は、すでに述べたように十九世紀なかばから、西洋の多くの思想家たちによって指摘されてきた。百五十年前から西洋には、仏教を近代のもっとも積極的な価値に結びつける、一種のプロパガンダがあり、それはついに、とくに知識人やジャーナリストをはじめとする人々の教養の基層に、仏教につごうのよい先入観を生むにいたっていた。

この印象は、一九八九年のダライ・ラマのノーベル賞受賞以来、ますます強固になり、広く拡大された。それ以来、このチベット人の精神的指導者は、仏教界全体を代表する、ある種の超大物大使となった。ヨハネ・パウロ二世とほぼ同じくらい有名な宗教的指導者として、彼はしだいに西洋の集団的無意識の中に、一種の「反教皇」ないし「近代的教皇」として刻み込まれるようになった。教皇ヨハネ・パウロ二世なら非難を招くであろうあらゆることが、チベット仏教の教皇ともいえるダライ・ラマにおいては賞賛の対象となり、教皇は反動的であるが、ダライ・ラマは進歩主義者であるということになった。

教皇は教義上の秩序にかかわる問題に顔をしかめるが、ダライ・ラマは個々人の自己実現についてしか話さない。教皇はピルやコンドームの使用を非とするが、ダライ・ラマは人口の激増やエイズの流行を心配し、そうした方法の利用をやむを得ぬ「最小悪」と見なしている。教皇は、カトリック教会が女性を司祭に叙階することは絶対にありえないと断言するが、ダライ・ラマは、そうしたことはいまだかつて例がないとはいえ、女性が自分の後継者になったとしても、反対する理由は何もないだろう、と考えている。教皇は、人類のいかなる哲学的、宗教的真理よりも、キリスト教の真理が優れていることを再確認する回状を発しているが、ダライ・ラマは、数々の著書の中で、あらゆる真理はこの現象界においては相対的であると説いている。教皇は、できるかぎり多くの人々の魂を改宗させるよう、カトリックの宣教使節を激励するが、ダライ・ラマは西洋人に、仏教に改宗しないよう、あるいは、ゆっくり熟慮した上で、自分の本来の宗教を批判することなく改宗するよう、はっきりと要請している。

結局のところ、教皇は教義や規範の番人のように映るのに対し、ダライ・ラマは完成された精神の師と見なされている。彼は番人というより、むしろ証人である。彼は道を示しているのであって、それを法典化したり監視したりはしない。あらゆる点から見て、彼はすぐれて「近代的な」宗教的指導者と思われている。

この比類ない仏教の伝道者に強い感銘を受けると同時に、西洋ではブッダのメッセージのすぐれて近代的な性格を強調する説がすっかり定着した影響もあって、メディアは、仏教の西洋への普及という現象をきわめて好意的にとらえ、最初のうちは、そのもっとも肯定的な面しか取り上げなかった。フランスでは一九九三年秋、ダライ・ラマが三週間滞在したのを機に、ほとんどのメディアが仏教の進出に気づき、禅やチベット仏教のセンターのルポをはじめ、一部始終を大々的に報じた「とはいえ、亡命中のチベットの指導者の旅程の取りしきりを任されたフランスの仏教徒たちは、しだいに適切な報道の重要性に気づくようになり、フランス仏教界という迷宮の中で、ジャーナリストたちを導くすべを完璧に知るエステル・サン＝マルタンの率いるプロのチームに、情報の伝達を一任することに決めていた」。取材を受けた信者たちはみな、仏教の持つ合理的で、プラグマティックで、寛容な性格を強調し、通念を裏付けた。

宗教研究者たちは、この突然の現象について最初の分析を発表し、フランスにおける仏教の発展を追跡調査したごくわずかの専門家は、信者たちの周囲で集めた証言をもとに、仏教の成功は何よりもまず、その「近代的」な考え方が原因であると確認した。具体的には、教義より理性と経験を優位に置くこと、生態環境への配慮、普遍的責任、寛容、悪の問題に対する首肯できる対応、西洋科学や精神分析学との近似性などである。

この現象はそれ以来、メディアから定期的に光を当てられ、仏教を表紙にかかげた週刊誌は飛ぶように売れて［「ブッダマニア」『VSD』一九九三年十一月十日号、「ブッダ――なぜ西洋を魅了するのか」『ル・ポワン』一九九三年十二月四日号、「仏教の波」『レクスプレス』一九九六年十月二十四日号、「仏教対西洋」『ル・ポワン』一九九七年三月二十九日号、「フランス仏教徒についてのアンケート」『レヴェヌマン・デュ・ジュディ』一九九八年五月二十日号、「仏教、神なき宗教の勝利」『レクスプレス』一九九八年七月三十日号、などなど］人々の関心の高さを裏づけ、メディアをますます勢いづかせる一方である。

とはいえ、仏教の肯定的な面や合理的な性格ばかりがあまりにも強調され、より宗教的で非合理な面がわきに追いやられてしまうと、真実が歪められ、この先数年もすると風向きががらりと変わることも、大いにありうる。マスコミは新しさという論理に否応なく従うものであり、新たな光をあてられた仏教が彼らの関心を引いたのも、おそらく新奇さゆえであろうから、なおさらのことである。驚くべき現象の出現を目のあたりにして、しかもその現象が先験的に好ましいものであるとき、疑問となるのは、「なぜそうなのか」ということであった。そして、ダライ・ラマは何よりもまず、迫害された一民族の代表として、また、近代的な宗教の寛容な教皇として姿を現わした。

おそらく次なる疑問は「問題は何か」であろう。そして、西洋の仏教の暗黒面がとりわけ強調されるであろうし、ダライ・ラマもメディアの批判を、そう長く免れてはいられまい。適正な均衡を取り戻すどころか、それを通り越して揺り戻しが起こったとしても、驚くには当たらない。メディアの論調が、賛辞一色から、突如、徹底的な批判へと傾くこともありうる。ジャン＝クロード・カリエールが最近、ユーモアまじりに我々に打ち明けたところによると、あるジャーナリストが彼に、ダライ・ラマはもう「はやり」ではない、つまり、パリっ子の世界ではありがたみがなくなったので、距離を置く方が得策だろうと、いかにも「好意的に警告した」という。

「最後の聖地」の神話

すでに述べたように、一九九〇年代に入ると、仏教のメディア化は、別の方向からも進められた。映画である。新聞や雑誌が報じたのは、現象の分析と仏教の主要な教理についての説明で、そこでは、仏教の近代的な性格に力点が置かれていた。それに対し、映画はまったく異なる領域に賭けた。想像と情動のそれである。五年の間に、現代のもっとも偉大な映画監督のうち三人が――スピルバーグもまもなく仲間入りするはずだから心配ない――、チベット仏教を映画にした。この伝統の放つ、想像力ゆたかで詩的、象徴的な力を知る人からすれば、これは驚くべきことではない。チベット民族大虐殺が巻き起こした激しいショックともあいまって、この主題には、映画人を魅了し、映画館を満員にするためのあらゆるものが具わっている。ベルトルッチの『リトル・ブッダ』は、トゥルク〔化身〕という現象、つまり没した師の転生者と認められた子供たちが我々の想像力におよぼす魅力を、とくに取り上げた。その一方、スコセッシの『クンドゥン』と、アノーの『セブン・イヤーズ・イン・チベット』は、ダライ・ラマの生涯とヴァジュラヤーナの審美的で象徴的な次元にもっと寄り添い、現代チベットの悲劇を映し出した。

チベットの人々の苦難と映像の美しさが感動を巻き起こしたが、その奥には、百年以上にわたって西洋人の想像世界に強く働きかけている二大「元型」を指摘できる。個人的自我の再生という意味に理解された「転生」という元型と、何もかもを仏教にささげた清らかで平和な地としてのチベットという元型である。前者については、その〔説を広めた〕張本人であった神智学協会との関連で、すでに触れたとおりである。後者はもっと複雑で、現実の要素と神話の次元とを同時に暗示している。

その現実とは、チベットが実際に千年以上にわたって、何よりもまず仏教の発展に力を注いできた国だということである。社会のあらゆる仕組みにはこの努力が反映していた。人口のかなりの割合が僧侶の道に身をささげる一方、それ以外の人々は牧畜や農業に従事し、数千の僧院に食糧を供給し、それによって僧侶たちは瞑想や学問に専念することができた。僧院は、宗教的な面のみならず、音楽、舞踊、歌劇、医学など、宗教以外の面でも、まさに文化の中心であった。こうした社会の仕組みの完全な政治的反映として、十六世紀以来、強い勢力を持つゲルク派の僧ダライ・ラマが、チベットの世俗の君主になった。

だから、マチウ・リカールが次のように言うのももっともなことである。「人間の歴史上、おそらく前代未聞のことだが、チベットでは人口の二〇パーセントにものぼる人々が僧院にいる。僧、尼僧、洞窟に引きこもった行者、僧院で教える学者などがそうである。そこでは疑いの余地なく、精神的な修行が、生きる上でもっとも大切な目的であった。そして、在家の人々でさえ、自分たちの日常の活動は、たとえ必要不可欠のものだとしても、精神的な生活に比べれば二義的な問題だと考えていた」[Ricard et Revel, 1997, pp. 21-22]。六千あまりの僧院を根こそぎ壊し、数十万の僧侶を虐殺し、それ以外の僧を強制的に還俗させ、宗教を通じて中国が殲滅しようとしているのは、一つの民族の魂と一つの社会の全機構であることがわかる。

しかし、この宗教と社会機構は、西洋のおおかたの仏教徒が思い描くほど、理想的なものでも完璧なものでもない。明らかな社会的不公正が、カルマの法則〔善因楽果悪因苦果という個々人の自業自得の原理〕によって正当化されていた。大僧院長たちのふるまいは、ときに封建的な暴君そのものであった。系譜や宗派、僧院間の勢力争いはつねにあり、ときには殺人沙汰になった。西洋人の弟子たちの中には、それを無視したり否定したりすることがチベットの利益になると考える人もいるが、そのようなことは何の役にも立たない。チベットの宗教の偉大さも、わたしたちの目の前で繰り広げられ続けているジェノサイド〔民族殲滅計画〕の恐怖も、明暗両面からなる複雑な歴史の真実によって何ら矮小化されるものではなく、ただ、ある模範的社会をめぐる素朴な幻想とチベットを最後の聖地とする神話に、傷がつくにすぎない。ところが、この神話は百年以上にわたって、つねに発展し続けている。

すでに述べたように、神智学協会の創始者たちは、当時は禁断の地であったチベットを、人類の偉大な賢者たちの祖国とした。神智学者たちによれば、彼らは西洋的物質主義に汚染された各地を逃れて、世界中から安住の地を求めてこのチベット高原に来たのであり、この地こそ、全世界が西洋の技術と商業の論理に抑えこまれてしまったように見える中で、「最後の聖地」とされた。

この神話は、二十世紀の初頭以来、秘教的な著作や、固く閉ざされたチベット国境を越えることに成功した何人かの旅行家や冒険家たちによる、尾ひれのついた冒険譚を介して広まり続けた。一九五〇年以降、チベットを侵攻し占領した中国当局は、「仏教僧の圧政のもとにある封建的社会」の近代化の必要を訴え、侵攻にともなうチベットの併合と文化の根絶を正当化しようとさかんに宣伝したが、それは逆に、この神話をさらに強固にしただけであった。

千年にわたる独自の宗教的、知的、芸術的伝統をもちながら、中国共産主義勢力によって絶滅の脅威にさらされているチベットは、伝統的世界の消滅に思いを致させずにはおかない。その絶望的な闘いは、多くの人々にとって、ありとあらゆる文化の豊さをもちながらも、商業の論理に屈し、世界的規模の諸勢力間の賭けの対象にされて滅び去った、数々の古い文化の悲劇の象徴となったのではないだろうか。アメリカ合衆国では、チベットを積極的に支持するハリウッド・スターの多くは、また同様に、アメリカ先住民のジェノサイドを告発し、これら二つの事例を、人類の悲劇としてのみならず、かけがえのない人類の叡智の消滅として嘆いている。

ドイツ出身のラマ、アナガリカ・ゴヴィンダは早くも一九五六年に、次のように記している。「現代にとっての、また人類の精神的な成長にとってのチベットの伝統の重要性は、私たちをはるか昔の数々の文化につなげる鎖の、生きた最後の一環を、チベットが代表していることにある。（中略）チベットは孤立し、近づきえない地であったために、最古からの伝統の数々を、人間の魂の隠された能力についての知識を、また同様にインドの賢者たちの最高度の秘教的な教えをも、純粋なだけでなく生き生きとした状態で保存することに成功した」[Govinda, 1960, p. 9]。

チベットの悲劇は、今日、多くの人々の目に、伝統的で神聖な一つの宇宙――汚れの一切ない、神話的な要素となった一宇宙――の地球上に残された最後の砦と、中国の力や西洋民主主義諸国の商業戦略に代表される物質主義世界との、容赦ない闘いの象徴として映っている。それはあたかも、〔少年〕ダヴィデと〔巨人〕ゴリアテの闘い、人間的にまた精神的にこの上なく価値あるものと、全体主義や「経済的脅威」との闘いのように見える。

この象徴的、神話的次元は――繰り返すが、この神話は現実の無数の要素に根ざしている――、ますます多くの西洋人がチベット仏教に対して覚える関心や共感に、深いところで通じているにちがいない。

第三章　ふたたび魔法にかけられて

前々章と前章での考察から導き出される結論は、チベット仏教における論理的思考と魔術的思考、科学的厳格さと数々の神話がしみ込んだ想像性との不可分の関係という、本書の執筆目的に関わる本質的な問題へと、我々をいざなう。本書の中でずっと確認してきたとおり、チベット仏教の神話的な性格は、西洋のメディアや合理主義に熱中した布教者たちからは、たいていの場合無視されるか黙過されてきたが、大衆や大多数の西洋人の新たな入信者に対して成功を収める上では、つねに重要な役割を果たしてきた。本章では、ヴァジュラヤーナの現代における世界的な普及が、合理性と神話的空想性という二重の動きの中で起こったことを示そうと思う。

西洋におけるヴァジュラヤーナのめざましい成功を確認してからというもの、チベットの大ラマたちの言説や態度は目に見えて変化した。彼らは当初は慎重であり、さらには西洋人にみずからの知識を伝えることを本気で警戒していたが、やがてはるかに開放的で活動的な姿勢へと、しだいに変わってきた。ラマたちは、チベット語の習得に努力し、こうしたきわめて伝統的な宗教的側面を受容することを人生の責務にしようとするごく少数の西洋人に、そのすべてを無条件で伝える一方で、ダライ・ラマについて見てきたように、広汎な大衆に向けて、人権や個人と集団の幸福、世界平和、普遍的責任の倫理の必要性などについて、平易で全世界に通じるメッセージを広く発信している。今日ではこうしたメッセージが非常にはっきりと認知された結果、ダライ・ラマは、近代における人権と世界平和の使徒そのものと見なされるようになった。

ところが、観察者たちにはほとんど注目されていない驚くべき事実がある〔著者の知るかぎりでは、ただひとりドナルド・ロペスだけが、その最新刊の著書『シャングリラの囚われ人』[Lopez, 1998]の中で、この組み合せに注意を促している〕。それは、ダライ・ラマが多くのチベットの偉大なラマたちと同様に、世界平和についてのその近代的、世俗的、普遍的な言説を、『カーラチャクラ〔時輪〕』という、あらゆる経典の中でももっとも秘教的な部類に属する密教の一大経典と、明瞭に関連づけていることである。このチベットのタントラは、数週間にわたる秘教伝授を経てはじめて伝えることができるもので、その伝授を受けていない者にはまったく理解できない。

しかしながら、チベットの偉大なラマたちは十五年ほど前から、通常はヨーガ修行者専用とされるこの秘教の伝授を、絶対的に優先するようになった。ダライ・ラマだけでも、一九七四年以来、西洋で二十回あまり伝授を行なっている。そのさい彼が必ず強調するのが、この奥義の伝授と世界平和の到来との密接な関係である。一九九〇年に刊行された回想録の中で、彼は次のように書いている。「私はインド以外の多くの国で、『カーラチャクラ』の秘教伝授を行なってきた。そのわけは、そうすることが、ただ単にチベット流の生活様式や思考法のあらましを伝えるばかりではなく、もっと深いレベルで世界平和のために努力することでもあるからだ」[Dalaï-lama, 1990]。

それゆえ、チベット人の精神の中に存在すると思われる、世界平和と『カーラチャクラ』の伝授との関係や、また、彼らがあの長大で秘教的なタントラを地球上のいたるところに伝えようと、かくも固執する理由を探ってみた。このささやかな調査の結果、我々はヴァジュラヤーナで最大の神話の一つに出会い、ユートピア的な仏教思想の有力な一潮流が明らかになった。

地上楽園、シャンバラ王国

近代最初のチベット学者、ハンガリー人のアレクサンダー・ケーレシ＝チョマは、『カーラチャクラ』の解読に多くの歳月をささげた。このきわめて浩瀚で複雑なタントラには、教義が三層に分けて示されている。「外面的」な層は、数々の宇宙や太陽系、惑星系の形成や、それらと地上世界との関係について触れた、一種の天文学ないし占星術的な論考である。「内面的」な層では人体について扱い、人体を通る数々の微細なエネルギーの管と、それらと惑星や恒星との象徴的な照応が論じられている。「秘密」の層は、ヨーガ修行者が数々の不純な知覚を純化し、みずからの内面的な諸要素を変容させ、新たな意識状態に到達できるようにすることを目的とするタントラ的なヨーガについて記したもので、そのさい修行者は、完全に資格のある師から、あらかじめ「秘教伝授」を受けていなければならない。

この浄化のための莫大な努力によって修行者は、純粋な至福の世界、俗人には近づきがたい地上楽園の一種であるシャンバラ王国へ到達できると言われている。アレクサンダー・ケーレシ＝チョマは自ら解明したテクストに基づき、一八三三年に発表した論文の中で、この輝かしい王国の位置を同定しようと試みてさえいる。「シャンバラは北方にある伝説的な国である。首都カラパは、この王国の名声赫々たる歴代の王が住むすばらしい都で、北緯四十五度から五十度の間に位置する」［Körös Csoma, 1833, in *Tibetan Studies*, 1984, p. 21］。

こうした情報によって何十人もの西洋人が、この隠された神秘の楽園を求めてヒマラヤに向かった。グルジーエフがその好例である。ユックをはじめ、十九世紀のカトリックの宣教師たちの中には、かの有名な司祭王ヨハネスの王国とはこの楽園のことだ、と迷わず主張する者もいた。シャンバラの神話は同様に、ベアード・スポルディングやロプサン・ランパの物語の奥深くにも、ヘレナ・ブラヴァツキーの『秘密の教義』の相当多くの部分の背景にも、潜んでいる。

今日では数々の知見から、『カーラチャクラ』や名高いシャンバラ王国の歴史をたどることができる〔著者がおもに情報源としたのは、チベットの伝承にもとづきこの問題をめぐって総合的な概要が示されている、フィリップ・コルニュの最新刊『チベット占星術』(Cornu, 1999, pp. 33-38) と、ダライ・ラマ、ジョン・ニューマン、ロジャー・ジャクソン、ゲシェ・ルンドゥプ・ソパ共著『カーラチャクラ、仏教的タントラの最高峰』(Dalaï-lama, John Newman, Roger Jackson, Guêshé Lhundub Sopa, 1995) である〕。インド、さらに一〇四〇年にチベットに、『カーラチャクラ』が普及する源流となったのは、おそらく十世紀末のインドの仏教僧チルーパである。後代のチベットの伝承によれば――とはいえ、これは〔歴史的事実というより〕信仰の領域に属することだが――、チルーパもじつは、ブッダ自身にまでさかのぼる、はてしなく長い伝教の鎖の一環にすぎないとされる。シャーキャ・ムニは死の直前に、シャンバラ王スチャンドラの求めに応じて、この有名なタントラを教えたといわれる。この王は覚りのエネルギーの菩薩、ヴァジュラパーニ〔金剛手〕の化身であったとされ、彼とその後継者たちが、この秘教的な教えをその王国内に広め、シャンバラを楽園のような世界にしたという。そこには覚者たちが住み、その叡智によって、宇宙の均衡の維持を分担している。やはりチベットの伝承によれば、奥義の伝授を受け、それに見あうタントラ的なヨーガの修行を積んだ者以外、誰もシャンバラ王国に近づくことはできないとされる。

インドの師チルーパは、この神秘的な地上楽園の話を聞き、長年の探索の末にこの王国の国境にたどり着くと、初代の王たちのひとり（マンジュシュリー〔文殊菩薩〕）の権化から、『カーラチャクラ』の伝授を受けたといわれる。三大宗派によってチベットに数世紀にわたって伝えられてきた、この奥義伝授の恩恵を受けるあらゆるヨーガ修行者は、ついにはこの秘密の王国の門をくぐり、現世に生きながらにしてこの楽園のような世界に到達できるという。

中世ヨーロッパでは、じつにさまざまな宣教師たちや探検家たちによって、地上楽園の探索が非常に活発に行なわれていた。チベット仏教に関連した神話の中で、異論の余地なくもっとも強力なこの〔シャンバラ王国の〕神話は、西洋における地上楽園をめぐる数々の神話とあきらかに照応するものである。しかし今日の眼から見れば、この神話はある意味で、キリスト教における聖杯探索の仏教版のようにも見える。イエスの弟子がキリストの血を受けた杯を探しに旅立ったのに対し、ブッダの弟子は、覚りという究極の遺産を無傷のまま護りつづけている王国を探し求めて旅立つ。聖杯探索の先頭に立つ人は、ありとあらゆる障害に出会い、その歩みがどれほど真摯で、その信仰がどれほど強いか試されるであろう。そしてそれらの障害はその人を変容させ、ひとたびその心が浄化されたあかつきには、その人をはかりしれない神聖な対象の発見へと導くであろう。

シャンバラ王国の探求は覚りの探求と同じものと見なすことができ、やはり秘教伝授的性格を帯びてはいるが、この場合は伝統的で体系的なものとなっている。秘教伝授を受け、数々のヨーガの修行によって自己を変革した弟子は、きわめて高い意識の状態に達し、隠されたシャンバラ王国の門が彼に開かれることになる。〔聖杯探索に代表される〕キリスト教の神秘神学よりも〔プラトンらキリスト教以前の古代の賢者の知恵を探究する〕秘教主義を熱愛する西洋人にとっては、シャンバラはまた、一種のアトランティスの神秘版ともなりえた。アトランティスが消滅した大陸だとすれば、シャンバラは目に見えない大陸である。アトランティスは比類のない技術文明を発展させたとされるのに対し、シャンバラは秘教伝授を受けた人たちだけに開かれた、精神的完成の大陸である。

じっさい十九世紀末葉以来、秘教的な思潮のおかげで、シャンバラの神話はふたたびあらゆる手段で復権され、もっと世俗的な意味で小説家や映画人たちの着想のもとともなった。一九三三年に『失われた地平線』を著したジェームズ・ヒルトンは、近代西洋精神向きにシャンバラ神話を脚色することにかけては、おそらくもっとも天才的であった。この小説では、秘密の王国に入るためのややこしいタントラ的な奥義伝授など、もはや問題ではない。四人の英米人を、黄金が満ちあふれ、すべての人々が幸福なこの禁断の楽園に送り込むには、単にヒマラヤ上空での飛行機事故でこと足りる。シャングリ・ラという名の最大のラマ教僧院の僧たちに迎えられて、彼らは数カ月かけて人生の真の価値を学びなおす。

ヒルトンは四人の主人公の一人について、こう書いている。「彼は今までにこれほど幸福であった覚えがなかった。戦争〔第一次世界大戦〕のせいですっかり遠く隔たってしまった、戦争前のあの頃ですら、こんなにしあわせではなかった」「彼はシャングリ・ラが与えてくれる平穏な世界、ただひとつの巨大な思想によって、支配されるというよりむしろ和まされている世界を愛していた。彼は、その思慮深く癒される雰囲気が好きであった。そうした中では、話すことは単なる習慣ではなく、一つの才能であった。そして彼は、今はどんなに些細なことでも時間を無駄にしたとがめられずにすむということ、どんなにはかない夢でも心は迎え入れるということがわかって、うれしかった」［Hilton, 1961, p. 203］。

世界に広がる新たなメシア信仰

以下に述べることは、本書では神話——おそらくそれは、この上なく美しい神話のひとつであろう——として記すが、チベット人は必ずしもそうは思っていない。彼らの多くは、シャンバラ王国の実在を確信していて、ときにはそれについて明確に描写している。たとえばカル・リンポチェは『カーラチャクラ』の伝授について、次のように説明する。「この神（カーラチャクラ）の国はこの世界の北方にある。かの地には大きな都があり、その首都を中心に、九百六十万の町が結びついている。その全体がシャンバラと呼ばれ、雪に覆われた山々に囲まれている。この国では神は、連綿と続く王統につらなる人間の姿で現われる。それらの王たちはダルマ〔法〕、なかでも『カーラチャクラ』のおびただしい教えの輪〔法輪＝仏の教えをどこまでも転がって行く車輪に喩えた表現〕を転じている。そのおかげで、無数の弟子たちは解脱の道を安んじて進んでゆく」［Cornu, 1999, p. 37 に引用されている］。

この途方もない王国と数百万もの町の痕跡が、いまだかつて皆目見つからないのはなぜか、という批判精神の旺盛な人たちからの質問に対するチベット人たちの答えは、反論の余地のないものである。「たとえシャンバラがこの地球上のどこかにあるにしても、その場所は、精神とカルマの性向が澄んだ人々にしか見えない」［Dalaï-Lama, *Kālachakra*, 1995, p. 15］とダライ・ラマは説明する。チョギャム・トゥンパはさらに慎重で、その著書の中でシャンバラを「伝説的な王国」として言及し、次のように説明する。「チベット人のあいだでは一種の民間信仰として、シャンバラ王国ははるか遠いヒマラヤの渓谷のどこかに、今もなお隠れて存在すると言われている。また、いくつかの仏教経典にも、そこに至る道について、詳細でありながら漠然とした指示が見られる。しかし、これらの指示を文字通り受けとめる人と、メタファーとしか見ない人との間で、意見が分かれている」［Chögyam Trungpa, 1984, p. 28］。

いくつかの証言は、別の見解も伝えている。カナダの前インド駐在高等弁務官ジェームズ・ジョージは、この有名なラマに、この件について尋ねたことを回想している。一九六八年、トゥンパがインドに来た折のことで、その直後、トゥンパはスコットランドに帰って、あの恐ろしい自動車事故に遭う。「我々が驚いたことに、彼は非常に冷静にこう答えた。自分はその王国に行ったことは一度もないが、その実在を信じており、深い瞑想に入ったとき、鏡の中にそれを見ることができる、と。その夜、彼は中国風の小さな丸い鏡を見せ、かなり長い間それをじっと見つめた後、自分の目に見えることを描写した。雪に覆われた高い山々が環のように連なる中央に、緑の谷があり、そこには壮麗な都があって、素晴らしい人々が住んでいる。彼らはみずからの意志によって、他の世界とのつながりを断っている。（中略）すべてが別世界のことのようであった。しかし、トゥンパは我々のサロンにいて、まるで窓から見ているように、見えているものを語り続けていた」［リック・フィールズの報じる逸話による。Fields, 1981 et 1992, p. 302］。

私はこの神話の起源と、それがチベット文化の深奥において持っているであろう意義について、思いを致した。この神話が、西洋における聖杯の探求にもいくらか似た、秘教伝授への道や覚りの探求の寓話の一種となっていることは、すでに述べた。しかしなぜ、「約束の地」の概念をめぐって、一つの神話が生まれたのか。そしてなぜ、今日シャンバラが世界平和の到来と関係するのか。チベットに伝わる二つの予言が、おそらく決定的にこれらの疑問を明らかにしてくれるだろう。

十三世紀ごろ、『カーラチャクラ』の伝授に与ってきたラマたちは、ブッダの時代から仏滅後五一〇四年までにいたる、シャンバラ王国のすべての王の名と治世を示す年代記を作り上げた。そのきわめて明確な年代記によると、現在の王マガクパは一九二七年に即位したとされ、その王位を継ぐのはミイ・サンギェで、二〇二七年になるという。しかし、特筆すべきことに、二四二五年、悪霊と未開人に制圧された地球上のあらゆる否定的な勢力と、シャンバラ王国との間に、恐るべき戦争が起こるとされる。そしてシャンバラ王国の勝利によって、ダルマ、すなわち仏法が全世界に確立され、普遍的な平和と幸福の時代が保証される。
ところが、この地上のあらゆる人々を抑圧する未開人とは、しばしば、ムレッチ、すなわちイスラム教徒のことだとされる。考えてみると、『カーラチャクラ』の伝承とそれが伝えるシャンバラ神話が出現したのは、十世紀末のインドであった。当時、インドはイスラム教徒の支配下にあり、彼らが、仏教をその発祥の地から根絶する上で決定的役割を果たした。こうして八世紀から十世紀にかけて、仏教の偉大な師たちの多くは、隣接するヒマラヤ地方に難を避けるようになった。チベットで仏教が発展したのは、こうした時代背景からである。

シャンバラ神話の中に、完璧な王国の中で生き続けるダルマの寓意を見ないわけにはいくまい。その王国は、チベット人にとっては多かれ少なかれ無意識のうちに、しかし十九世紀以降「永遠のチベット」を賢者と聖者たちの住む神秘の王国にしてしまった多くの西洋人にとってははっきりと、チベットと同一視された。その王国はいつの日か、未開人たちを打ち負かし、インドばかりか全世界で、仏教を再興させるに至るだろうという。

現代のチベットで起こっている悲劇と、そのためにチベットの人々が亡命を余儀なくされたことは、この予言を遠のかせるどころか、かえって裏打ちしただけであった。全世界は、一方では精神的な価値を溶解させ不平等と社会的紛争の危険を増大させる資本主義のイデオロギーに、他方では世界平和に対する脅威ともなりかねないイスラム過激派に直面している。ラマたちはそのような全世界に、仏教を広めつつあるのではないか、というわけである。

もうひとつの予言は十六世紀に出現したものだが、さかのぼって八世紀に、チベットに仏教を伝えた偉大なるパドマサンバヴァが言ったとされており、チベット人やその弟子たちが、やはり絶えず口にしているものだ。「鉄の鳥が飛び、馬が車輪の上を走るとき、ダルマはチベットから追われ、チベット人は蟻のように世界に四散し、ダルマは赤い人の国（アメリカ合衆国）に達するであろう」。ラマたちは最初こそ発言をためらっていたものの、このもう一つの予言に励まされ、今や自分たちの新たな使命とは、『カーラチャクラ』の予言を招来すべく努めることにある、との思いをしだいに募らせていったのではないか。『カーラチャクラ』の予言とは、次の時代には全面的に平和な世界が実現し、そこではダルマの光が無知の闇についに打ち勝つ、というものである。そのとき、仏教はもはや祖国――インドであれチベットであれ――を必要としないであろう、なぜなら、仏教にとって全世界が安住の地となり、すべての人が覚者、ブッダになるであろうから。

近づくことのできない秘密のシャンバラ王国の神話はこうして、インドからチベット高原へ、仏教徒たちが亡命を余儀なくされたことから生まれたらしい。そしてこの神話は、今日チベット人が、その近づきがたい母国から追放され、地球上に広まっていくという新たな亡命を余儀なくされている中で、古くからの予言にもとづきながら、地球的なメシア信仰の意味あいを帯びてきたようだ。

一九七七年、チョギャム・トゥンパは長期瞑想修行の最中に強烈なひらめきを感じ、その後「シャンバラの戦士の声」という新しい教えを繰り広げていった。そして、自分のセンターのほとんどを「シャンバラ」と改名し、シャンバラ王国の神話が伝える中心的テーマ、すなわち「目覚めた社会」というテーマを終始一貫した軸として、教えを説くようになった。すでに述べたように、ダライ・ラマは、西洋で『カーラチャクラ』の秘教伝授を二十回あまりも行なっている。伝授に三週間もかかることから見ても、これはかなりのおおごとだが、こうして伝授を受けた人の数は、世界中で二十五万人以上に達している。その中で、師のもとでヨーガの修行に進む人は、ごく少数だとしても、全員が肯定的な「カルマの刻印」を受けたものと見なされ、それによって現世または来世で、いつの日か新たな約束の地に到達し、その地で「平和の戦士」になりうるとされる。

このような分析が誤っていないとすれば、ダライ・ラマやもっとも偉大な師たちが、西洋で『カーラチャクラ』の秘教伝授を増やすことにこだわるわけが、さらによくわかる。おそらく彼らは、いつの日か仏教の庇護のもと、平和で幸福な新たな文明の到来につながるにちがいない神秘的な過程を促進していると、深く実感しているのであろう。ダライ・ラマが『カーラチャクラ』の伝授を、平和と普遍的友愛の到来にきわめてはっきりと関連づけるのは、そのためではなかろうか。

チベットのラマたちによる、「目覚めた社会」と「全面的に平和な世界」に向かっての闘い、そこにおいては、神話と理性、予言と慈悲、魔術的思考と倫理的原則が、あまりに渾然と混じりあっているように見える。筆者にはその闘いが、西洋に仏教が広がって行く、今まさに進行中の錬金術的過程を、きわめてよく例証しているように思われる。魔法から解き放たれた西洋は、結局のところ、魔法からの解放である一つの哲学〔仏教〕によって、ふたたび魔法にかけられることしか望んでいないのだ！

マルセル・ゴーシェが言ったのとは反対に、「地上における救済への革命的な信仰」は、どうやら完全に死に絶えてはいないらしい。ただし、チベットのラマたちが説く革命とは「精神的革命」であり、ふたたびダライ・ラマの表現を借りれば、意識の革命である。それゆえ、このユートピアには、血なまぐさい政治的動きを新たに促進する恐れはまったくない。また、宗教的な面でも、チベットのメシア信仰は、ユダヤ教やキリスト教のメシア信仰とは非常に異なり、正義と平和の世界の到来のために、外在的な唯一神や何らかのメシアの介入をまったく必要としていない。そのような世界は、人間の意識の解放と発達によって到来する。とはいえ、平和の地の約束、地上楽園、ついに完全に悪から解放された世界という、メシア的な構想は同じである。それゆえ、ヒューマニスティックで非政治的な、新たなジャンルのメシア信仰として論じることができよう。

「シャングリ・ラの囚われ人」

シャンバラ神話についてチベット人たちが理解しているであろう内容だけでなく、それが西洋人の弟子たちに与えた衝撃を検証してみた。往々にして秘教的な彩りを添えるために使われがちなこのまばゆい幻想は、百年近く前から、おびただしい人々を改宗へと駆り立ててきた。仏教に改宗した最初のフランス人の一人、モーリス・マーグルは一九二八年に次のように書いている。

「師たちよ、私はあなたがたのラマ教僧院ガラリン・チョー〔シャンバラ王国にある、シャングリ・ラとならぶもうひとつの神秘的なラマ教僧院〕の中にいるあなたがたを思い描くのが大好きであった。四六時中そのさまを想像するあまり、あなたがたが存在しないとは信じられなかった。私は、あなたがたが、東西南北に向いた四つの門のある壮大なレンガの城壁に歩み入り、ある大胆な透視者が描写しえたあの巨木のもとを囲む、石のベンチに座るのを見た。私は、あなたがたの、ゲルク派のしるしである黄色い衣と、あなたがたの帽子の山羊の皮に触れた。私は地下の書庫の入り口を見た。そこには金属の円盤に書かれた千古の書物、アトランティス島の地図、レムリア大陸〔ブラヴァツキー著『秘密の教義』の中で、太平洋にあった、人類の本源的な祖先が住んでいたとされる大陸。のちにムー大陸と同一視されるようになった〕の地図やそれよりもっと古い大陸の地図、ブッダや菩薩を表わした小像が納められていた。私は氷の頂きの風の息吹を聞き、ヒマラヤの雪を吸い込んだ。そして、広間に入ると、その壁には魂を浄化するさまざまな天界が描かれていて、チョハン〔チベット語の「チョ」（仏法）とモンゴル語の「ハン」（王）との合成語で「法王」の意味〕の言葉を身じろぎもせずに聴く僧団の兄弟たちを目にした。私にはそれで十分だ。あなたがたの仲間に加わろうとは夢にも思わない。私は自分がどんなに不完全かを認識している。私が授かったのは、叡智のほんのわずかのしずくにすぎないが、そのおかげで私は、私たちを隔てている距離を測ることができ、あなたがたがあまりにも遠く、あまりにも高くに住んでいることがわかった。私はガロンヌ川のほとりで生まれた。（中略）ガロンヌはそれほど大きな川ではない。私が歩いて登ることのできた山々は、それほど高くはなかった。私は並みの知能の人たちしか知らなかった。しかし今、私はかなたの、足を踏み入れることのできない頂きの上に、完全なる人々が座っていて、他者の幸福を夢み、さらに高く、他のいかなる人も達したことのない高みにまで登ろうと切望しているのを知ることができ、満たされる思いがする」[Magre, 1928, pp. 54-55]。

ミシガン大学仏教学教授のドナルド・ロペスは、「魔術的チベット」の神話に依然として魅せられている大勢の西洋人の弟子について、綿密な資料の裏づけにもとづくきわめて批判的な研究を公刊し、そのような人々を「シャングリ・ラの囚われ人」と名づけている [Lopez, 1998]。筆者はかならずしも、その徹底的な批判と見解を同じくするものではない。私は、そもそも神話というもの自体が、とくに別の文化の中に移し替えられたような場合、何ら批判的な距離をおかずに全面的に信じ込む場合に限って危険だと思う。私が出会ったフランス人の弟子たちの大半は、そうではない。彼らは多少なりともシャンバラを信じている。ちょうど、他の人たちが多少なりとも星占いを信じているように。彼らは、幾人かのチベットのラマたちには奇跡のような力があると思っているが、火中に手を入れる〔火傷しなければその人が正しいとする神明裁判に由来する喩え〕までの確信はあるまい。じっさい、ほとんどの人は――もちろん非妥協的な信者や合理主義者はいるが――魔術的なチベットという神話を、受動的に受け止めるというよりも、むしろその神話と語り合っている。

フランスで発行されている『サンガ』という雑誌の中で、チベット仏教の信者である編集者が、読者に次回の『カーラチャクラ』の大規模な秘教伝授を予告する説明の仕方に、そのよい例が見られる。「あした、シャンバラで」と題されたその記事は、次のように明確に述べている。「『カーラチャクラ』の教えは、とりわけこの現代のためにある。その教えは、シャンバラ神話の中で、この伝説的な国の王が、現代も含めた暗黒で堕落した周期から生きとし生けるものを助けるために、特に懇請したものである。この宇宙的な周期が終わるとき、シャンバラ王は、ダルマに敵対する軍勢をうち破り、すべての生きものの福利のために、秩序とよき法の復興に着手するであろう。『カーラチャクラ』は根本的に象徴的かつ秘教的な性格を持つとはいえ、その秘教伝授はおびただしい人たちに日常的に行なわれている。ほとんどの人は、その後、より深く研究や修行を続けることはないが、それも、これによって精神的な影響を受け、シャンバラ王のそば近くに生まれ変わることができる。そこではブッダの境地に向かってすみやかに進むことができ、すべての生きものの福利のために、ブッダと活動をともにすることができる」[Sangha, n° 3, primtemps-été 1992, p. 15]。

エドガール・モランは次のように言う。「我々には神話を非神話化することが必要だ。しかし、非神話化それ自体をもう一つの神話にしてはならない。我々は神話から逃れることはできないが、神話の本性を見分け、内面から、また同時に外面から、それらの神話とつきあってゆくことは可能だ。我々は、神話を超越した立場にありうるなどと信じるべきではない」[Morin, 1984b, p. 282]。

西洋の人々は、近代合理主義によって近づくことを禁じられた神秘主義的、魔術的思考を必要としているということが、こうして確かめられた。自分自身の文化の中にある神話について、無知であったり批判的であったりする人たちは、自分たちの過去の中にありながら自分たちが近づけないものを、よその場所に探しに行く。なかんずくチベット仏教は、理性と想像力、そして論理と直観を結びつける驚くべき奥行きを具えているが故に、今日の西洋で発展したと言える。しかしながら、批判精神を声高に標榜し、いわゆる「仏教的合理主義」をほめそやしながらも、これらチベットの神話を自分の都合のよいように受けとめ、ときにはその中に没入するあまり、この想像上のプリズムを通して、仏教の教義すべてを統合してしまう人々はさらに滑稽であり、この点で筆者はドナルド・ロペスの批判に心から賛同する。

結び　内なる東洋への鍵

近代性とそれを構成する科学技術的要素の苛烈な進展に対する反作用として、ユートピア思想や宗教や倫理には数々の裂け目が生じたが、本書でこれまでに確かめることができたように、仏教は、西洋において十九世紀に学問的に発見されて以来、そうしたあらゆる裂け目から、流入をはたした。しかし、西洋文化とキリスト教という二重焦点の眼鏡を通して受容された仏教は、これまでずっと、多くの誤解と再解釈を免れえなかったし、その状況は今も変わらず続いている。本書で見てきたように、仏教は、理性に価値を置く十九世紀なかばの社会においては、合理主義的な用語で解釈され、宗教的感情と魔術的思考を再発見した十九世紀末の社会においては、敬虔で秘教的な用語で解釈された。一九六〇年代、個人的、心理的、身体的体験に力点を置く社会においては、心理的―身体的な瞑想の実践として受容され、そしてついには、意味と新たな倫理的指針が求められる二十世紀末の社会においては、普遍的価値についての世俗的な叡智として評価された。じっさいのところ、仏教はそのすべてを同時に少しずつ兼ね具えているのであり、その高い柔軟性によって、とてつもなく多様で、ときには相反することもある数々の求めに応え、順応している。

こうした西洋人の多様な仏教観には、既に述べたように、二百年来、合理主義と神話的幻想、論理的思考と魔術的思考との間の、驚くべき振幅が認められる。エドガール・モランは、まさしく「西洋は、自身の東洋を抑圧しつつ形成された」[Morin, 1985, p. 37] と注意を喚起している。仏教は今日、西洋人にとって、近代的合理性と科学的な批判精神によって獲得されたいくつかの知見に抵触することなく、みずからの「内なる東洋」への失われた鍵をふたたび見出すきっかけとなる、と筆者は確信する。じつに、現代における仏教の成功は、ルネサンスと近代社会が到来して以来の、西洋の三大「抑圧」を反映しているように思われる。すなわち、幻想、情動的な身体、人間精神の非合理的な部分の抑圧であり、生の意味についての個々人の疑問の抑圧であり、そして最後に、西洋人が外面的な宇宙や現象の探究を優先したために、自分の内面的な世界や意識についての奥深い探究が忘れられたことである。

みずからの抑圧された東洋に通じる手がかりを失い、それをもう一度見出したいと願っている西洋人の期待に、仏教はいかに応えてきたかを、私は別の著書 [Lenoir, 1999] で詳細に論じた。仏教は、まず第一に、合理と非合理、論理的思考と魔術的思考、厳密な概念の操作と儀礼の象徴性との和解を西洋人に可能にすることで、そうした期待に応えてきた。次に、身体、プシュケ〔魂〕、精神を統一する作業によって、内面性と瞑想的生活へ到達するために資することで。そして最後に、生や死や不死や救済の意味や、深い幸福を得るための諸条件についての実存的な大問題を再検討する契機を、仏教がもたらすかもしれないという可能性によって。仏教は、すっかり過去のものとなった伝統の世界に属するかに見えた数々の問題を、近代のまっただなかに再提起し、それらの問題を近代的、個人主義的、科学的、プラグマティックな行き方に適合させるまでに至ったのであり、それはひとつの偉業である。たとえその一方で、個人個人における諸教混交主義や数々の文化的誤解をどれほど生んだとしても、やはり仏教は、大きな成功を収めたといえよう。

「開かれた理性」のモデル

仏教は、哲学であると同時に宗教であり、抽象的な普遍主義に支えられながら、つねに具体的な聖性に根ざしている。その混淆的な性格によって、じつに、近代西洋が、宗教や神話的思考との闘いにおいて、また、全能の理性によって完全に馴化された世界を産み出そうとするプロメテウス的な野心のもとで、注意深く分離してきたもののすべてを、和解させるように見える。さらに、合理主義のイデオロギーは数世紀にわたって合理性を独り占めしてきたが、今や西洋の思想家たちの中でも、合理主義に与する者はますます少数になり、思想家たちはむしろみずから進んで、神話や幻想、象徴や儀礼、あるいは信仰の世界と根本的に両立しえなくもない「開かれた理性」について語るようになった。

こうした新しい見解の先駆者のひとり、エドガール・モランは次のように記す。

「開かれた理性は、非合理と闘うばかりでなく、それと対話し、非合理でありうることを認容する。開かれた理性は、全面的に合理的な世界やただ合理的なだけの人間といった、馬鹿げたものの見方とは異なり、世界の中に、秩序／無秩序／体系の戯れを見、人間（ホモ）を、賢明な（サピエンス）だけでなく、賢明（サピエンス）であり／狂気（デーメンス）でもある存在としても理解する。開かれた理性は、無合理、すなわち合理でも非合理でもないもの——たとえば生や実存が、存在理由なしに存在するような——を認容する。開かれた理性は超合理性を認容し、それを理解しようと試みる（かくてあらゆる創造は、合理性がひょっとしたら事後にようやく理解するかもしれない、何らかの超合理的なものを含んでいる）。

閉ざされた理性は、神話に、迷妄や愚かさ、迷信しか見ないが、開かれた理性は、神話のような、合理的であると同時に非合理的、無合理的、超合理的でもある、数々の現実があることを認容する。開かれた理性はかくて、合理、非合理、無合理、超合理の間の唯一の交流手段であり、それゆえ、私たちが内なる敵と闘うために絶対不可欠なものである。理性の合理化、物化《もの》、神格化、道具化に対して闘うことこそ、開かれた理性の任務である」[Morin, 1984b, p. 281]。

この文章ではきわめて洗練されたかたちで表現されているが、このような洞察は、デカルト以前の西洋の洞察に、根本的に立ち返るものである。とくに、ギリシャの思想家たちの多くは、神話とロゴスを識別し、その上で、それらを真っ向から対立させるというより、むしろそれらを対話させようとした。同様にキリスト教中世は、論理的な理性と宗教的信仰とを、思弁的知性と愛による献身とを、そして概念の厳密と秘跡の典礼という魔術とを、みごとに結びつけるすべを知っていた。仏教においてもまた、同じである。いまだに科学万能神話に浸っている一部の西洋の熱心な支持者には、「純粋な合理主義」と曲解されたとはいえ、仏教は「開かれた理性」の一つの完成されたモデルである。

こうして仏教は、西洋が、忘れはててしまった自身の過去を再訪しなくても、みずからの内なる「抑圧された東洋」をふたたび見出し、合理性についてのこの古くて、同時にポストモダンな概念を（それは西洋が、合理主義のイデオロギーによって陥っていた窮地から脱出する助けとなった）、理論においても実践においても、受容することを可能にした。こうして過去への逆戻りを回避して、外部に迂回する傾向は、近代的西洋人の精神と行動の大方に当てはまるものである。

キリスト教が見失ったもの

そうした場合、必然的に、異文化の受容と改宗の問題が持ち上がる。真の問題への解決を、自分自身が受け継いだ文化の奥に探しに行くことを拒絶し、あるいは不可能とし、他の文明へと迂回することは可能であろうか。単に心理学的な観点からして、そうすることは、それによって解決される問題と同じくらいならまだしも、それ以上に多くの問題を生みだすことになりかねず、ありとあらゆる誤解に陥るのではないか。対象なき沈黙の瞑想、あるいは情動に働きかける心理的・身体的技術といった、ある種の哲学的領域の問題、ないしはある種の瞑想の技術のたぐいについては、対処できるかもしれない。じっさい、こうした知的な概念や技術は、西洋人には、ユダヤ教徒やキリスト教徒にも、あるいはまた無神論者にも、同じように異文化として受容できるように筆者には思われる。

しかし、無我の教義のような、西洋の自我の概念とは根本的に矛盾する概念や、たとえばヴァジュラヤーナにおける儀式や図像化された神々、拝跪、グル・ヨーガなど、仏教文化に伝わるさまざまな宗教的実践については、どうだろうか。言い換えれば、全面的に仏教徒になって、みずからの「内なる東洋」との関係を結びなおそうと試みることは、西洋人にとって可能であろうか。

何人かの東洋と西洋の思想家が、この疑問に正面から取り組んだが、彼らの答えはほとんどつねに否定的なものであった。たとえば、東洋に熱中したカール＝グスタフ・ユングの見方は次のとおりである。「東洋の精神的技術をそらんじるまで習得し、それらを、そっくりそのまま、わざとらしい姿勢で、まるきりキリスト教的な方法によってまねる代わりに、東洋において主導的な精神的原理となってきた傾向に似た、ある内向的な傾向が無意識の中にないかどうかを探す方が、ずっとましである。そうすれば私たちは、みずからに固有の土壌の上に、みずからに固有の方法論によって築いていけるような、一つの立場に身を置けるであろう。しかし、もし私たちがこれらのことを東洋から直接取り入れるなら、ものを獲得したがるという、私たちの持つ西洋的な性向を、単に満足させるにすぎない。「よいものはすべからく外にある」ことを、またしても確認し、私たちの不毛な魂にそれを導入するために、外部にそれを探しに行かねばならなくなる」[Jung, 1985, p. 23]。

この著名な心理学者はまた、ほとんどつねに——そして往々にして無意識に——生来の宗教に対する反作用として行なわれる改宗の過程にも、警戒を呼びかけている。

「東洋的な態度は、キリスト教特有の諸々の価値を冒瀆する。この事実に目をつむるのはよくない。わたしたちの新しい態度が本物であるためには、すなわち、それが私たち自身の歴史に基づくものであるためには、キリスト教的な諸価値および、それらと東洋的な内向的姿勢との間に存する衝突とを、十全に意識した上で獲得される態度でなくてはならない」[同前、p. 24]。

一部の西洋人の弟子たちにはいかにも意外に思われるかもしれないが、ダライ・ラマもほとんど同じ言葉で、同じことを言っている。

「二つの現象がある。ある人たちは、生来の宗教の中で信仰を守りつつ、異なる宗教から、いくつかの技術と実践を取り入れる。これはたいへん肯定的なことだと私は信じる。しかし、そうではなく、宗教を替えたいと望む人たちもいる。もっとも危険なのは、このような現象だ。そういう人たちは、長い時間をかけて大いに熟考する必要がある。というのは、みずからの根を断ち切ることは、自然ではないからだ。そのようなことをあまりに急いで行なうのは、たいがい、旧来の自分の宗教に対する苦々しい思いや幻滅ゆえのことだ。このとき、その人は自分の生まれつきの宗教に対して批判的になっている。これはきわめて由々しきことだ。なぜならその人は、寛容や叡智や愛といった、その宗教の精神そのものを損なってしまうからだ」[エステル・サン＝マルタンによって収録されたダライ・ラマの談話。"Clés pour comprendre le bouddhisme"〔仏教理解の鍵〕, *ARM*, octobre 1993]。

しかし、すでに本書で確かめえたとおり、信者の多くは、キリスト教には瞑想的な生への秘教伝授と内面性が欠け、「本当の」精神の師、すなわち精神的な秘教伝授の道を伝えることができる「体現者たち」がいない、と嘆いている。彼らが求める道とは、厳しくはあっても教条的なものではなく、完成された師の権威のもと、さらには身体と精神の統一を可能にするような、精神的な道である。そのような道に入ろうとする西洋人の仏弟子たちは、ほかにどんな門を叩きに行けようか。

こうしてみると仏教への改宗という現象は、キリスト教をはじめとする西洋の伝統的な宗教に無残にも欠落したものを暴露している。キリスト教は、近代が勝利を収める以前からすでに、片やカトリックは感傷的な信仰心を発達させ、また教条的な厳格さを求め、片やプロテスタントは合理化と倫理至上主義を追求し、それと引きかえに精神的な秘教伝授と瞑想的な生への数々の鍵を、ほとんど見失っていたのである。

「出会い」の文明論的次元

キリスト教と仏教との混淆といった純粋に宗教的問題や、西洋の仏教への改宗というまず起こりそうもない仮説はさておき、彼我の出会いはとりわけ、長い歴史の中で、人類学的、文明論的な次元で根本的な影響力を持つように筆者には思われる。これまで、西洋の技術的な理性が唯一勝ち誇り、近代はそれに屈服したかのように見えていた。しかし、まさしくそのただ中にあって、仏教と西洋の出会いは、脳の左半球に相当する論理的、抽象的、分析的な極と、右半球に相当する類推的、直観的、総合的な極という、人間の脳の二極化にその基盤があると思われる個人の本質的な二つの極を、接近させるのに役立っている。

人間の持つさまざまな異なる極を対立させ分割するのではなく、識別してまとめるという、仏教を経由して着実に西洋に甦りつつある合理性への包括的なアプローチについては、すでに言及した。世界へのはたらきかけと、自我へのはたらきかけ、これら二つはまた、脳の機能のどちらか一方に優位を置くことに由来するものと思われ、それが、まったく異なる二つの文明の類型を生むことにもなったが、この二つの平衡を取り戻す必要がある。東洋が今日、人権革命、社会的正義への関心、民主主義の理念、大河をせき止めることから医学の驚異的な進歩にいたるまで、世界をよりよく制御し人間に都合がよいように変えることにもつながる実験科学――原子爆弾は例外として――といった、西洋からの数々の恩恵を受けていることは否定できない。一方、西洋は仏教のおかげで、複数の現象の相互依存に関するきわめて的確な哲学、そしてなによりも、主体と内面性にかかわる真の科学と見なしうる、人間の精神とその機能についての洞察を発見した。

人間の精神構造に内在する二つの傾向の均衡、それはつねに不安定であるけれども、つねに不可欠なものであり、今後の地球規模の新たな文明の調和と、その成員である個々人の幸福とは、そのかなりの部分がこの均衡の上にこそ成り立つものではないだろうか。そう考えると、著名な文明史家アーノルド・トインビーの「仏教と西洋の出会いは、二十世紀のもっとも有意義な出来事である」という驚くべき評価の意味が、いっそうよく理解できるようになるであろう。

〔日本語版のための「結び」への加筆〕

文明間の衝突というサミュエル・ハンチントンの説を裏付けるかのような、あの二〇〇一年九月十一日の同時多発テロの後にあっては、この仏教と西洋との出会いこそ、アジア文明と西洋文明が近づくために不可欠の要素となりうる、ということを付け加えておきたい。キリスト教とイスラム教は、イスラム過激主義アルカイダとG・W・ブッシュ政権〔当時〕の双方によって政争の具とされ、今や異なる文化を持つ人々の溝をより深くするために使われているのに対して、仏教とユダヤ・キリスト教との間にはますます多くの橋が架けられ、他者の理解と実り多い文化交流のために役立っている。世界平和の達成は、こうした他者、なかんずく諸民族のアイデンティティに決定的な役割を果たしている、その宗教についての知識・理解にかかっているところが大きい。

西洋人は数百年がかりで仏教を発見し、それにまつわる多くの偏見を徐々に克服するにいたった。今では仏教は西洋の風景の一部となり、ますます多くの西洋人がアジアに対して肯定的な関心を持つのに貢献している。事実、本来的に、不寛容な宗教的排他主義にあまりにも傾きがちな一神教の場合には、不幸にもしばしば、分割し支配するという性向が見られるのに対して、ダルマ〔仏法〕はその根本的に平和的で合理的、かつプラグマティックな性格ゆえに、むしろ人々を結びつけ、きずなを作り出す傾向が「本来」ある。これからの長い歴史の中で、仏教と西洋との出会いがもたらす果実のひとつは、数々の一神教に、憐れみがそのメッセージの中心であるということを思い起こさせることにより、その非妥協的な面を弱め、やわらげることであろう。ブッダのほほえみは、グローバリゼーションという挑戦を克服するために私たちの世界が大いに必要としている、この精神的なやわらぎの証である。

謝辞

この研究を始めてからもうすぐ七年になるが、以下に名前を挙げる数多くの人たちの協力と支援がなければ実現できなかったもので、その人たちに篤くお礼申し上げる。

まず最初に、本書の実現に貴重な支援をもたらしてくださったフランス仏教界の幾人かに多大の感謝を捧げたい。ことに、多くの情報を提供し、原稿を注意深く読んでくださったジャン＝ピエール・シュニッツラー、語彙集の編纂を手伝い、この研究の期間中、チベット仏教に関するおびただしい質問に答えるために、友人として時間を割いてくれたフィリップ・コルニュ、チベット仏教の諸系譜とチベット史の精妙な奥義を私に伝授するのに時間を惜しまなかったロラン・デエ、いつも助力してくださったドゥニ・テンドゥプの各位。

同様に、自らの体験を述べ、西洋における仏教伝播の現状に関する質問に答えてくださった精神的な指導者、練達した修行者、センターの責任者の方々に衷心から感謝する。ことにダライ・ラマ猊下、ダクポ・リンポチェ、ソギャル・リンポチェ、ジクメ・リンポチェ、ロラン・レシュ、エヴリン・ホルツァフェル、ジャック・ブロス、ピエール・クレポン、ジェラール・ゴデー、アンヌとキット・ベンソン、チャールズ・ヘイスティング、ジョン・カンティ、ラマ・テンジン、ラマ・ツォニ、ドゥニ・ユエ、ジャック・マリシエ、ダニエル・ミレス、フランソワ・カルメス、スティーヴン・バチェラーの諸氏。

証言と、友人としての貴重な支援をくださったアルノー・デジャルダンとジャン＝クロード・カリエールのお二方にも深くお礼申しあげる。

この研究は（もう一冊の本『フランスの仏教』の姉妹編だが）、一九九九年十月八日に国立社会科学高等研究院（ＥＨＥＳＳ）で審査された博士論文である。禅の師にふさわしい毅然たる態度と冷静さをもって終始私を導いてくださった指導教授のダニエル・エルヴュ＝レジェ女史に篤く感謝する。そして、他の審査員の方々にもお礼を申しあげたい。ことに、この研究の起点であるパトリック・ミシェル、私にとってその業績がたえず発想の源であったエドガール・モラン、私の論文に貴重な指摘をくださったミシェル・ユランとポール・ウィリアムの各氏。

さらには、多くの大学関係者と仏教研究の専門家、なかんずく、ロジェ＝ポル・ドロワ、ドニ・ジラ、ポール・マニアン、クロード・ルバンソンからいただいた有益でしばしば友好的な助力に感謝する。

この研究調査および本書の実現に、様々な形で貢献してくださったカリーヌ・グリジョル、サムエル・ルヴィヨワ、エステル・サン＝マルタン、シルヴィ・グルジョン、クレール・フレジャック、ロラン・グロスレー、アニー・ジロ、ライッサ、エレーヌ・ギヨーム、ドミニック・ギヨマン、ミシェル・グノ、ジョスリーヌ・リヴィエールそしてディディエ・ティモニエにも、同じく篤く謝意を表する。

訳者あとがき

本書は、Frédéric Lenoir, *La rencontre du bouddhisme et de l'Occident*, Paris : Fayard, 1999 の全訳である。

著者フレデリック・ルノワールは一九六二年生まれで、雑誌などの編集作業をするかたわら研究を続け、一九九九年に社会科学高等研究院（EHESS）から、主論文『フランスにおける仏教』（同年ファヤール社から刊行、末邦訳）、副論文『仏教と西洋の出会い』（本書）により博士号を取得した。以後、精力的に研究、執筆活動を展開し、二〇〇四年には、フランスを代表する日刊紙『ル・モンド』の宗教専門誌『ル・モンド・デ・ルリジオン（*Le monde des religions*）』（隔月刊）の編集長に就任、二〇〇六年には『精神性小叢書（Petite bibliothèque des spiritualités）』（プロン社）を創刊している。

著者は多彩な才能の持ち主で、哲学者、社会学者、宗教学者、小説家、脚本家、ジャーナリストとして第一級であり、すでに数十冊に及ぶ著書・編著は、二十五カ国で翻訳出版され、総計二〇〇万部以上が読まれている（日本語では、『ダ・ヴィンチ・コード実証学』〈共著、イースト・プレス、二〇〇六〉と、『チベット真実の時Q&A』〈二玄社、二〇〇九〉が出版されている）。まさに、現代フランスの思想界を代表する一人である。

本書のテーマはその題名どおり、仏教と西洋の出会いの歴史である。西洋人は、ほぼ二千年も前から、旅行者や宣教師たちがもたらした、断片的かつ断続的な報告――必ずしも正確なものではなく、往々にして誤った歪曲されたもの――によって仏教の存在を知っており、好奇心を抱きはしたが、仏教の正しい理解には及ばず、むしろ誤解と偏見を抱き続けたというのが実情である。

十九世紀以後、実証的仏教研究が進み、二十世紀には生きた仏教僧、ラマとの直接の接触が可能になるにつれ、偏見・誤謬は少なくなりつつあり、仏教入信者も増加していることは、本書が明らかにするところである。

しかしながら、いまだに無理解・蔑視的独断も根強く残っており、その最たる例が、仏教に関する自らの無知をさらけ出し、スリランカの仏教徒を激怒させた、ローマ教皇ヨハネ・パウロ二世（在位一九七八―二〇〇五年）の発言（本書一五一頁）である。進歩的とされた彼ですらそうであったし、その後継者である、保守的とされる現ローマ教皇ベネディクトゥス十六世（二〇〇五年就任）にも、改善の兆しが見えないのは、誠に残念なことである。

本書は、西洋における仏教に関する知識伝播の鳥瞰的通史として最もまとまったものであるが、まったく異なった視点からも、別の意味で貴重なものである。それは、著者自身が指摘するように、「仏教を論じつつ、西洋人は多くの場合自らを語り、自分たち自身の何らかの哲学的、神学的論争にむしろ興味を向け、それを仏教を介して解決しようとしている」（本書七頁）からである。著者は、この作用を「自らを映す鏡」と形容しているが、その反映作用が最もよく機能したのは、仏教の全体像が西洋人に初めて見えてきた十九世紀前半のことである。

それを、本書の姉妹編ともいえる『虚無の信仰―西欧はなぜ仏教を怖れたか―』（島田裕巳・田桐正彦訳、トランスビュー、二〇〇二）の著者ロジェ＝ポル・ドロワは、「十九世紀の著作物の中で、仏教、アジア、虚無の信仰の問題におびただしいページが割かれているが、そこで問題となったのは、もちろんヨーロッパのアイデンティティに他ならない。（中略）不安に陥り、自分のアイデンティティが曖昧になったヨーロッパは、虚無の信仰という一枚の鏡を考案したが、そこに自分の姿を認める勇気がなかった。」仏教との出会いは、「どこか遠くのこと、古代の賢人のことを論じながら、実は自分自身や、自らの脳裏にある虚無についての不安を語ることができる」一種の「隠れた実験室」となった、と指摘している（本書一五〇頁）。

こうして見ると、本書は、仏教というプリズムを介して「斜視」したキリスト教西洋の精神史であり、正面からの「正視」では見えないものを、はっきりと浮かび上がらせているところがあり、ユニークである。「知性の新大陸の発見と、自らのユダヤ・キリスト教的基盤の崩壊という漠然とした自覚とが、同時に起こったことにより、ヨーロッパは神殺し、滅亡、消滅という、自らがもっとも怖れていた事柄を仏教に投影した」（同前）わけで、仏教はまさに西洋「自らを映す鏡」の役割を果たしてきた。キリスト教、西洋哲学に興味のある人にも、ぜひ本書をお勧めする所以である。

また本書には、原著にはない「日本語版への序文」（i―ii頁）と「日本語版のための「結び」への加筆」（三二七―三二八頁）が加えられている。前者はエージェントを通じて著者に依頼し、後者は、訳者（今枝）が著者と交渉し、特別に執筆してもらったものである。著者自身が引用する文明史家トインビーは、原著の主題に関して「仏教と西洋の出会いは、二十世紀のもっとも有意義な出来事である」と述べている。訳者は、ますます深まる仏教と西洋の出会いが、この日本語版が刊行される新しい世紀にどう展開するのか、そしてそれにはどんな意義が見いだせるのかという、二十一世紀の展望に対する著者自身の考えを聴きたかった。それに対して著者は、キリスト教対イスラム教の宗教対立の象徴ともいえる、同時多発テロで幕を開けた二十一世紀においては、

「この仏教と西洋との出会いこそ、アジア文明と西洋文明が近づくために不可欠の要素となりうる、ということを付け加えておきたい。キリスト教とイスラム教は、（中略）政争の具とされ、今や異なる文化を持つ人々の溝をより深くするために使われているのに対して、仏教とユダヤ・キリスト教との間にはますます多くの橋が架けられ、他者の理解と実り多い文化交流のために役立っている。世界平和の達成は、こうした他者、なかんずく諸民族のアイデンティティに決定的な役割を果たしている、その宗教についての知識・理解にかかっているところが大きい。（中略）

本来的に、不寛容な宗教的排他主義にあまりにも傾きがちな一神教の場合には、不幸にもしばしば、分割し支配するという性向が見られるのに対して、ダルマ〔仏法〕はその根本的に平和的で合理的、かつプラグマティックな性格ゆえに、むしろ人々を結びつけ、きずなを作り出す傾向が「本来」ある。これからの長い歴史の中で、仏教と西洋との出会いがもたらす果実のひとつは、数々の一神教に、憐れみがそのメッセージの中心であるということを思い起こさせることにより、その非妥協的な面を弱め、やわらげることであろう。ブッダのほほえみは、グローバリゼーションという挑戦を克服するために私たちの世界が大いに必要としている、この精神的なやわらぎの証である。」

と述べている。短いながらも、深い洞察に基づく、傾聴に値する言葉である。

本書の邦訳が、異文化交流、異宗教接触がますます増大する時代にあって、ややもすれば視野が狭くなりがちな日本人が、グローバルな視点に立って、異文化・異宗教間の理解を深め、異民族間の調和による世界平和構築に寄与する一助とならんことを切に祈る。

「あとがき」の枠を越えるかもしれないが、最後に一言付記することをお許し願いたい。

交通・通信手段の発達により実現した、そして直面せざるを得ないグローバリゼーションの時代は、人類史上前代未聞であり、未曾有の可能性が展開すると同時に、解決していかねばならない新たな課題が待ち構えている。その最大の課題の一つが、異文化・異宗教・異民族間の対話・協調であることはまちがいないであろう。本書の著者は、異宗教間の対話・理解に関して、仏教の「根本的に平和的で、合理的、かつプラグマティックな性格」を高く評価し、それによって一神教の「本来的に、排他的・非妥協的な面」が弱まり、調和が保たれることを期待している。訳者もこの意見に賛同するが、この問題の根本的な解決には、キリスト教対仏教、キリスト教対イスラム教、といった既成の宗教形態を出発点とする思考・行動ではなく、いっそう深いレベルでの準備が必要であろう。

キリスト教、イスラム教、ユダヤ教の一神教であれ、仏教であれ、ヒンドゥー教であれ、すべての宗教は、人間がより意義のある人生を全うするための教えであり、その本質において排他性はなく、対立するものではない。対立が生じるのは、その伝統的儀式・習慣のレベルであり、これが往々にして超えられない壁として立ちはだかることになる。こうした宗教的伝統は、何世紀にもわたる長い歴史的変遷のなかで培われてきた文化・文明的な総体で、民族のアイデンティティの根幹をなす一部であるだけに、このレベルでの対話は、相違点・対立点の方が目立つことになり、結果的に溝を深める結果に終わることが多い。

これを克服するのには、宗教、民族、言語、文化といった限定的な次元を超えた、人間として誰もが共有できる規準を出発点とする必要があるであろう。それは、ユマニスムをおいてはありえない。ユマニスム（humanisme）とは、ラテン語 humanior（より人間らしい）に由来する、ルネサンス期に生まれたフランス語で、堂々たる体系をもった哲学理論でもなく、××主義と称される思想でもなく、わたしたちがなにをする時でも、なにを考える時でも、かならず「それは、より人間的であることと、なんの関係があるのか」と問いかける、ごく平凡な人間らしい心がまえである（英語のヒューマニズムは、フランス語のユマニスムと語源こそ同じであるが、けっして同義ではない。ただし日本語ではヒューマニズムの方が普及しているので、便宜上、本文中ではこの言葉を用いたが、意図されているのはユマニスムである）。

すべての宗教の聖職者、信者が、各人の宗教の教義、その表徴および現実社会における行動に対して、「それは、より人間的であることと、何の関係があるのか」と謙虚に、無心に問いかけてみることこそ、実りの期待できる本当の対話・相互理解への出発点であろう。ダライ・ラマ十四世が、「脱宗教的・世俗的精神性」という表現で提唱しているのは、このユマニスムに他ならないであろう。

本書は、いくつかの点で原書の体裁を変更したことをお断りしておく。原書では巻末に用語解説があるが、邦訳では用語の説明を適宜本文中に挿入した。この方が読者にとってはより読みやすく、抵抗なく読み進められると判断したからである。同じ理由で、日本の読者にとって内容がより把握しやすいよう、改行を増やし、章や節の見出しを変更し、または新たに付したところがある。

原書に収録されている二十数枚の、主として人物写真は割愛した。これは、本書のポケット版（アルバン・ミシェル刊『生ける精神性（Spiritualité vivante）』叢書の一冊、二〇〇一年初版。現在ではすでに「古典」的文献となっている）でもそうしており、図版・写真は興味深くはあるが必要不可欠ではなく、割愛しても本書の価値は何ら損なわれることがないと判断したからである。

また、原書には人名索引しかないが、邦訳では書名、地名をはじめとする諸々の項目を追加し、すべてを五十音順に配列し、包括的なものとした。これによって、極めて多岐に亘る本書の内容の検索が容易になり、本書の価値をいっそう高めることにもなったと自負している。

フランス語原著を手にし、翻訳を思い立ってからすでに十年近くが経過した。当初は一人で訳出するつもりであったが、他の仕事に要する時間・労力が増え、本書の訳出を中断せざるを得なくなった。一時は翻訳を断念したが、幸いにも、アンドレ・バロー著『ブッダの教え—初期経典をたどって—』（大東出版社、二〇〇五）をはじめとする、仏教に関するフランス語著作の訳者である、富樫瓔子氏という有能な適任者を共訳者として得ることができ、なんとか訳了までこぎつけることができた。振り返ると、本当に長い、そしてかなり険しい道程であった。

この間、邦訳出版を快諾され、よき理解者として進行を見守り、励ましてくださったのはトランスビューの中嶋廣氏であった。氏のような編集者に恵まれなかったら、本書はけっして日の目を見ることがなかったであろう。記して、深甚の謝意を表したい。

原著は、時代的にもテーマ的にも、きわめて広範囲に及ぶ大作である。そのすべてを正確に理解することは、訳者自身の知識・力量では及ばないところが多々あった。そうした点のいくつかは、朝比奈弘治、岩尾一史、魚谷三千代、西岡祖秀、戸田聡の諸氏からのご教示により、解決することができた。記してお礼申し上げる。しかし、訳者自身が気づかないでいる誤訳も、あるいは誤訳ではないにせよ、理解の足りない箇所もあるかと思われる。読者のご寛恕を乞うとともに、ご指摘があれば機会を得て訂正したいと願っている。

二〇一〇年五月　　フランス、テニウにて

今枝由郎

索　　引

ア　行

カ 行

サ　行

タ　行

ナ　行

ハ　行

マ　行

ヤ　行

ラ　行

ワ　行

引用・参考文献一覧

原著の Bibliographie は網羅的かつ膨大なので、本書では原著に引用・言及されたものに限った。日本語訳（必ずしも著者が用いたフランス語版からではなく、ドイツ語版、英語版、その他の言語からのものも含む）があるものは、主要なものを〔　〕内に記した。

Abeydeera, Ananda

1988 "Jean de Marignolli : l'envoyé du pape au jardin d'Adam", in Catherine Weinberger-Thomas (dir.) *L'Inde et l'imaginaire*, E.H.E.S.S..

Ahrens, H.

1833 *Dictionnaire de la conversation et de la lecture.*

Alexandre, Noël

1700 *Apologie des Dominicains missionnaires de la Chine.*

Allo, E. B.

1931 *Plaies d'Europe et Baumes du Gange,* Edition du Cerf.

Almond, Philip

1988 *The British Discovery of Buddhisme,* Cambridge University Press.

Amstrong, Richard

1870 "Buddhism and Christianity", in *The Theological Review,* 7.

Arnold, Edwin

1981 *The Light of Asia,* Adyar.〔初版、1879年。『亜細亜の光』山本晃紹訳、目黒書店、1944年〕

Avril, Philippe

1692 *Voyages en divers États d'Europe et d'Asie, entrepris pour découvrir un nouveau chemin à la Chine,* Paris.

Barth, August

1891 *The Religions of India,* Londres.

Barthélemy Saint-Hilaire, Jules

1852 "Sur les travaux de M. Eugène Burnouf", in *Le Journal des Savants,* août-septembre.

1855 *Du Bouddhisme,* Benjamin Duprat.

1862 *Le Bouddha et sa religion* (3e édition), Didier et Cie.

1880 *Le Christianisme et le Bouddhisme. Trois lettres à M. l'abbé Deschamps,* E. Leroux.

1896 "Le néo-bouddhisme", in *Mémoire de l'Académie des sciences morales et politiques,* t. XIX.

Bartoli

1666 *Vie de saint François-Xavier,* Lyon.

Batchelor, Stephen

1992 *The Awaking of the West,* Harper Collins, Londres.

Beal, Samuel

1875 *The Romantic Legend of Sakya Buddha,* Londres.

Bell, Charles (Sir)

1946 *Portrait of the Dalai Lama,* Londres.

Bellah, Robert

1976 "New Religious Consciousness and the Crisis of Modernity", in C.Y. Glock et R.Bellah, *The New Religious Consciousness.* California University Press, Berkeley.

Blavatsky, Helena

1946 *La Clef de la théosophie,* La Compagnie théosophique.〔『神智学の鍵』田中恵美子訳、神智学協会ニッポンロッジ、1987年〕

Bloch, Jules

1950 *Les Inscriptions d'Asoka,* Paris.

Blondel, Éric

1980 *Nietzsche, le 5ᵉ Évangile ?* Les Bergers et les Mages.

Bohlen, Peter von

1830 *Das Alte Indien, mit besonder Rücksicht auf Ägypten dargestellt,* Bornträger, Königsberg.

Borges, Jorge Luis et Jurando, Alicia

1976 *Qu'est-ce que le bouddhisme ?* Gallimard.

Brosse, Jacques

1978 *Alexandra David-Neel,* Albin Michel.

1992 *Zen et Occident,* Albin Michel.

Buchanan, Francis

1799 "On the Religion and the Literature of the Burmas", in *Asiatic Researches,* 6.

Bugault, Guy

1968 *La Notion de Prajñâ ou de sapience selon les perspectives du Mahâyâna,* Institut de civilisation indienne.

Burnouf, Eugène

1844 *Introduction à l'histoire du bouddhisme indien,* Maisonneuve. (deuxième édition 1876)

1852 *Le Lotus de la bonne Loi, traduit du sanscrit, accompagné d'un commentaire et de vingt et un mémoires relatifs au Bouddhisme.*

Busson, Henri

1957 *Le Rationalisme dans la littérature de la Renaissance,* Vrin.

Carrière, Jean-Claude et le Dalaï-Lama (entretiens)
1994 *La Force du bouddhisme,* Robert Laffont.〔『ダライ・ラマが語る　母なる地球の子どもたちへ』新谷淳一訳、紀伊國屋書店、2000年〕
Cazeneuve, Jean
1999 *Les Roses de la vie,* Fayard.
Chalon, Jean
1985 *Le Lumineux Destin d'Alexandra David-Néel,* Perrin.
Champion, Françoise
1993 "Le Nouvel Âge : recomposition ou décomposition de la tradition "théo-spiritualiste"", in «Les Postérités de la théosophie : du théosophisme au New Age», *Politica hermética* n° 7.
Charles, Pierre
1934 "L'action missionnaire et les universités", in *Xaveriana,* octobre.
Chevalier, Pierre
1981 *La Séparation de l'Église et de l'école,* Fayard.
Claughton, Bishop Peter
1874 "Buddhism", in *Journal of the Transactions of Victoria Institute,* 8.
Clément d'Alexandrie
Stromates, 1.I, chap. xv.
Cobbold, George
1894 *Religion in Japan : Shintoism, Buddhism, Christianity,* SPCK, Londres.
Colebrooke, Henry Thomas
1827 "Observations on the Jains", in *Transactions of the Royal Asiatic Society.*
Comte-Sponville, André et Luc Ferry
1998 *La Sagesse des modernes,* Robert Laffont.
Constant, Benjamin
1827 *De la religion,* 2 vol.
Conze, Edward
1967 "Buddhsit philosophy and its European parallels", in *Thirty Years of Buddhist Studies,* Oxford.
Cornu, Philippe
1999 *L'Astrologie tibétaine,* Guy Trédaniel.
Cousin, Victor
1863 *Histoire de la philosophie depuis les temps les plus reculés jusqu'au XIXe siècle,* C. Scribner, New York.
Cox, Harvey
1978 *L'Appel de l'Orient,* Seuil.〔『東洋へ　現代アメリカ・精神の旅』上野圭一訳、平河出版社、1979年〕

Cunningham, Alexander

1854 *The Bhilsa Topes,* Londres.

Dalaï-Lama

1990 *Au loin la liberté. Mémoires,* Fayard.〔『ダライ・ラマ自伝』山際素男訳、文藝春秋、1991年（文春文庫、2001年）〕

1999a *L'Art du bonheur,* Robert Laffont.

1999b *Sagesse ancienne, monde moderne,* Fayard.

Dalaï-Lama, John Newman, Roger Jackson, Guéshé Lhundub Sopa

1995 *Kâlachakra, le plus haut des tantras bouddhistes,* Éd. Claire Lumière.〔『ダライ・ラマの密教入門　秘密の時輪タントラ灌頂を公開する』石浜裕美子訳、光文社、1995年（知恵の森文庫、2001年）〕

David-Néel, Alexandra

1911 *Le Bouddhisme du Bouddha,* Plon.（Presses Pocket, 1989）

1927 *Voyage d'une Parisienne à Lhassa.*（Presses Pocket, 1980）〔『パリジェンヌのラサ旅行』全二巻、中谷真理訳、平凡社、1999年（東洋文庫）〕

1929 *Mystiques et magiciens du Tibet.*（Presses Pocket, 1980）〔『チベット魔法の書―「秘教と魔術」永遠の今に癒される生き方を求めて―』林陽訳、徳間書店、1997年〕

Déchanet, le père

1956 *La Voie du silence.*

Deshayes, Laurent

1997 *Histoire du Tibet,* Fayard.〔『チベット史』今枝由郎訳、春秋社、2005年〕

Deshimaru Taisen　弟子丸泰仙

1984 *Question à un maître zen,* Albin Michel.

Dods, Marcus

1888 *Mohammed, Buddha and Christ,* Hodder and Stroughton, Londres.〔『世界三聖の思想』藤井章訳、中外出版、1924年〕

Droit, Roger-Pol

1989 *L'Oubli de l'Inde,* P.U.F..

1989 "Une statuelle tibétaine sur la cheminée", in *Présences de Schopenhauer,* Grasset.（Le Livre de Poche, 1991）

1997 *Le Culte du néans,* Seuil.〔『虚無の信仰―西欧はなぜ仏教を怖れたか―』島田裕巳・田桐正彦訳、トランスビュー、2002年〕

Dubernard, Étienne-Jules

1990 *Tibet, "mission impossible", lettres（1864-1905）,* Fayard.

Dublin University Magazine

Duka, T.

1885 *The Life and Work of Alexander Csoma de Körös,* Londres.〔『チョーマドケーレスの生涯　ヨーロッパ最初のチベット学者』前田崇訳、山喜房

佛書林、1998年〕
Dupont-Sommer, A.
1981 "Essénisme et bouddhisme", in *Comptes rendus des séances de l'Académie des inscriptions et belles-lettres,* avril.
Durkheim, Emile
1960 *Les Formes élémentaires de la vie religieuse* (1912), P.U.F..〔『宗教生活の原初形態』古野清人訳、刀江書院、1930-33年、改訳　岩波書店、1975年（岩波文庫）〕
Dürckheim, Karlfried Graf
1978 *Méditer, pourqoi et comment ?* (Le Courrier du livre, 1982)
Edkins, Joseph
1859 *The Religious Condition of the Chinese,* Routledge, Londres.
Eitel, Ernest
1884 *Buddhism, its Historical, Theorical and Popular Aspects,* Trüber and Co., Londres.
Estlin Carpenter, J.
1880 "The Obligation of the New Testament to Buddhism", in *The Nineteenth Century,* 8.
Evans-Wentz, W. Y.
1927 *Le Bardo-Thödol, livre des morts tibétain,* Maisonneuve. (1987)〔『チベットの死者の書』おおえまさのり訳編、講談社、1974年、改訂版2004年〕
1952 *Le Livre tibétain de la grande libération,* Adyar. (1972)〔『チベット密教の祖パドマサンバヴァの生涯』加藤千晶・鈴木智子訳、春秋社、2000年〕
Eyrsel, Patrice Van
1986 *La Source noire,* Grasset.
Faivre, Antoine
1992 *L'Ésotérisme,* P.U.F..〔『エゾテリスム思想　西洋隠秘学の系譜』田中義広訳、白水社、1995年（文庫クセジュ）〕
1993 "Le courant théosophique, essai de périodisation", in *Politica Hermetica* (Coll.), n° 7, L'Âge d'Homme.
Faure, Bernard
1994 *Sexualités bouddhiques : entre désirs et réalité,* Le Mail.
1998 *Bouddhismes, philosophies et religions,* Flammarion.
Feuerbach, Ludwig
1843 *L'Essence du Christianisme* (独語初版、1841年) ; Gallimard, coll. "Tel".〔『キリスト教の本質』船山信一訳、改版　岩波書店、1965年（岩波文庫）〕
Fields, Rick
1981 et 92 *How the Swans Came to the Lake. A Narrative History of*

Buddhism in America, Shambhala, Boston et Londres.

Filliozat, Jean

1949 "Les échanges de l'Inde et de l'Empire romain aux premiers siècles de l'ère chrétienne", in *Revue historique,* tome CCI, janvier-mars.

1987 "Les étapes des études bouddhiques", in René de Berval (dir.), *Présence du bouddhisme,* Gallimard.（初版, Saigon, France-Asie, 1959年）

Finot, Louis (présentation et traduction)

1983 *Les Questions de Milinda,* Les éditions Dharma.（初版, Bossard, 1923年）

Flaubert, Gustave

1874 *La Tentation de saint Antoine.*〔『聖アントワーヌの誘惑・三つの物語』渡辺一夫ほか訳、筑摩書房、1966年〕

1881 *Bouvard et Pecuchet.*〔『ブヴァールとペキュシェ』新庄嘉章訳、筑摩書房、1966年〕

Flavius Josèphe

1977 *La Guerre des Juifs* (traduit du grec par P. Savinel), Minuit.

Antiquités juives, XVIII, 14.〔『ユダヤ古代誌』秦剛平訳、山本書店、1982年〕

Contre Apion, II.

Fleming, Peter

1961 *Bayonets to Lhassa,* Londres.

Foucaud, P. Edouard

1860 *Histoire du Bouddha Sakya Mouni, Lalitavistara.*

Foucher, Alfred

1905-1922 *L'Art greco-bouddhiste du Gandhâra,* 3 vols.

1949 *La Vie du Bouddha d'après les textes et les monuments de l'Inde.*

Freud, Sigmund

1933 *Essais de psychanalyse appliquée,* in *Essais,* Gallimard.

Fromm, Erich, Suzuki, D. T., et Martino, Richard de

1971 *Bouddhisme zen et psychanalyse,* P.U.F..〔『禅と精神分析』小堀宗柏等訳、東京創元社、1960年〕

Froude, James

1899 *Short Studies on Great Subjects,* t. IV, Longmans, Green and Co., Londres.

Garcin de Tassy

1854 *Journal des Débats,* 7 juillet.

Gauchet, Marcel

1998 *La Religion dans la démocratie,* Gallimard, collection *Le Débat.*〔『民主主義と宗教』伊達聖伸・藤田尚志訳、トランスビュー、2010年〕

Gira, Dennis

1995 "Comprendre la colère des bouddhistes", in *La Croix,* janvier.

Girard, René

1963 *L'Orient et la pensée romantique allemande,* Thomas, Nancy.

Glasenapp, Helmuth von

1941 "Das Gottesproblem bei Schoppenhauer und in dem metaphysischen Systemen der Inder", in *28 Jahrbuch des Schoppenhauer-Gesellschaft.* Heidelberg.

1955 "Schopenhauer und Indien", in *Schopenhauer Jahrbuch,* n° 36.

Goddard, Dwight

1970 *Buddhist Bible.*

Godet, Robert J.

1954 *En 2 CV vers les hauts lieux de l'Asie,* Amiot-Dumont.

Govinda, Lama Anagarika

1960 *Les Fondements de la mystique tibétaine,* Albin Michel.〔『チベット密教の真理　その象徴体系の研究』新装版、山田耕治訳、工作舎、2009年（初版、1992年）〕

1980 *Bardo-Thödol*（présentation）, Albin Michel,

Green, Robert

1890 "Christianity and Buddhism", in *Proceeding of Literary and Philosophical Society of Liverpool,* 44.

Grenard, J.

1897 *Mission scientifique dans la Haute Asie,* vol. 1.

Gros, Jean-Marie

1900 *Saint François Xavier, sa vie et ses lettres.*

Grosier, abbé

1787 *Description générale de la Chine.*

Grousset, R.

1931 *Les philosophies indiennes,* 2 vols.

Guénon, René

1921 et 28 *Théosophisme, histoire d'une pseudo-religion,* Valois.

1930 *Autorité spirituelle et pouvoir temporel,* éd. Traditionnelles.

1983 *Orient et Occident,* Guy Trédaniel.

Gugelot, F.

1998 *Conversions au catholicisme en milieu intellectuel, 1855-1935,* Paris, Presses du C.N.R.S..

Guignes, Joseph de

1761 "Recherches sur les navigations des Chinois du côté de l'Amérique", in *Mémoires de l'Académie des inscriptions et belles-lettres,* t. XVII.

Hardy, R. Spence

1853 *A Manuel of Buddhism, in its modern development* ; translated from Singhalese MSS, Londres.

Hecker, Max

1897 *Schopenhauer und die Indische Philosophie,* Hüscher & Teuffel, Cologne.

Hegel, Friedrich

1965 *La Raison dans l'histoire. Introduction à la philosophie de l'histoire,* Plon.

1970 *Encyclopédie des sciences philosophiques,* Gallimard.

Henry, Anne（dir.）

1989 *Schopenhauer et la création littéraire en Europe,* Klincksieck, coll. "Méridiens".

Hergé

1960 *Tintin au Tibet,* Bruxelles, Casterman.〔『タンタン、チベットをゆく』川口恵子訳、福音館書店、1983年〕

Herrigel, Eugen

1953 *Le Zen dans l'art chevaleresque du tir à l'arc,* Dervy.〔『弓と禅』改版、稲富栄次郎・上田武訳、福村出版、1981年〕

Hesse, Hermann

1925 et 88 *Siddharta,* Grasset.〔『シッダールタ』高橋健二訳、新潮社、1992年改版（新潮文庫）、手塚富雄訳、角川書店、1953年（角川文庫）など〕

Hilton, James

1961 *Les Horizons perdus*（英語初版、1933年）, Le Livre de Poche.〔『失われた地平線』増野正衛訳、新潮文庫、1959年〕

Huc, Régis-Évariste

1850 *Souvenir d'un voyage dans la Tartarie, le Tibet et la Chine pendant les années 1844, 1845 et 1846.* 2 vols.（Le Livre de Poche, 1962）〔『韃靼・西蔵・支那旅行』後藤富雄・川上芳信訳、生活社、1939年〕

1933 *Découverte du Tibet*（*1845-1846*）, Flammarion.

Hulin, Michel

1979 *Hegel et l'Orient,* Vrin.

Huxley, Aldous

1932 *Le Meilleur des mondes.*

1945 *La Philosophie éternelle,* Plon.（Seuil, 1977）〔『永遠の哲学』中村保男訳、平河出版社、1988年〕

Ignace d'Antioche

Lettre aux Tralliens, III, 2.

Ikeda Daisaku（池田大作）

1977 *Buddhism. The First Millenium,* Kodansha International, Tokyo-New York.

Jacoby, F.

1958 *Die Fragmente der griechischen Historiker,* III, C2, Brill, Leyde.

Jean-Paul II

1994 *Entrez dans l'espérance,* Plon.〔『希望の扉を開く』曾野綾子・三浦朱門訳、同朋舎出版、1996年〕

Julien, Stanislas

1853/57/59 *Voyages des pêlerins bouddhistes*, Paris.

Jung, Carl Gustav

1954 "Commentaire psychologique du *Bardo-Thödol*", in W.Y. Evans-Wentz, *Le Livre tibêtain de la grande libêration,* Adyar.（仏訳、1971年）

1985 "Ce que l'Inde peut nous apprendre", in *Psychologie et orientalisme,* Albin Michel.

Kellog, Samuel

1885 *The Light of Asia and the Light of the World,* MacMillan, Londres.

Kennedy, J.

1902 "Buddhism, Gnosticism, the System of Basilide", in *The Journal of the Royal Asiatic Society.*

Kerouac, Jack

1958 *The Dharma Bums,* Viking Press, New York.（仏訳, Le Livre de Poche, 1986）〔『ザ・ダルマ・バムズ』中井義幸訳、講談社、2007年（講談社文芸文庫）〕

1960 *The Scripture of the Golden Eternity,* Totem Press, in association with Corinth Books, New York.

Kircher, Athanasius

1670 *La China illustrêe,* Amsterdam.

Klaproth, H. Julius von

1823/24 "Vie du Buddha d'après les livres mongols", in *Asia Polyglotta,* 1823, et *Journal asiatique,* série 1, tome IV, 1824.

Kolm, Serge-Christophe

1982 *Le Bonheur-Libertê,* P.U.F..

Köppen, Friedrich

1857 *Die Religion des Buddha.*

Körös Csoma, Alexander

1833 "Note on the Origin of the Kala-Chakra and Adi-Buddha Systems", in *Journal of Asiatic Society,* Calcutta, II.（再録, *Tibetan Studies,* Akadêmia Kiado, Budapest, 1984）

1836 "Analysis of the Kah-Gyur and the Bstan-Hgyur", in *Asiatic(k) Researches,* XX.

Lacombe, Olivier

1979 "Pessimisme bouddhique ?", in *Indianité,* Les Belles Lettres.

Laffite

1875 *Les Grands Types de l'humanité.*

Lafont, Gérard de

1895 *Le Bouddhisme,* Chamuel.

La Loubère, Simon de

1691 et 93 *Description du royaume du Siam,* 2 vols., Paris-Amsterdam.

Lamennais, Félicité de

1829 *Des progrès de la Révolution et de la guerre contre l'Eglise.*

Lang, David

1957 *The Wisdom of Balahvar. A Christian Legend of the Buddha,* Londres -New York.

Lassen, Christian

1933 "De nominibus quibus a Veteribus appellantur Indorum philosphi", in *Rheinisches Museum,* vol. I, pp. 171-190.

Launey, Adrien

1913 *Histoire de la mission au Tibet.*

Lenoir, Frédéric

1991 *Le Temps de la responsabilité,* Fayard.

1999 *Le Bouddhisme en France,* Fayard.

Léon Dufour, Xavier

1953 *Saint François-Xavier,* La Colombe.

Lévi, Sylvain

1891 "Le bouddhisme et les Grecs", in *Revue de l'histoire des religions,* t. XXIII.

1925 *L'Inde et le monde.*

Lévi-Straus, Claude

1955 et 73 *Tristes Tropiques,* Plon, coll. «Terre humaine». 〔『悲しき熱帯』川田順造訳、中央公論社、1977年、2001年（中公クラシックス)〕

Liogier, Raphaël

1999 *Jésus, Bouddha d'Occident,* Calmann-Lévy.

Lombardo, Patrick

1993 *Dictionnaire encyclopédique des arts martiaux,* t. I, SEM.

Lopez, Donald

1998 *Prisoners of Shangri-La,* University of Chicago Press.

Lubac, Henri de

1952 *La Rencontre du bouddhisme et de l'Occident,* Aubier, coll. "Théologies".

Magre, Maurice

1928 *Pourquoi je suis bouddhiste,* Adyar.

Mahé, Annie et Jean-Pierre

1993 *La Sagesse de Balahvar. Une vie christianisée du Bouddha,* Gallimard.

Mani

1993 *Shâpuhrakan,* traduction de Annie et Jean-Pierre Mahé, in *La Sagesse de Balahvar,* Gallimard.

Marco Polo

1955 *Le Livre de Marco Polo ou le Devisement du monde,* mis en français moderne par A. T'Serstevens, Albin Michel.〔『東方見聞録』愛宕松男訳注、平凡社、1970年（東洋文庫）など〕

Martin, Jaen-Baptiste et Laplantine, François (dir.)

1994 *Le Défi magique. Ésotérisme, occultisme, spiritisme,* P.U.L., Lyon.

Mertz, Henriette

1972 *Pale Ink : Two Ancient Records of Chinese Exploration in America,* Swallow Press, Chicago.

Michel, Patrick

1997 *Religion et démocratie,* Albin Michel.

Michelet, Jules

1864 *La Bible de l'Humanité,* Paris.

1876 *Histoire de France.*

Milarepa

1971 *Milarepa, ses méfaits, ses épreuves, son illumination,* trad. J. Bacot, Fayard, coll. «L'espace intérieur». (première édition en 1925)〔『ミラレパ』おおえまさのり訳編、オームファンデーション、1976年〕

1986, 89, 93 *Les Cent Mille chants de Milarepa,* 3 vols., Fayard.〔『ミラレパの十万歌』おおえまさのり訳、いちえんそう、1983年〕

Miquel, André

1975 *La Géographie humaine du monde musulman, des origines au milieu du XIe siècle,* E.H.E.S.S..

Mockrauer, Franz

1928 "Schopenhauer und Indien", in *Schopenhauer Jahrbuch,* n° 15.

Moody, Raymond

1975 *La Vie après la vie,* Robert Laffont.〔『かいまみた死後の世界―よりすばらしい生のための福音書―』中山善之訳、評論社、1977年初版、1989年新装版〕

Moreri, Louis

1759 *Grand Dictionnaire historique ou le Mélange curieux de l'histoire sacrée et profane,* nouvelle édition, Paris.

Morin, Edgar

1984a *Sociologie,* Fayard.

1984b *Pour sortir du XXe siécle,* Seuil.〔『二十世紀からの脱出』秋枝茂夫訳、法政大学出版局、1991年〕

1985 "L'Orient, notre refoulé", in Marc de Smedt (dir), *L'Orient intérieur,* Autrement.

1993 *Terre-patrie,* Seuil.〔『祖国地球：人類はどこへ向かうのか』菊地昌実訳、法政大学出版局、1993年〕

Müller, Max

1872 "Lecture on Buddhist nihilism", in *Lectures on the Science of Religion,* C. Scribner, New York.〔『涅槃義』加藤正廓訳、南条文雄閲、無外書房、1886年〕

1893 "A Bishop on Buddhism", in *The New Review,* 8.

Nève, Félix

1853 "Le bouddhisme, son fondateur et ses écritures", in *Le correspondant,* 25 novembre.

Nietzsche, Friedrich

1874 *Considérations inactuelles,* III, "Schopenhauer éducateur". (*Œuvres philosophiques complètes,* Gallimard, 1987)〔『反時代的考察』III、『教育者としてのショーペンハウアー』三光長治訳、『ニーチェ全集』第I期3巻、白水社、1980年〕

1878 et 79 *Humain, trop humain*〔『人間的な、あまりに人間的な』浅井真男・手塚耕哉訳、『ニーチェ全集』第I期6・7巻、白水社、1980年〕

1881 *Aurore.* (*Œuvres,* Robert Laffont, coll. "Bouquins", 1993)〔『曙光』氷上英廣訳、『ニーチェ全集』第I期9巻、白水社、1980年〕

1882 *Le Gai Savoir.* (*Œuvres,* Robert Laffont, coll. "Bouquins", 1993)〔『華やぐ智慧』氷上英廣訳、『ニーチェ全集』第I期10巻、白水社、1980年〕

1885 *Par-delà le bien et le mal.* (*Œuvres,* Robert Laffont, coll. "Bouquins", 1993)〔『善悪の彼岸』吉村博次訳、『ニーチェ全集』第II期2巻、白水社、1983年〕

1887 *La Généalogie de la morale.* (*Œuvres,* Robert Laffont, coll. "Bouquins", 1993)〔『道徳の系譜』秋山英夫訳、『ニーチェ全集』第II期3巻、白水社、1983年〕

1888a *Le crépuscule des idoles.* (*Œuvres,* Robert Laffont, coll. "Bouquins", 1993)〔『偶像の黄昏』西尾幹二訳、『ニーチェ全集』第II期4巻、白水社、1983〕

1888b *L'Antéchrist.* (Garnier-Flammairion, 1994)〔『アンチクリスト』西尾幹二訳、『ニーチェ全集』第II期4巻、白水社、1983年〕

1884-89 *Fragments posthumes,* printemps 1884, automne 1885-automne 1887, automne 1887-mars 1888, 1888/1889, in *Œuvres philosophiques complètes,*

Gallimard, 1987.〔『遺された断想』、『ニーチェ全集』第I期、第II期、白水社、1980／83年〕
Novalis, Friedrich
La Chrêtienté et l'Europe, II.〔「キリスト教またはヨーロッパ」(1799年)、『ノヴァーリス全集』第1巻、青木誠之ほか訳、沖積舎、2001年〕
Obadia, Lionel
1999 *Bouddhisme et Occident. La diffusion du bouddhisme tibêtain en France,* L'Harmattan.
Olcott, Henry S.
1883 *Le Bouddhisme selon le canon de l'Église du Sud et sous forme de catêchisme,* Paris.〔『仏教問答』今立吐酔訳、仏書出版会、1886年ほか〕
Oldenberg, Hermann
1881 *Buddha,* Berlin.（英訳, 1882年；仏訳, P.U.F., 1894年）〔『仏陀』三並良訳、梁江堂、1910年〕
Orru, Marco et Wang, Amy
1992 "Durkheim, Religion and Buddhism", in *Journal for the Scientific Study of Religion,* 31, pp. 47-61.
Ozanam, Frêdêric
1842 "Essai sur le bouddhisme", in *Œuvres,* t. VIII.
Ozeray, Michel-Jean-François
1817 *Recherches sur Buddon ou Bouddon, instituteur religieux de l'Asie orientale,* Paris.
Perrin, Marie-Josê
1992 *Schopenhauer, le dêchiffrement de l'ênigme du monde,* Bordas.
Philonenko, M.
1972 "Un êcho de la prêdication d'Asoka dans l'êpître de Jacques", in *Ex Orbe religionum,* Studia Geo Widengren, I.
Platon
1991 *Apologie de Socrate,* Garnier-Flammarion.
1997 *Lois,* X, Garnier-Flammarion.
Proudhon, Pierre Joseph
1931 *De la justice dans la Rêvolution et dans l'Église.*〔『プルードン・セレクション』河野健二編、平凡社、2009年（平凡社ライブラリー)〕
Quinet, Edgar
1852 *Le Gênie des religions.*
Rahula, Walpola
1961 *L'Enseignement du Bouddha d'après les textes les plus anciens,* Seuil.
Rampa, Lobsang
1957 *Le Troisième Œil,* Albin Michel.〔『第三の目』白井正夫訳、講談社、

1979年〕

1967 *La Caverne des Anciens,* Albin Michel.〔『古代の洞窟　チベット少年僧の不思議な物語』野村安正訳、普及版、中央アート出版社、2008年（初版、2001年）〕

Rémond, René

1974 *Introduction à l'histoire de notre temps. Le XIXe siècle,* Seuil.

Rémusat, Abel

1836 *Foe Koué ki ou Relation des royaumes bouddhiques.*

Renan, Ernest

1851 "Premiers travaux sur le bouddhisme" (in *Nouvelles Études d'histoire religieuse,* 1884)

1884 *Nouvelles Etudes d'histoire religieuse.*

Renouvier, Charles

1864 *Introduction à la philosophie analytique de l'histoire.*

Revel, Jean-François

1996 *Histoire de la philosophie occidentale,* Nil.

Revue de l'histoire des religions, Paris.

Rhys Davis, Thomas

1877 *Buddhisme,* SPCK, Londres.〔『菩提の花』桑原啓一訳、教典書院、1887年〕

1880 "The Ancient Buddhist Belief concerning God", in *Modern Review,* 1.

Ricard, Matthieu et Revel, Jean-François

1997 *Le Moine et le Philosophe,* Nil.〔『僧侶と哲学者―チベット仏教をめぐる対話―』菊池昌実・高砂伸邦・高橋百代訳、新評論、1998年〕

Richard, Jean

1983 *Croisés, missionnaires et voyageurs. Perspectives orientales du monde latin médiéval.*

Ricœur, Paul

1991 postface, *in* Frédéric Lenoir, *Le Temps de la responsabilité,* Fayard.

Rockhill, William Woodville

1903 *The Journey of William of Rubruck to the Eastern Parts of the World,* Londres.

Roman, Joël

1997 "Les équivoques de la sagesse", in *Esprit,* juin.

Ruchpaul, Eva

1966 *Connaissance et technique du Hatha-Yoga.*

Schlegel, Friedrich

1800 *Rede über die Mythologie.*

1808 *Über die Sprache und Weisheit der Indien, ein beitrag zur Begrundung der Altertumskunde,* Mohr und Zimmer, Heidelberg.

1825 *Philosophie de l'histoire.*
Schopenhauer, Arthur
1840 *Über die Grundlage der Moral.*
1966 *Le Monde comme volonté et comme représentation,* P.U.F.（独語初版、1818/19年）〔『意志と表象としての世界』西尾幹二訳、中公クラシックス、2004年（正篇のみ）、『ショーペンハウアー全集』、白水社、1972－75年ほか〕
Schwab, Raymond
1950 *La Renaissance orientale.*
Sénart, Emile
1874 *Essai sur la légende du Buddha.*
Sinnett, Alfred
1893 *Le Bouddhisme ésotérique,* Adyar.
Smidt, Francis
1988 "Entre juifs et grecs : le modèle indien", in *L'Inde et l'imaginaire,* E. H.E.S.S..
Sogyal, rinpoché
1993 *Le Livre tibêtain de la vie et de la mort,* La Table ronde.〔『チベットの生と死の書』大迫正弘・三浦順子訳、講談社、1995年〕
Sonet, Jean
1949 *Le Roman de Barlaam et Josaphat,* Louvain-Namur.
Spalding, Baird T.
1972 *La Vie des Maîtres,* Robert Laffont.（英語初版、1921年）
Strabon
Géographie, XV, 1, 18.
Suzuki Daisetz Teitaro（鈴木大拙貞太郎）
1930-34 *Essays on Zen Buddhism,* 3 vols.（*Essais sur le bouddhisme zen*（tr. par Jean Herbert), Albin Michel, 1940).
Suzuki Shunryû（鈴木俊隆）
1977 *Esprit zen, esprit neuf,* Seuil.〔『禅へのいざない』紀野一義訳、PHP研究所、1998年〕
Taine, Hippolyte
1884 *Nouveaux Essais de critique et d'histoire.*
Taylor, Michael
1985 *Le Tibet. De Marco Polo à Alexandra David-Néel,* Payot.
Tipton, S. M.
1982 "The Moral Logic of Alternative Religions", in *Daedalus,* 111/1.
Trungpa, Chögyam
1984 *Shambhala, la voie sacrée du guerrier,* Seuil.〔『シャンバラ　勇者の道』澤西康史訳、めるくまーる、2001年〕

Turner, Samuel

1800 *Account of an Embassy to the Court of Teshoo Lama in Tibet,* Londres.

Varela, Francisco (dir.)

1995 *Passerelles, entretiens avec le dalaï-lama sur les sciences de l'esprit.* 〔『心と生命 〈心の諸科学〉をめぐるダライ・ラマとの対話 徹底討議』山口泰司・山口菜生子訳、青土社、1995年〕

1998 *Dormir, rêver, mourir.*

Varela, Francisco, Thompson, Evan, et Rosch, Eleanor

1993 *L'Inscription corporelle de l'esprit,* Seuil. 〔『身体化された心 仏教思想からのエナクティブ・アプローチ』田中靖夫訳、工作舎、2001年〕

Vassilieff, W.

1860 *Der Buddhismus, seine Dogmen, Geschichte und Literature.* (仏訳, *Le Bouddhisme, ses dogmes, son histoire et sa littérature,* 1865)

Vecchiotti, Icilio

1969 *La Dottrina di Schopenhauer. Le teorie schopenhaueriane considerate nella loro genesi et nei loro rapporti con la filosofia indiana,* Ubaldini, Rome.

Vining, Edward Payson

1885 *An Inglorious Columbus,* Appleton and Co., New York.

Vogüé, Eugène-Melchior de

1886 *Le Roman russe.*

Voragine, Jacques de

1967 *La Légende dorée,* t. II, Garnier-Flammarion. 〔『黄金伝説』全 4 巻、前田敬作ほか訳、人文書院、1979-87年。平凡社ライブラリー、2006年〕

Waddell, Austine

1905 *Lhassa and its Mysteries,* Londres.

Washington, Peter

1999 *La Saga théosophique,* Éditions Exergue, Chambéry. 〔『神秘主義への扉 現代オカルティズムはどこから来たか』白幡節子・門田俊夫訳、中央公論新社、1999年〕

Watts, Alan

1958 "Beat Zen, Square Zen and Zen", in *Chicago Review,* juillet-août. 〔「ビート禅とスクエア禅と禅」、『講座禅』第 7 巻所収、筑摩書房、1974年〕

1960 et 91 *Le Bouddhisme Zen,* Payot.

Wehr, Gerhard

1997 *K.G. Dürckheim. Une vie sous le signe de la transformation,* Albin Michel.

Weinberger-Thomas, Catherine (dir.)

1988 "Les yeux fertiles de la mémoire. Exotisme indien et représentations

occidentales", in *L'Inde et l'Imaginaire,* E.H.E.S.S..

Welbon, Guy Richard

1968 *The Buddhist Nirvana and Its Western Interpreters,* University of Chicago Press, Chicago et Londres.

The Westminster Review.

Wijayaratna, M.

1987 *Sermons du Bouddha,* Le Cerf.

Wyngaert, Anastase Van den

1924 *Jean de Mont Corvin, premier évêque de Khanbaliq* (*Pêkin*).

Younghusband, Francis

1910 *India and Tibet,* Londres.〔『西蔵　英帝国の侵略過程』村山公三訳、小島書店、1943年。改訂版、慧文社、2009年〕

Yule, Henry

1915 "Marignolli's Recollections of Easter Travel", in *Cathay and the way thither ; being a collection of medieval notices of China,* Hakluyt Society, t. III.（初版、1866年）〔『東西交渉史　支那及び支那への道』東亜史研究会訳編、帝国書院、1944年。再刊、鈴木俊訳・編、原書房、1975年〕

Zimmer, Heinrich

1938 "Schopenhauer und Indien", in *Schopenhauer Jahrbuch,* nº 25.

訳者

今枝由郎（いまえだ よしろう）

1947年生まれ。1974年にフランス国立科学研究センター（CNRS）研究員となり、91年より同研究ディレクター、現在に至る。専門はチベット歴史文献学。著書に『ブータンに魅せられて』（岩波新書）、『ブータン仏教から見た日本仏教』（NHKブックス）、訳書に『ダライラマ　幸福と平和への助言』（トランスビュー）などがある。

富樫瓔子（とがし ようこ）

1959年生まれ。日本女子大学文学部卒業。日本近代文学館に勤務のかたわら、フランス語の翻訳に携わる。『ブッダの生涯』（J. ボワスリエ）、『死の歴史』（M. ボヴェル、共に創元社「知の再発見双書」）、『狼憑きと魔女』（J. ド＝ニノー、工作舎）、『ブッダの教え―初期経典をたどって―』（A. バロー、大東出版社）などの訳書がある。

著者

フレデリック・ルノワール (Frédéric Lenoir)

1962年生まれ。スイスのフリブール大学で哲学を専攻。雑誌編集者、社会科学高等研究院（ＥＨＥＳＳ）客員研究員などを経て、2004年に『ル・モンド』の宗教専門誌『ル・モンド・デ・ルリジオン（宗教の世界）』編集長に就任。2006年、『精神性小叢書』（プロン社）を創刊。宗教学、哲学、社会学から小説、脚本まで多彩な分野で活躍し、数十冊の著書・編著書は25カ国で翻訳されている。

仏教と西洋の出会い

二〇一〇年九月五日　初版第一刷発行

著　者　フレデリック・ルノワール

訳　者　今枝由郎
　　　　富樫瓔子

発行者　中嶋　廣

発行所　株式会社トランスビュー
東京都中央区日本橋浜町二-一〇-一
郵便番号　一〇三-〇〇〇七
電話　〇三（三六六四）七三三四
URL http://www.transview.co.jp

印刷・製本　中央精版印刷

©2010 *Printed in Japan*

ISBN978-4-901510-93-6 C1014

好評既刊

幸福と平和への助言

ダライラマ著　今枝由郎訳

年齢、職業、性質、境遇など50のケースに応じた厳しくも温かい親身な助言。ノーベル平和賞受賞者による深い知恵の処方箋。2000円

虚無の信仰　西欧はなぜ仏教を怖れたか

R.P.ドロワ著　島田裕巳／田桐正彦訳

ヘーゲル、ショーペンハウアー、ニーチェらはなぜ仏教を怖れたか。異文化誤解の歴史の謎に迫るフランスのベストセラー。　2800円

メイド・イン・ジャパンのキリスト教

マーク・マリンズ著　高崎恵訳

近代の日本製キリスト教に関する初めての包括的研究。柄谷行人氏（朝日新聞）、養老孟司氏（毎日新聞）ほか多くの紙誌で絶賛。3800円

民主主義と宗教

M.ゴーシェ著　伊達聖伸／藤田尚志訳

なぜ宗教からの脱出とともに民主主義は危機に陥ったのか。フランスの政教分離「ライシテ」をめぐる考察。第三の道を示す。2800円

（価格税別）